新しい教育の方法と技術

篠原正典・宮寺晃夫 編著

ミネルヴァ書房

まえがき

　2011年度から小学校で新しい学習指導要領が導入された。それまでの「ゆとり教育」によって基礎・基本の学力が低下したと世間から評されたことへの対応策がみえる。そのなかで，教員は「基礎・基本の知識・技能を習得させること」と明確に謳われ，基礎的能力の重要性が再認識され，授業内容も大幅に増加した。それと同時に，OECD（経済協力開発機構）が行っているPISA（生徒の学習到達度調査）で，とくに論理的なものの考え方の能力を問う「読解力」の順位が下落したことを重くとらえ，「言語活動の充実」が重要項目として含まれた。このように，現在の教育には基礎・基本の学力と実践的な学力の両方の育成が求められている。これは，ひとえに社会の変化に対応できる「生きる力」を形成していくことを教育の普遍の目的にしていることにほかならない。

　教育は常に過渡期にある。科学技術は技術の上にさらに改良された技術が積み重なって進展していく。ところが，教育分野はときには初めに立ち戻ることさえある。学習指導要領がめざす育成すべき子どもの能力が時代背景と共に振り子のように動いてきたように，教育の目的・目標は常に社会背景に翻弄されてきている。しかし，本質は社会を生きる人間を形成していくことに変わりはない。高度経済成長をめざす時代では，科学技術を中心とした系統的な教育が重要視され，当時は「知識や技能」が育成すべき学力と考えられた。しかし，現在ほど激変する社会はなく，その未来の予想さえも難しい社会で生きていくには「学ぶ力」を育成することが重要とされ，「学ぶ」姿勢の基本となる学習者の「主体的な学習」の重要性が増した。「学び方」さえもが確かな学力に位置づけられ，同時に関心・意欲・態度などの情意的側面も，新しい学力観とみなされるようになった。本来，家庭で育成すべき情意的側面までも学校で育成する必要性が出てきたのである。当然のことながら，それらを学習成果として

評価するには従来のテストによる評価では対応できず，知識や技能を活用させて評価するパフォーマンス評価や，学習者の成果や評価の記録を蓄積したポートフォリオ評価などが必要となった。

また，「個に応じた教育」が重視され，習熟度別指導や少人数指導の導入が提唱され，すでに多くの小学校や中学校に導入されてきている。他にも，近年世界的に重要視されているものの一つである「教育の情報化」が学校教育に変化をもたらしている。情報社会の進展に伴いインターネットを中心とした情報技術の教育への活用が始まってからすでに15年以上も経過した。このような多くの施策や方法が導入され，なかには10以上もの年月を経てはいるものの，効果の検証まで含めると，これらの全てがまだ過渡期にあり成熟してはいない。教育そのものの行為が試行錯誤の状況であり，一方で，学習者は多様化し，社会が変化する速度より非常に遅い速度で変化する学校教育の環境下では，成熟する前にまた新たなものに変わっていくのは仕方ないのかもしれない。この変化のなかで，いいかえれば変化があるからこそ，多くの教育者が考えるようになったのは，教育する側が学習する側の視点に立つことの重要性である。すなわち，「学ぶことの意味を教え育てること」である。

学校教育は社会の変化に対応するように変化を余儀なくされてきている。しかし，それはまた新たな格差と問題を生み出している。成熟しない原因がここにもある。ゆとり教育の導入と家庭の経済的格差が生んだ子どもの学力格差，総合的な学習の時間の導入による主体的な学習成果の格差，情報技術の教育への導入における教員の情報リテラシの格差など，新規に導入されたものは，地域・学校・家庭における差，そして教える教員間，および学ぶ子どもたち間の資質や能力差によって新たな格差を生み出している。習熟度差があることから施策として習熟度別に指導する。しかし，それはさらなる習熟度の格差を招くことも容易に想定される。格差をゼロにすることは不可能である。かといってその存在と拡大を容認するわけにはいかない。学校や教員はこれらの諸問題点を把握して，その対応を考えなくてはならない。

教育が対象とするものは多様な人である。そのため，教育は試行錯誤の連続

であり，教育方法に王道は無く，また万能な方法はない。しかし，多種多様な学習者や環境に対応する柔軟を教育方法を行えるようになるためには，現状の課題を認識し，専門的な教育技術を使って対応する必要がある。

　本書ではこれらの現状と諸課題を取扱い，広い視点から教育方法を考える。初等中等教育を中心としているが，その内容は高等教育や生涯学習まで含んでいる。初めに，教育方法を支える基礎理論から，社会的背景によって変わってきた学校教育について述べている。次に教育方法を考える上で重要となる学校で何を学ばせるのか，求められる学力とは何かを明示し，さらにどのような教育方法を考えていくべきかの視点から，近年重要視されている主体的な学びを活かす教師の技量，学びに重要となる学習者への動機付けと意欲の向上，多面から考えるべき学習の評価，そして学校で実践されているさまざまな学習形態や，情報コミュニケーション技術の教育への活用について，それぞれの専門的視点からまとめている。

　本書が，皆さんにとって現在の学校教育の課題を整理し，どのような教育を行って行くべきかを考える資料として役立つことを願っている。

　　　　　　　　　　　　　　　　　　　　　　執筆者代表　篠原正典

新しい教育の方法と技術　　目次

まえがき

第1章　教育方法学を支える基礎理論 … 1
1　現代社会と教職教養 … 1
2　近代・現代における教育方法学の基礎認識 … 4
3　現代の学校教育と教育方法 … 20
4　ポストモダニズムと教育の実践論 … 24
5　「学習指導要領」と学力観 … 29

第2章　社会的背景によって変わる学校教育と教育方法 … 35
1　国際的な調査データからみる子どもたちの学力実態と学校の変化 … 35
2　学習指導要領の改訂の背景にあるもの … 40
3　「使い捨てられる若者たち」の問題 … 43
4　子どもたちの変化に応じた教育のあり方をめぐって … 46
5　今後の学校教育の進むべき方向性を探る … 48

第3章　新学習指導要領で変わる教育 … 51
　　　　──「生きる力」をはぐくむICTの活用
1　学習指導要領の理念とその背景 … 51
2　生きる力と学力 … 55
3　教科内容に関する主な改善 … 58
4　情報教育とICT活用 … 62
5　社会教育と連携した体験活動 … 72

第4章　学びの主体性を活かす教師の技量 … 79
1　学ぶことの可能性 … 79
2　授業設計の力量 … 85

3　授業過程の記述 ·· 93
　　4　授業改善と授業改革 ·· 99

第5章　求められる学力 ·· 107
　　1　「求められる学力」とは何か？ ·· 107
　　2　それでは，そもそも教育とは何か？ ······································ 109
　　3　学校とは何か？ ·· 112
　　4　新自由主義と進歩的教育学の奇妙な関係 ······························· 114
　　5　学力調査の流行 ·· 130
　　6　社会人基礎力など ··· 132
　　7　結　論 ·· 133

第6章　学習の動機づけ ·· 137
　　1　動機づけという心理過程 ··· 137
　　2　学習意欲のとらえ方 ··· 143
　　3　意欲を高めるための学習環境整備 ·· 149

第7章　学習の評価 ··· 165
　　1　教育における評価とは何か ·· 165
　　2　指導要録の変遷 ·· 169
　　3　「真正の評価」論と構成主義的学習論 ·································· 174
　　4　パフォーマンス評価の方法 ·· 176
　　5　効果的な評価の進め方 ·· 184

第8章　育成する学力と学習形態 ·· 189
　　1　学ぶ目的と学力と学習形態 ·· 189
　　2　学習指導を設計する ··· 190
　　3　学習する内容として強調されているもの ······························ 192
　　4　指導形態と学習形態 ··· 193

第9章　情報コミュニケーション技術の教育への活用 …………… 209
1　知識基盤社会を生きる力 ……………………………………………… 209
2　学習指導要領における教育の情報化 ……………………………… 215
3　教科指導におけるICT活用 ………………………………………… 220
4　高等教育を中心としたeラーニングの活用 ……………………… 229

索　引

第1章　教育方法学を支える基礎理論

　　21世紀型の学力が模索されている。ICT（インフォーメーション・アンド・コミュニケーション・テクノロジー）を身に付けることがそれだ，という考え方も強くなってきている。IT 技術の進歩が，こんご教育方法に大きな革新を起こしていくことは確かだ。それだけに，教育の方法と技術について，しっかりした基礎理論を学んでいくことは重要である。現代の社会がどのような人間を必要としているのか。その人間を育てていくには，どのような方法が求められるのか。この根源的な問いを頭に置きながら，教育方法学の基礎理論を多角的に学んでいってほしい。その知識を，実践の場でどのように生かしていくかも，考えていってほしい。

1　現代社会と教職教養

（1）現代社会と教育改革

　現代の社会は「情報社会」とも，「生涯学習社会」ともいわれ，さまざまな情報にアクセスする機会や，教育を受ける機会は，これまでのどの社会と比べても格段と広がっている。もはや学校だけが教育の場ではない，という認識は，すでにわたしたちの間で常識となっている。学ぼうと思えば，通信教育や放送大学はもとより，マスコミ・出版・インターネットなどからの情報を媒体として，いつからでも，どこにいても学ぶことができる。行政のがわも，人々の学習をさまざまなし方で支援するシステムをととのえてきている。

　その一方では，近年「教育改革」の名のもとで，学校教育はこれまでの仕組みを大きく変えられようとしている。国が全国一律の基準をさだめて，どの地域の学校でも，同じような内容と，同じようなレベルの教育を実施させてきた

従来の仕組みを変えて，それぞれの地域と学校の意欲を引出し，特色ある，個性的で創意工夫にみちた教育活動を実施させていく仕組みへと，転換がいまはかられている。アメリカ合衆国では，親が自分の子どもを，自分の方針で指導するという，通学をともなわない自宅指導方式（ホーム・スクーリング）さえ認められており，それに対抗するため，学校教育は新たな魅力の開発に迫られている（宮寺，2009）。

　このふたつの動き，つまり，教育を受ける機会が広げられていることと，学校が画一的な運営システムから抜け出さなければならなくなっていることとは，もちろん関連がある。教育は，生涯教育ばかりでなく，学校教育もふくめて，たんに「受けさせられるもの」ではなくなり，人々がそれぞれのニーズに合わせて，「選んで受けるもの」になりつつある。それにともない，教育のあり方は，一般の製品の品質や価格がそうであるように，供給者のがわ（サプライ・サイド）が一方的に決めていくことができるものではなくなり，消費者のがわ（コンシューマー・サイド）にも，間接的ながら，決定権が与えられてきている。消費者の購買意欲をかきたてるものでなければ，市場から撤退するほかないのである。公立学校も，そうした市場化の波から無縁ではいられなくなっている（宮寺，2000）。

（2）新しい教職教養

　それだけに，現代社会での教育の担当者，とりわけ学校の教師には，たんに児童・生徒の発達過程についての心理学の知識や，教科・教材についての専門的な力量や，また学校の運営にかかわる管理上の資質だけではなく，これからの社会のあり方と，社会のなかでの人間の生き方について，しっかりとした洞察力をもつことがもとめられる。教育も国家・社会の限りある資源であるから，それをどのように分配していくかは，将来の社会のあり方にかかわる重要な問題である（宮寺，2006）。そうした社会認識・人間認識への広がりを含めて，これからの「教職教養」は組みなおされていく必要があるのである。

　この必要を，教職科目の受講生が自主的にみたしていくには，どのようにし

ていけばよいであろうか。誰にでもできるのは，教育・学校・子どもをめぐり毎日のように報道される出来事を，できるだけ精確に，できるだけ多角的な観点から見つめていき，出来事の一つひとつを，「社会はどうあるべきか」「人間はどう生きていくべきか」といういっそう本質的な問題とむすびつけて，広い視野のもとで考えていく習慣を身に付けていくことである。一言でいえば，日頃から教育を本質的・原理的に見つめる目をやしなうことである。

　端的にいえば，「教養」とは，身近で日常的な些事を，広い視野のもとで見ていくことができる力のことをいう。教職にかんする教養についていえば，それは教員養成機関での授業科目や，学校現場での教育実習などですべてをやしなえるわけではけっしてない。これからの教師が身に付けていくべき教職教養は，教育の本質を，社会の本質・人間の本質のがわから考えていけるだけの，広がりと深みがなければならない。そういう教養の裏づけができていくに従って，教師（ティーチャー）は教育者（エデュケイター）になっていくのである。教師の任務は，たんに知識や技術を「教える」（ティーチ）ことにあるばかりでなく，児童・生徒がこれからの社会で人間らしく生きていくことができるように，人がらを「教育する」（エデュケイト）ことでもある。

　近年の教員採用選考試験においても，「人物評価を重視した選考方法」への切り替えがなされているが，このことも考慮しておく必要があるであろう。本書が主題としているのは，こうした意味合いをふくめての「教育方法学」，つまり，これからの社会に生きる人間を形成していくための教育を，方法学の側面から考察することである。たんなる「教えのマニュアル本」を意図しているわけでないことは，銘記しておいてほしい。

（3）本章の内容

　この章では，まず（第2節），近代から現代にかけて，さまざまな思想家や研究者が，教育方法学の課題をどれだけ広い視野のもとで考えていたかを，見ていくことにしたい。それによって，子どもと子どもの教育の問題が，人間の生き方，社会のあり方と密接にかかわっていることを，あらためて知ってもらう

ことにしよう。ただし、取り上げる思想家や研究者は、かならずしも時間の流れに沿って配列されてはいない。つまり、教育思想史の概説を意図してはいない。また、着目する教育課題も、主要な項目をすべて網羅しているわけではない。むしろ、これまでの教職教養のなかでは、あまり着目されてこなかった思想家や教育課題に、光をあてていくようにしている。それは、教職教養の幅を広げてもらいたい、という意図からである。

そのあとで（第3節）、現代にいたるまでの「学校」観の変遷をたどり、学校改革と教育方法の改善のこころみをたどりたい。さらに（第4節）、学校教育という制度を、絶対不可欠なものとしてきたわたしたちの常識（しばしば「モダニズム」と呼ばれる）を根本的に批判している、ポストモダニズムの考え方にも触れていくことにする。最後に（第5節）、過去20年あまりの「学習指導要領」に見られる学力観の特徴を概観していくことにする。

以上の基礎理論をふまえたうえで、次章以下で、教育方法学の専門理論を研究していっていただきたい。

2　近代・現代における教育方法学の基礎認識

（1）教育方法学の可能性（B. S. ブルーム）

教育方法学の課題には、不可能に挑戦するという面がかならずある。たんに、いまある可能性を現実のものにしていくことだけが、教育方法学の課題ではない。常識的には「不可能」と思われていることのがわにも課題をもとめて、挑戦していく。そこに教育方法学の課題があり、ひいては教師の仕事の気概があるといってもよい。

40人もの児童・生徒を前にして、若い教師はだれでも戸惑うであろう。このクラスの児童・生徒のうち、いったい何人に本時のねらいを学ばせることができるであろうか。どのくらいの子どもに学ばせれば、いちおう教えたことになるのであろうか、と。しかし、戸惑いはやがて居直りに変わっていくことがおおい。せめて3分の2ぐらいの子どもに学ばせれば上出来だ、と考えるように

なってしまう。そういう教師たちに，アメリカの教育方法学の研究者で，教育評価法の改革者でもあるベンジャミン・S. ブルーム（Benjamin S. Bloom；1913～1999）は，一撃を食らわせる。「私たちの子どもたちみんなに学ばせるのだ」(All our children learn.) と。受けもったクラスのすべての子どもに学ばせよう。それができなければ，プロの教師の仕事とはいえない。ブルームは，現代の教師たちにこういう重い課題をつきつけたのである（ブルーム，1986）。

　落ちこぼれをだしてはならない，とわかってはいても，40人を標準とする現在の学級編制では，実際には無理なことだ，といわれるかもしれない。たしかに，それは困難なことかもしれない。しかし，仮に不可能に見えることであっても，だからといって，それを乗り越えることは教育方法学の課題にはならない，といってすませるわけにはいかない。むしろ，教育方法学の課題が，これまで，現実的に可能なことの範囲内でしか設定されてこなかったことに，問題があるのではないか。「能力別指導」などはその典型である。

　能力別指導は，一斉指導では取り残されてしまう子どもが出てしまうので，子どもたちの能力の差に合わせて，グループごとに指導の内容と方法を変えていくことをいう。それは，能力のことなる子どもに，それぞれのペースで効果的に学習させていく現実的な指導法ではあるが，実際には，子どもたちの間の学力格差を，縮めるよりも広げてしまう。そればかりでなく，能力別に分けることじたいが，子どものこころに好ましくない影響をもたらすという指摘は，これまでもしばしばなされてきている。

　教育方法学の課題は，たんに，学力の達成が効率的で現実的な指導方法を開発することだけにはつきない。それだけならば，教育方法学は，社会的に見ても，人間的に見ても，それほど大きな価値の実現をめざしているとはみなされないであろう。クラス単位の一斉指導の形をたもちながら，しかも，「私たちの子どもたちみんなに学ばせるのだ」という困難な課題に立ち向かうからこそ，教師の仕事には敬意が払われるのであり，やりがいも感じられるのである。

　そうした教師たちの努力をはげましていくために，ブルームは，「評価」のあり方を改めることから着手した。子どもの学力を，たんに既習知識の量だけ

で判断する評価法を改めて，学習への関心や意欲などの情意面をもふくめて，学力を総合的に判断していく評価法を開発した。また，クラスの子どもの個性を無視した画一的な指導法を改めて，一人ひとりの子どもの学習スタイルに合った指導を組み合わせて，クラスの授業を展開していき，最終的には，子ども全員が学習の達成に成功していくような指導法を提案している。一斉指導法のように，教育の機会を形の上だけで平等にしていくことよりも，教育の成果を実質的に平等なものにしていくことのほうが，教育方法学にとって重要な目標である，としたのである。それが「完全習得学習」，つまりマスタリー・ラーニングの発想であった。

　教師の仕事が，子どもの実態や学級規模など，その時その時の現実条件に左右されることはいうまでもない。だから，教師はそれらを正しく認識する必要がある，と繰り返しいわれてきた。しかし，教育の現実条件を，教育の達成課題のようにみなすのは誤りである。教育方法学の課題は，時として現実的可能性を超えて設定される。それにどのような方法と技術で挑戦していくのか。それを考えるのがプロの教師の仕事である。

（2）教育方法の目的論（J.=J. ルソー）

　教師は，授業ごとに全力で打ち込む。それはなぜか？　子どもに賢くなってもらいたいからである。なぜそう思うのか？　子どもを幸せにしようと思うからである。では，なぜ，教師は子どもの幸せを願うのであろうか？……

　これには，もはや理屈はない。教育といういとなみそのものが，子どもの幸せを願ってなされることだからである。そうでなければ，もはや「教育」とは呼べない。古代ギリシャのむかしから，「幸福」は人間のあらゆる活動や実践の究極目的とされてきた。これも，まったく同じ趣旨からである。そうはいっても，「幸福とは何か」について，決定版のような答えが，すでに出されているわけではない。幸福の本質をきわめることもまた，ギリシャのむかしから問われつづけてきた課題である。

　科学が進歩し，新しい技術が開発される。そうなると人間の幸福も少しずつ

増進していくことになる，と信じられることがある。このようにいわれるとき，「幸福」とは，生活の上での便利さや，容易さ・快適さなどで測られる満足感を表わしている。しかもそれは，一人ひとりの満足感というより，社会全体からみたトータルな満足感である。だから，恩恵に浴さない人も当然なかにはふくまれている。それでも，「人々の幸福は全体として増進してきた」といわれる。科学・技術がもたらすのは，そういう意味での，満足感の社会的総和の増進，つまり「最大多数の最大幸福」である。

こうした功利主義の幸福観からすると，ジャン=ジャック・ルソー（Jean=Jacques Rousseau ; 1712～78）のそれはたいへん異質な幸福観といえる。ルソーはこういう。「学問芸術の進歩は，われわれの幸福に何も加えるものがなく，この進歩は，われわれの習俗を腐敗させただけだ」（『学問芸術論』）と（ルソー，1970）。これは逆説でもなければ，皮肉でもない。これを逆説とか皮肉とかと受け取ることじたいが，人間の幸福を，科学や技術と一緒に進歩するものとする，囚われた幸福観に染まっている証拠である。

幸福は，何よりも，人々がそれぞれの心の中でかみしめるものである。そうした内面的な幸福を味わうことができるためには，子どものうちから，必要以上の欲望を抑えて，自律した生活態度を確立し，人々との連帯心や，弱者へのいたわりなどがしつけられていなければならない。ルソーの有名な教育小説『エミール』は，人がどのような環境条件のもとでも生きていけるように，幼児のうちからきびしくしつけていく，鍛錬主義の教育方法論で満ちている。そういう自己統制ができた人間によって，はじめて市民社会の相互的なつながりは成り立つのであって，そうでなければ，人が人に従属し，人が人を支配する階級社会になってしまう，とルソーは考えたのである。

しばしば誤解されているが，ルソーは自由放任主義の教育方法をすすめているわけではけっしてない。ルソーの教育論の神髄は，むしろ禁欲主義の幸福論にある。そうした幸福観が，近年，'happiness' の名のもとではなく，'well-being' の名のもとで，ふたたび語られはじめているのは注目される。

'well-being' とは，文字通り「善く生きること」で，一般には「善き生」と

訳されることがおおい。人が善く生きるということは，自分ひとりだけがハッピーになればよいことではなく，他の人とかかわりをたもち，他の人にたいして自分ができることを探し出していく，そういう積極的な生き方をするということである。ボランティア活動が，教育の方法として注目されるようになってきたのも，子どもに「善く生きること」の意味をからだで感じ取らせるためである。

　これからの教育方法がめざすところも，究極的には，善く生きることができる人間の形成につながっていなければならない。

（3）社会の改革と教育方法（N. K. クループスカヤ）

　教育の力で，社会をつくり変えていくことができるであろうか。長い目で見れば，「できる」と答えてよいかもしれない。教育が変われば，社会も変わる。こう信じてうたがわない理想主義者も少なくない。その一方，それとは反対に，社会が変わらなければ教育も変わらない，と信じる人もいる。現実主義者がそうである。

　だが，現代社会にかぎっていえば，現実主義者と理想主義者は区別がつきがたい。社会の変化は，いやおうなしに加速されており，教育の改革が先か，社会の改革が先かの議論を置き去りにしているからである。しかも，社会の変化はなかなか先の行方が読めない。そのため，「社会」への適応よりも，「変化」そのものへの適応のほうが，いっそう現実的で差し迫った教育課題となってきている。教師のねがいも，「社会がどのように変わろうと，たくましく生きてほしい」ということに集中してきている。「生きる力」の育成が学校の教育目標に掲げられるようになったのも，同じ理由による。

　こうしたとき，教師の頭には，「どのような社会に変えていくか」について，明確なイメージが描かれているわけではない。社会はもはや「変えていく」ものではなく，「変わっていく」ものにすぎなくなっているからである。変化していく社会に，子どもたちをどのように送り出していくか。それが，教師の教育責任のすべてになっている。

しかし，時代を少しさかのぼれば，教師の教育責任はもっと大きな展望のもとで考えられていたことが分かる。たとえば，20世紀のはじめの頃，ロシア革命を目前にして，ナジェージタ・クループスカヤ（Nadezhda Krupskaya；1869～1939）は，教育を生産労働と結びつけておこなう教育方法の重要性を説いている。しかも彼女は，それをたんに職業指導の一環として提案したのではない。時代は資本主義の体制から社会主義の体制に大きく変わろうとしていた。その社会変革にともなう歴史的・社会的な要請として，教育と生産労働との結合を提案したのである。

　近世・近代から20世紀に至るまでの世界史の流れのなかで，子どもは社会の生産の一翼を担ってきた。とくに産業革命の直後には，生産が機械をもちいてなされるようになり，熟練した技術がいらなくなったため，子どもは，安上がりの労働力として大量に雇用されるようになった。その後，各国とも，19世紀には児童労働を禁止していき，かわりに学校への就学が義務化された。この間の経緯を丹念にたどりながら，クループスカヤは，子どもを義務教育制度によって生産労働から切り離してしまうのではなく，むしろ，教育を生産労働と結びつけることによって，子どもの「全面発達」をうながしていくことが必要だ，と主張したのである。それは，近い将来，社会主義の社会，つまり労働者が支配する社会をつくりだしていくための準備でもあった。そうした構想を彼女は『国民教育と民主主義』という著書に書き上げている（クループスカヤ，1954）。ちなみに，クループスカヤはロシア革命の立役者レーニンの夫人であった。

　このように，社会のあり方や社会のなかでの人の生き方を大胆に論じたり，大きな展望のもとで教育方法の課題を語ったりしていくのは，現代では，あまり好まれてはいない。そうした「大きな物語」は，ポストモダン派の論者から，こんにち手きびしく批判されてさえいる。しかし，見方を変えれば，教師たちの日々の教育実践が，社会を変えていく仕事に，どのように結びつくのかを，語ることができなくなってしまったことのほうが，じつは問題なのではないであろうか。

（4）子どもの本性と教育方法（J. ピアジェ）

　カナダ北部のヘヤー・インディアンの子どもは，6歳になると，燃料用の薪の採集と薪割りをするようになる。先進国のイギリスでも，工場法（1833年制定）で児童労働が禁止されるまでは，9歳未満の子どもが紡績工場や炭鉱の採掘場で過酷な労働に従事していた。東南アジアの町々では，学齢期以前から，子どもは路上で物売りをする。これらの子どもは，日本の学年齢に当てはめれば，いずれも幼稚園から小学校にかけての子どもである。社会が変われば，子どもの生活のありようも，じつにさまざまに変わる。げんに，日本でも何十年かさかのぼって，敗戦直後のことを想いかえせば，同じような光景があちこちで見られた。

　これらのさまざまな地域の子どもたちの間に，「子どもの本性」とでもいうべき，何か共通の普遍的特徴があるのであろうか。フランスの児童心理学者ジャン・ピアジェ（Jean Piaget；1896～1980）はそれをもとめて，上の例の子どもたちと同年齢の子どもを観察した。ピアジェがとくに注目したのは，子どもの言葉づかいである。その結果，この時期の子どもが，他人に何か意思を伝達することを意図しない，独特の言葉づかいをしているのを見いだした。ひとり言葉，つまり「自己中心性の言語」がそれである。ピアジェは，幼児期から児童期にかけて「自己中心性の言語」が見られるのは，この時期の子どもが，自他の未分化と，非社会的思考傾向にあるからだ，と説明した（ピアジェ，1965）。

　ピアジェは，自分の仮説を，Pie と Lev という匿名のふたりの6歳児の観察からみちびきだした。だが，ふたりの被験者が，どういう社会状況のもとで，どんな生活のありようをしていたのかは，まったく触れられていない。そういうようなことは，「子どもの本性」を解明するうえで，かかわりのあることとはみなされなかったのである。社会状況や生活は，「子どもの本性」をゆがめる要因とはなりうるが，「子どもの本性」を規定する構成要素とは認められなかったのである。

　だから，「自己中心性の言語」の仮説は，ヘヤー・インディアンの子どもにも，東南アジアの子どもにも，敗戦直後の日本の子どもにも等しく当てはまる

はずである，とされたのである。しかし，当てはまるとしても，それは子どもの何を説明してくれるであろうか。「本性」をか。それならいったい「子どもの本性」とは何のことなのであろうか。子どもはそれぞれ，歴史と社会の個別状況を重く背負っている。子どもの「本性」は，そうした状況をサブ・システムとする，いっそう大きなシステムのなかで構成しなおしていかなければ，リアリティーを失ってしまうであろう。

　かつて，いまからおよそ100年前に，アメリカの哲学者で教育方法の改革者でもあったジョン・デューイは，「学校は社会の萌芽である」といって，学校での生活をとおして，将来の社会を子どもに経験させようとした。そのときの「社会」は，人びとが共同で生活を支え合っているコミュニティを指していた。コミュニティは，すべての構成員にとって，見通しのきく集団である。それから1世紀がたって，こんにち，社会はコミュニティの範囲をはるかに飛び越して，村から地方，地方から国へと，同心円状に拡張している。そのため，社会全体を動かしているシステムがどういうものなのか，見えづらくなってしまっている。

　それだけに，どのような社会にも共通する「子どもの本性」なるものを想定して，普遍的な子ども観にもとづく教育方法を確立していこうとする考え方がもたれやすい。しかし，そのようにしてつくりだされる教育方法は，ピアジェが観察対象とした子どもがそうであったように，実際には，社会の特定の階層の子どもたちだけに有利にはたらく，特権的な方法であることが少なくない。「子どもの本性」は，教育方法の階層性を覆いかくす，イデオロギーとなることもあるのである。

（5）人間学と教育方法（R. シュタイナー）

　わたしたちがじかに観察できるのは，人間のからだである。わたしたちは，からだの動きや表情から，目には見えない内部のはたらきも，見てとっている。人間の本性は，目に見えるもの・見えないものを含めて，いくつかの要素の組み合わせで説明されてきた。国民教育の創始者といわれるスイスの教育実践家

で，理論家でもあるペスタロッチが，頭・心臓・手の三要素（ヘッド，ハート，ハンドのいわゆる3H）の釣り合いで，調和のとれた人間像を描いたのはよく知られている。

人間像とはいえないが，ルドルフ・シュタイナー（Rudolf Steiner；1868～1925）も，肉・心・霊の三要素で独特の人間学を展開している。人間は誰でも霊性をもって生まれる。それは，人類の遠い未来に，はじめて形をとって見えるようになる。子どもは，その種子を内部に宿しているのである。——こういう人間学を，シュタイナーは自分の学校である自由ヴァルドルフ校の教師たちに，説いて聞かせた（シュタイナー，1980）。

このような，虚構とも真実ともつかない話を，どうして教師たちに聞かせる必要があったのであろう。目に見えるままのからだやからだの動きをじっと観察させ，そこに支配する法則をつかませ，子どもを変える技術を工夫させる。こうした"科学的"な方法を身に付けさせるだけでは，なぜ不充分だったのであろうか。その答えは簡単である。子どもを，物や動物を見るように見てはならないからである。

子どもは，それぞれの思いや願いをもっている。それぞれの好みや感性ももっている。そういう，自分の意思で動くことを本質とする存在を，教師といえども，自分の意思だけで動かそうと思ってはいけない。子どもを動かそう，従わせようとする意思じたいが，より大きな，人類の意思に従うものであることを，教師は知らなければならない。教師は，日々子どもたちと向き合うと同時に，人類とも向き合っている。この意味で，教師は人類の意思と子どもの意思との媒介者なのである。このような考え方を，虚構だといってしまえば，それまでである。虚構のなかに，"科学"以上の真実を読みとろうとしない者には，人間学は意義のないものである。

教育課程の基準が改定されるたびに，知・徳・体の三要素の調和と，そのうえに成り立つ「豊かな心」が強調される。これが，建前だけの虚構に終わらず，教師の日々の実践を照らす真実になるためには，もう一度，知・徳・体の人間学的な意義づけから問いなおされる必要がある。

(6) 早期教育の必要性（貝原益軒）

"子どもの教育は、なるべく早い時期に始めた方がよい"。こうした早期教育論は、けっして近ごろはやり出したわけではない。ルソーは、『エミール』のなかで、すでに、「教育は誕生とともにはじまる」といっている。このルソーに先だって、貝原益軒（1630〜1714）も、『和俗童子訓』のなかで、「人を教えるには、早くから教えることを急がねばならない」といっていた（貝原, 1969）。早期教育論は、古今東西に通じる常識のようである。

それにしても、なぜ早期教育なのであろうか。どうして、大器晩成ではいけないのであろうか。おそらく、いけないわけではないだろう。ただ、ゆくゆく大器に成っていくためにも、早期から教育をはじめておいたほうが有利だ、というのであろう。

しかし、問題がふたつある。ひとつは、全員が一斉にスタートを切れるわけではないことである。早々とスタートを切る者もいれば、そうしたゆとりのない者も大勢いる。スタートラインは、ゴールラインのようには、いまのところ調整や統制の対象にはなりえない。そこで、競争は学齢前へと下降し、学校外へと拡散していく。早期教育論は、能力開発の名のもとで、そうした競争をあおる議論になりかねない。それゆえ、ふたつ目に問題になることは、早期「教育」の中身である。

益軒の早期教育論は、幼児の頃から、子どもをもてはやしている「富貴の家」の親に向けられていた。これは示唆的である。子どもの教育を、早期にはじめるゆとりのある親が、かえって教育の中身を取り違えてしまう。親の教育的配慮は、しばしば裏目に出てしまう。「教育」の名のもとで、配慮される教育の中身がかたよったものであるばあい、こうした逆説がよく起こる。だから益軒は、子どもを必要以上にかわいがりすぎないように、親たちに諌めている。そういう忠告が必要とされたのは、子どもの将来のことを、自分の現在の生活以上に心配する親たちである。そうしたゆとりのない親は、毎日の生活のなかで、自分の生き方を子どもに見せることで、充分に「教育」していたのである。

すべての親が「富貴」になり、すべての親が生活のゆとりを子どもの教育に

そそぎこむ時代になってしまったこんにち，「教育」の中身こそが問われなければならないであろう。子どもの教育について，早期から配慮するのは必要なことであるが，重要なのは，早期になされなければならない教育は何か，ということである。ルソーが早期教育で重要視したのは，鍛錬主義の教育であった。それには，知育の開始時期を遅らせるねらいもこめられていた。

（7）学習者の自由と教育方法（P. ラングラン）

"学校を卒業しても，人間は学ぶ必要がなくなることはない。人間の学習は，生涯にわたってつづくものだからである。"ふつう「生涯学習論」と呼ばれるこの議論には，よくのみ込めないところがある。それは，この議論には，学習の保障と学習の強制が抱き合わされているからである。

20世紀の後半に，ポール・ラングラン（Paul Lengrand；1910～2003）が"永続的教育"のアイデアを出し，それがきっかけで「生涯教育」という術語がつくられた。このとき人びとの頭には，変化する社会とそれへの適応を，教育の課題としてどのように受けとめるか，という問題意識があった。ラングランの受けとめ方は，教育の仕事を，学校教育のような制度としての教育だけで完結させずに，成人教育のようなインフォーマルな教育もふくめて，全体的に，しかも一貫して計画化すべきだ，というものであった（ラングラン，1973）。この提案によれば，教育の担当者には，学校の教師ばかりでなく，行政官や各種施設のリーダーも，広く動員されることになる。さらに，自己形成し自己訓練する成人もまた，広い意味で教育の担当者とみなされる。自己を教育するのも自己だ，というわけであるが，こうした主語が同時に目的語にもなるような再帰的な言い方が，「生涯教育」をずいぶんわかりづらくしている。

このわかりづらさは，「生涯教育」が「生涯学習」（ライフロング・ラーニング）と呼び換えられても，変わることはない。いや，教育が学習に置き換えられることによって，成人の学習を推進していく政策者の存在が，その意図とともに，いっそう見えにくくなってしまった。誰が，どのような意図で，生涯学習を推進しているのかが，見えなくなり，あかたも，学習者自身が学習を必要

としているかのような構図がえがかれてきている。

　たしかに、「学習」ということばには、もともと自発性や自律性のニュアンスが色濃くある。「誰がそうさせているのか」という外因にせまる問いかけを、拒む力がある。生涯学習論は、こうした言葉の魔力をたくみにつかって、「自分で学習しない者は、使いものにならなくなる」という強迫観念をふりまいている。どうも生涯学習論は、出だしの第一ボタンを、かけまちがえているように思えてならない。

　現代の社会は変化が急激で、不安定である。それが現代社会の現実であるとしても、それへの教育のかかわり方は、もう少し限定して考えていく必要がある。教育は、人がある意図をもって他者を形成していくはたらきかけであり、学習は、人が自分の価値意識に従って進める営みである。この教育と学習とのあいだには、学習者の生き方や自由意思をどこまで尊重するか、という大きな問題がよこたわっている。これは、学習者による生き方の選択に、教育がどのようなかかわりができるかという問題ともつながっているが、子どものばあい、自由意思といい、自己選択といっても、その結果があらわれ出るのは遠い未来である。子どもの未来の選択を、教師は代行して行わなければならない。それだけに、教師には、ふかい社会認識と人間認識が要求されるのである。

（8）子どもの権利と教育（E. ケイ）

　20世紀がはじまる前年の1900年に、スウェーデンの女性の評論家エレン・ケイ（Ellen Key；1846〜1926）は、20世紀は子どもが解放される世紀になる、と予言して、『子どもの世紀』を出版した（ケイ，1960）。同書の冒頭に、ケイは子どもには「親を選ぶ権利」があると書いているが、この権利は、いったいどこまで事実的に裏づけのある権利といえるであろうか。

　たとえば、「もっと頭のいい親から生まれてきたい」という取り返しのつかないことまで、権利として保障することができるであろうか。できないに決まっている。親としてできることは、せいぜい、優れた結婚相手を選ぶことと、自分も配偶者から選ばれる身として、優れた人物になることぐらいである。よ

うするに,「親を選ぶ権利」でケイが実際に要求したのは,親たちの相互的な高め合いであった。

では,「教師を選ぶ権利」はどうか。仮にこれが子どもに与えられているとするならば,何がいったい要求されるのであろうか。何よりも教師は,自分を選んでくれた者に教えることになる。この師弟関係では,教師の権威は,「教師であること」から自動的に与えられることはない。教師の仕事,つまり目標を定め,内容を選び,方法を練るという教師の仕事は,子どもからの受託仕事となる。それは,たんに子どものためになされるだけでなく,委託者の子どもの合意を得てなされなければならない。だから,たとえ子どもに良かれと思う内容でも,それが本当に学ばせる必要のあるものかどうかは,教師の独断では決められない。

しかし,だからといって,学びたい内容を子どもに決めてもらうわけにもいかない。その判断は,やはり「教師であること」の責任の一部である。ただ,教師には,独り善がりを排して,さまざまな立場の考えとふれながら,自分の考えを鍛えていく姿勢が,きびしく要求されることになる。こうした自己改造にもえる教師にのみ,子どもは教育を委託するのである。"児童中心主義",つまり子どもを教育の主人公にせよという主張は,受託者としての教師に,相互的な切磋琢磨と,不断の自己研鑽を要求する主張にほかならない。

20世紀が,ケイの予言どおり,本当に「子どもの世紀」であったかどうかは,親と教師が,わが身をふりかえりつつ,今後ともに考えていくべき問題である。子どもから選ばれる身として,はたしてわたしたちは,どれだけたがいの向上に努めてきたか。この反省なしに,「子どもの権利」の宣言のみが独り歩きしても,実りのないことである。

(9) 社会形成への参加と教育方法 (J. デューイ)

民主主義,つまりデモクラシーとは,ギリシャ語の語源に従うと,「人民(デモス)の権力(クラティア)」のことである。権力を,一部のエリートや専門家にゆだねるのではなく,人々が,自分たちの意思を自分たちで実現してい

く．それが民主主義のやり方である．しかし問題は，人々の意思をどうやって集約すればよいのか，意思のとりまとめを誰にやってもらえばよいのか，である．これ次第で，民主主義はいきいきしたものにも，形だけのものにもなる．

人々の意思を正確につかむために，社会調査のような"科学的"な手法がもちいられたりする．その結果をみて，社会の機構と制度は，人々の意思に沿うようにつくりかえられる．当然，その仕事は調査や行政の専門家にゆだねられる．しかし，仮に専門家の手で，学校と教育制度が合理的に改善されたとしても，人々は満足しないであろう．「これは自分たちがつくった学校だ」という実感が，わかないからである．

民主主義の価値は，それがもたらす効用や結果だけでは決まらない．一つひとつの手続きに，どれだけ人々が参加したかどうかで，それは決まる．ジョン・デューイ（John Dewey；1859～1952）が学校を社会の萌芽とも，民主主義の温床ともみたのも，たんに学校が，社会のなかで民主主義を理想的に実現した場所だからではなく，学校それ自体が，教師と子ども，親と地域住民の参加で，日々つくられていく場所だからである．民主主義は，「教え」られてわかるものではない．「参加」して身に付くものである．この意味で，学校は民主主義の実演場なのである（デューイ，1978）．

だが，参加型の民主主義をすすめていく上で，むずかしい問題もある．とくに，価値観の多様化がすすむ現代の社会では，たんなる利害の衝突だけでなく，その根底には，「善き生」についての考え方の対立も深刻である．利害の衝突だけならば，なんとか妥協点を見いだす方向で，調停することも可能であろう．しかし「善き生」についての考え方の対立は，宗教・宗派の対立にも見られるように，足して二で割るやり方では，おさまりそうにはない．どうしても，食い違いを残したままで，共生の道をさぐらなければならない．

それゆえ，民主主義の実演場である学校において，教師に期待されるのは，ディクテイター（権力者）でないことはたしかであるが，たんなるコーディネイター（調停者）でもない．異なる考え方の間を橋渡しし，お互いの「善き生」についての考え方をすり合わせていく，ネゴシエーター（交渉者）の役割

もまた期待される。

　これからの価値多元的な社会のことを見通すならば，授業のなかで，これからの社会のあり方や，人間の生き方にかんして，子どもたちに自分の考え方を自由に選択させていくことは，きわめて重要である。子どもの選択は，親から引き継いだ文化的なバックグラウンドに依存しているのがふつうである。そのさい，自分の考え方とは食い違う，さまざまな考え方が社会には存在しており，そうした異質性と共生していく，社会の枠組みに当たるルールを，子どもたちにつくらせていくように指導していくことも，同時に必要になるであろう。

(10) 社会的連帯と教育 (F. フレーベル)

　子どもの教育について，親は権利をもつというよりも，義務を負っている。それは，たんにわが子にたいする義務であるばかりでなく，社会にたいする義務，人類全体にたいする義務でもある。フリードリッヒ・フレーベル (Friedrich W. A. Fröbel ; 1782～1852) が歴史上最初の「幼稚園」（キンダーガルテン）を起こしたとき，かれの頭にあったのは，子どものこともさることながら，何よりも，社会や人類にたいして義務感を失い，「子ども」といえば自分の子どものことしか眼中にない親たちのことであった。フレーベルは，幼稚園で，子どもの生きた姿と，子どもどうしの協同作業を親たちに見せた。そうすることで，親の意識を，わが子中心主義から，社会連帯の意識へと広げようとした。幼稚園は，親たちが広い社会連帯の意識で，子どもたちの教育を考えるようになるためにつくられた，子どもと親たちのための施設であった。

　こんにち，わが子中心の教育と，社会連帯の教育とは，親の教育意識のなかで，いかに離ればなれになってしまっていることか。げんに，わが子の教育のことを，社会への義務，人類全体への義務と考える人が，どれほどいるであろうか。とはいえ，親の教育意識に，社会連帯意識が欠如しているのを嘆くのは，いまでは時代錯誤のそしりを免れまい。というのは，現代では，子どもの教育は親の期待に支えられ，それをふまえて，学校教育も成り立っているからである。子どもの教育は，フレーベルの時代とは比べものにならないほど，親の利

害感情に深く食いこんでいる。だから，わが子の教育に関するかぎり，親は現実主義者であるほかないのかもしれない。子どもの教育を，「社会」や「人類」の名のもとで語る理想主義者は，もはや出る幕がないかもしれない。

しかし，そうとばかりもいっておれない。だいいち，子どもが親の期待通りの進路をたどるかどうかは，当人の努力とともに，他の子どもとの位置関係にも左右される。これもまた，子どもの教育をとりまく現実である。わが子の教育だけに関心を示す現実主義者といえども，わが子の教育に現実的であろうとすれば，わが子と他の子どもとを，同時に包み込む全体的なシステムに，立ち向かわざるをえない。そのとき親たちは，子どもに利害感情をもつのが自分ひとりではないことに気づかざるをえない。利害と利害がぶつかり合うことにも気づくであろう。それは，どのようにすれば公平に調停されるのか。現代の親は，民主主義の公平感覚を身に付けておかなければ，わが子の利益を守ることもできないのである。

(11) 学校改革と学習の意味（H. パーカースト）

校庭があって校舎があり，廊下があって教室がある。教室には，机と黒板が置かれ，教育目標の額と時間割表が掲げられる。どれをとっても，学校風景にはなくてはならない舞台装置である。そこで主役を演じるのは，いうまでもなく子どもである。学校は，子どもが生活をし，活動をし，そして学習をしていく場所である。

しかし，学校の内部で，子どもの学習は時間割や学級編成によって制約を受けている。だから，子どもを学校の真の主役にしようと思えば，学級中心，教科中心の学習をどうにかしなければならない。そういう子ども中心主義の発想が，数多くの学校改革で実施に移されてきた。

たとえば，アメリカの学校改革者のヘレン・パーカースト（Hellen Parkhurst；1887～1973）によって提唱されたドルトン・プランの学校をみてみよう（パーカースト，1974）。そこでは，時間割表は掲げられていない。学級を単位にした教科指導がなされないからである。子どもは学習すべき内容を，学級や教

科の枠にとらわれずに，自分で自由にさがす。だから，学習は完全に個別化されている。時間割の代わりをするのは，教師との間で取り交わされる契約，つまり「アサイメント」である。それは，「ぼくはこの1週間に，……の勉強をします」というたぐいの契約である。その中身とレベルは，子どもごとに違っている。教師の役目は，それぞれの子どもが，それぞれの契約に従って学習できるようにすることである。契約どおりに学習されれば，成果は子どものものである。

　こうした「自らする学習」と「学習の個別化」が，学校改革の旗印になってきた。反対に，つねに批判されるがわに立たされてきたのは，一斉指導の「画一性」である。このコントラストはあまりにも鮮明である。そのため，子どもたちの間にも，「学習は自分でするもの，自分のためにするもの」という個人的所有意識がいきわたってしまった。子どもが学習にはげむのは，ただたんに，中身に興味（インタレスト）をもつからだけではない。学習の成果が自分のものになるからである。こうした学習にたいする利害（インタレスト）感情を野放しにしておいて，子どもを主役にしたてることのむなしさに，気づいてもよい頃ではないか。

　何のために学ぶのか。社会のあり方，人間の生き方の原点に立ちもどって，学校改革を発想してもよいはずである。

3　現代の学校教育と教育方法

(1) 家庭・学校・社会

　子どもの成長過程にそっていえば，学校，とくに初等学校は家庭と社会との中間に位置する生活空間である。学校成立の歴史的経緯からいっても，学校は家庭と社会の間に割り込むようにして形成された制度である。このため学校のイメージは，一方では「家庭」をモデルにして，またもう一方では「社会」をモデルにして描かれてきた。教育理論史をたどれば，J. H. ペスタロッチ（J. H. Pestalozzi）の『隠者の夕暮れ』（1780年）は前者の，デューイの『学校と社会』

(1899年) は後者の，それぞれ代表的な古典的作品である。

　ただ，どちらも「家庭」なり，「社会」なりがモデルとしてリアルに想い描けたころの作品である。ペスタロッチが活躍した18世紀末のヨーロッパには，父親と母親が子どもを交えて働き，睦み合う空間と時間が家庭にあったし，デューイが『学校と社会』を書いた19世紀末のアメリカには，だいぶ薄れたとはいえ，人と人とがお互いに仕事を分かち合い，生産と生活を支え合うような協同社会が人びとの記憶にまだ新しかった。ペスタロッチが「居間の教育」を学校づくりの原型とし，デューイが「オキュペーション（作業）を通しての社会の学習」の場として学校を改造しようとしたのは，教育理論史でよく引かれる事実である（ペスタロッチ，1993；デューイ，1998）。

　では，21世紀の現在はどうなっているであろうか。だれの眼にも明らかなように，これこそが「家庭」だ，こういうのが「社会」なのだとモデル化するのが困難なほど，家庭と社会は，どちらも機能が拡散している。いま家庭や社会をモデルに学校論を展開していくとすれば，どうしても100年，ないし200年さかのぼって，ペスタロッチやデューイが描いたモデルを下絵に使わざるをえまい。

（2）「学校」の自立

　しかし，かつて家庭と社会との境界領域に付随していた学校は，その後しだいに社会の独立した自律系システムとなっていき，いまでは社会のなかで固有の領域を占めるまでになっている。学校は，その組織や管理体制などの制度面ばかりではなく，資格付与や選別の機構，それになによりも人々を駆り立てる競争主義のエートスによって，「家庭」にも「社会」にも還元されない独自の自立した存在理由を確立している。その結果として，「学校」をモデルにして「家庭」や「社会」のイメージを描きなおそうという，逆さまの発想さえみられるまでになってきている。

　この，社会のなかで自立化し，社会そのものの支配的な構成原理ともなってしまった学校像を，もう一度人々の社会生活の内部で描きなおし，学校本来の

役割と位置を確定していこうという発想が、現代における学校観の「転換」には共通してみられる。「家庭・社会・学校の連携」や「学社融合」などの行政側のスローガンも、この発想にもとづいている。

I. イリッチ (I. Illich) が『脱学校の社会』(1971年) で問題にしたのは、まさに、学校がその敷地からあふれ出し、家庭や社会の固有のはたらきを逆に「学校化」してしまっている状況である。人々が自由な交わりのなかで自然に身に付けていく価値観や自己像、それに社会全体の精神風土までが学校化され、学校の存在を前提にするまでになっている。そして、人々は対人関係を結ぶとき、学校化された価値基準と知識体系を通してたがいに相手をみてしまう。こうした学校化された社会 (schooled society) の精神風土から脱学校化 (de-school) して、人々がもっとじかに交わり合い、学び合うようなしなやかなネットワークを再建できないか、とイリッチは提起したのである。そうした学校に代わる学習のネットワークを、イリッチは「ラーニング・ウェブ」と呼んでいる。それは、学校に集中してしまった学習機会を、地域の生活の場にもどす試みであった (イリッチ, 1977)。

ここで批判の対象となっている「学校」には、もはや家庭の温もりや、社会の交わりを感じさせるものはない。反対に「学校」は規格化の冷たさと、分断のシンボルと化してしまっている。それゆえ「学校のような」と形容されるとき、人はあまり明るいイメージを想い浮かべない。イリッチが批判したのは、こうした高度工業社会のモデルとしての「学校」であり、とうぜん学校観の「転換」は、現実の学校の多少の手直しで達成できる課題ではなくなっている。

モデルとしての「学校」を私たちの頭のなかから消し去るには、工業社会の下部構造にメスを入れて、学校教育と経済の入り組んだ関係を見抜いていかなければならない。S. ボウルズ (S. Bowles) と H. ギンタス (H. Gimtis) は、『アメリカ資本主義と学校教育』(1976年) のなかで、これまでの教育改革が学校の内部だけの改善にとどまり、学校が社会の階層構造の再生産の役割を果たしていることに目を向けてこなかったことを告発している (ボウルズ・ギンタス, 1986/7)。そうしたリベラリズムの教育改革に代えて、ボウルズとギンタスは

社会の経済機構の次元にまでさかのぼって，学校観の「転換」を迫ったのである。学校教育の目的を，政治や経済の矛盾の解決としっかり結びつけていくならば，学校はいまなお「革命的」な役割を果たすことができる，とボウルズとギンタスは確信していた。

（3）抑圧・解放・権威

そこまで急進的には至らないが，現在の学校のあり方を，子どもの立場に立って問い直していく試みも，これまで数多くなされてきている。多くのばあい，それは「学校にもっと自由を」というスローガンとともに問いかけられている。そうしたフリースクールを求める運動の発祥の地とみられてきたのが，イギリスの A. S. ニイル（A. S. Neil）が創設したサマーヒル学園である。ニイルは『問題の子ども』(1926年)，『恐るべき学校』(1937年）などの著作を通じて，現実の学校が，子どもの心を，その深層心理までふくめて，いかに深刻に抑圧しているかを告発した。政治的にも，経済的にも，そして精神的にも抑圧されている教師が，より弱い立場の子どもに抑圧をくわえていく。こうした抑圧の構造と化した学校を変えていくには，教師がまずみずからムチを捨てて，攻撃の鉾先を自分たちを抑圧するもの，とりわけ政治権力に対して向けるべきである，とニイルは訴えたのである（ニイル，1995a；1995b）。

このように，「自由」を求める学校改革運動は「解放」運動としての性格を帯びているが，なによりもそれは教師と子どもの人間性の解放をめざす運動となっている。教師と子どもが人間として抱く正当な欲望や願い——そのなかでもニイルが重要視したのは性欲——を全面的に解放していくことである。それらを抑圧してきた政治や制度や道徳が，「自由」の名のもとで弾劾されることになる。教育もまたしばしば弾劾される側にまわされた。

このいっさいを「自由」の秤にかけて決する自由主義を，とくに「自由尊重主義的」(libertarian) と呼ぶことがある (Smith, 1983)。教育の世界ではニイルがその代表格とされてきているが，この人たちの学校論に対していつも問題になるのは「自由」の行き過ぎについてである。子どもの欲望をすべて解放して

よいのか。子どもを自由にしておいて，いったいどうしようというのか，といった問題である。アメリカの代表的なフリースクーラーにJ. C. ホルト（J. C. Holt）がいるが，ホルトもまた，ニイルのサマーヒル学園の「自由」に触発されながらも，やがて「私たちはまだ本当の自由を理解していないのではないか」と懐疑的になっていく。『学校 その自由と権威』（1972年）で，ホルトは「自由」を追い求める学校改革に対して，「なんのための自由か」と問いかけていく。「自由」はそれ自体が目的なのではなく，それをどう使うかが重要なのではないか，とホルトはいいたいのである。ホルトにいわせれば，自由を正しく使えない人は，本当はまだ不自由なのである。そこで，自由の使い方を子どもに教えるためには，どうしてもある程度の「権威」が必要である，ということになる（ホルト，1977）。この常識といえば，きわめて常識的なことに，ホルトは人びとの注意を喚起せざるをえなかったのである。

ただホルトの議論で注目されるのは，権威が無制限に教師に授けられてはいないことである。権威はもともと親に帰属するものであり，親が子どもの学校と教師を選択していく。気に入った学校が近所に見当たらないならば，親は自分の権威のもとで教師となり，家庭を学校にしていく。そうした「家庭をベースにした教育」（home based education），つまり現在アメリカを中心に運動として広がりをみせているホーム・スクーリングの提唱者に，ホルトはみずからなっていったのである。

4　ポストモダニズムと教育の実践論

（1）解体・幻想・実践

こんにちのように巨大な国家的教育機関と化した学校制度を前にすれば，ホルトならずともだれでも，もう一度血の通った手づくりの教育を再生できないものか，と思うにちがいない。この思いが，中世や未開部族の「学校のない社会」へと人びとの社会史的な関心をいざなっている（中内，1983）。「教育」という術語の型にはまった語感を避け，「子育て」という日常語のインフォーマ

ルな響きに訴えて,「学校のない社会」「学校のいらない社会」が語られたりもする。これらの試みは,教育イコール学校教育と受け取る狭量な見方をやわらげるのに少なからず役に立つであろうが,現代の社会が,「学校をなくすことのできない社会」であるのは厳然たる事実である。学校は,すでに社会のなかに'埋め込まれ'ている。いま考えなければならないのは,学校に何を託し,学校から何を奪いかえすかである。

　C. ベライター(C. Bereiter)が『教育のない学校』(1973年)で投げかけたのは,「学校は本当に教育する必要があるのか」という率直な疑問である。「学校教育」という成句がいいならわされている日本では,いきなり「学校」から「教育」を切り離せといわれても,何をいわんとするのかはにわかに理解されないかもしれない。問題は学校が独占してきた「教育」の中身である。ベライターの考えでは,人間形成だとか,人格の完成だとかの名目でなされる教育を,学校は受けもつべきではない。どういう人間になるか,どういう人格を身に付けるかは人がそれぞれ決めればよいことで,誤りを繰り返しながらも自分なりの生き方をみつけ出す権利を,人びとから奪うべきではない,というのである。学校が受けもつべきなのは,そうした自己発見のための基礎的な技能,たとえば読み書きの技能,生きていく上でのサバイバルの技能などの「訓練」である。これらの技能の「訓練」と,身の回りの「世話」を加えれば,それで充分学校としての役割はみたされたことになる,とベライターはみなしたのである(ベライター,1978)。

　学校の役割を,「教育」と「訓練」と「世話」の3つにいわば三枚下ろしにして,しかもそのなかで一番おいしい部分を捨てるというのはいかにももったいない話である。しかし,「訓練」や「世話」とはちがって,「教育」のばあい基本的な人間像,基本的な資質として共通に掲げられる目標をつくり出すのは,大変困難な作業になることが予想される。ことに価値観の多元化が進む現代では,「教育目標」を一元的に示していこうとすれば,人びとの間に対立と混乱を起こすのは目に見えている(宮寺,2000)。そうかといって,国や当局に公式の「教育目標」を定めてもらうのも,個人の内面の自由へ権力の介入をまねき,

教育の本質に反することになる。そこでベライターは「教育」を学校の役割から切り離し，学校の役割を，基礎技能の「訓練」と身の回りの「世話」を提供するいわばサーヴィス産業にとどめようとしたのである。

（2）現象論と実践論

　たしかに，学校から「教育」を切り離すことによって，学校にまつわる数々の幻想から解放されることができるかもしれない。学校のあるべき姿を「教育」の名のもとで語ろうとすると，どうしても建前や理念が先行して，学校が実際に果たしている現実的な役割を見逃してしまう。そうした幻想を取り払って，学校の内部の出来事をリアルにみつめていくならば，いじめや体罰のように，学校があるからこそ起こる現象がいかに多くあるかに気づくはずである。それゆえ，学校現象学のような議論も必要になってくる（山口，1988；菅野，1997）。しかしこれらの議論には，学校の敷地の外から眺めた評論の観がなくはない。たしかに学校はいじめの温床であり，またその正反対に，学校での挫折経験から知らずもがなの世間知が学び取られることもあるかもしれない。

　P. E. ウィリス（P. E. Willis）の『ハマータウンの野郎ども』（1977年）は，イギリスの底辺の高校を例にして，教師の目には映らない生徒のサブカルチャーが一人ひとりの生徒をいかにたくましく肉体労働者として適応させているかを，いきいきと描いている（ウィリス，1985）。ヒドゥン・カリキュラムまでを学校の機能にふくめるならば，それが学校の実態かもしれないが，仮にそうであるとしても，教師としては何もすることはない，何をしても無駄だということにはならないであろう。また学校がどれほど子どもの個性と才能をゆがめる場所であるとしても，不登校児について，「だから学校に来させる必要はない」といって放置しておいてよいはずはない。やはり，子どもには学校に来てもらわなければ困るし，学校でこそすくすくと育ってほしいと願うのは当然である。評論家ならぬ実践者として，教師には，学校が一人ひとりの子どもにとって通いがいのある場所，楽しみな場所になるようにつくっていく責任がある。そのためにこそ，いま，ゆとりと個性の尊重が学校教育において重要視されてきて

いるのである。

そうした実践的な要求に応える「学校論」がいま必要とされているのであるが，それはモダニズムの行き詰まりを告発する議論にもならなければ，一足飛びにポストモダニズムに飛躍する議論ともならないであろう。モダニズムの所産である学校をよみがえらせるために，ポストモダニズムの発想を学校のなかにいかにして組み込むかが，これからの学校論の課題となるのである。

（3）学校の役割とデジタル・デバイド

学校が，一般の人びとを対象とする「国民教育制度」として近代国家に登場するのは，世界的にみてほぼ同じ19世紀の中頃のことで，日本のばあいでいえば1872（明治5）年のことである。学校は，「邑に不学の戸なく家に不学の人なからしめんことを期」するとともに，「人々自ら其身を立て其産を治め其業を昌にして以て其生を遂る」ことをめざして設置された（太政官布告・学制「被仰出書」，1872年）。この趣旨からもわかるように，学校は当初，人びとのあいだに学問をひろめ，立身出世の意欲をよびおこす教授施設として設計された。読み書き算の初歩的な技能と実用的な知識がそこでは教えられた。

しかしこんにち，学校という国家の伝達装置を通して知識の〈普及〉をはかるまでもなく，知識はインターネットなどの電子的媒体と市場を通じて，すでに充分〈流通〉している。そのため学校の役割は大きく変化してきている。

問題は，現在の学習を将来の社会的達成に目的合理的に結びつけていこうとするモダニズムの学校が，「学校」のモデルとしての意味を失ってきていることである。それに代わって，現在に生きることの意味を充足させていくことへと「転換」された学校が，そこで促進され強化されたポストモダンの生き方を，やがて子どもたちがそのなかにはいっていく社会のあり方をも転換していくだけの，永続する価値として着床させていくことができるかどうかが，いま問われている。仮に，ゆとりや個性の尊重が学校期だけの自己充足的な価値にすぎず，学校期後の実社会では，目的合理的に達成を指向するモダニズムの価値に接ぎ穂するだけならば，かつての大正自由教育期の「新」学校がそうであった

ように，ポストモダニズムの学校への「転換」は，社会の動きから遊離した'教育運動'におわろう。「ゆとり教育」が，学校のみならず，社会のあり方にも変革をもたらすものになりうるかどうか，いいかえれば，教育改革が社会改革になるかどうかが，いま問われているといわなければならない。「ゆとり教育」は，たんに学力低下をもたらしたことだけが問題なのではないのである。

さらに，ネットワーク社会との関連でいえば，学校にはもう一つ役割が課せられている。それはデジタル・デバイドの克服である。

木村忠正は，情報ネットワークにアクセスする手段を所有しているか否かで，人々のあいだで経済格差が広まっている，とするとらえ方——木村はそれを「狭義のデジタルデバイド」と呼ぶ——に対して，情報ネットワームが社会構成の新たな組織化原理にもなっているという意味での「広義のデジタル・デバイド」に注意を喚起している（木村，2001）。情報ネットワークが問題になるのは，それが人々の社会的むすびつきから時空間の制約を取りはらい，これまでの伝統的な地域的つながりにみられたような，ある意味で自然な相互扶助の共同体的むすびつき——端的にいえば，地縁・血縁などの運命的なつながり——を容易に飛び越えて，ただ利害・関心を共有する者どうしのあいだだけで新たなつながりを形成してしまうからである。そうした選択的なつながりが，ひとつひとつ相互の関係もなくいわばデジタルに形成されていくことにより，社会のなかに利益集団や階層が人為的につくりだされることになる。情報ネットワークによりそうした社会構成上の分断をもたらすのが，デジタル・デバイド——「広義のデジタル・デバイド」——である。

もちろん，ここでいう「デジタル」とは象徴的な表現である。横のつながりをたもちながら面として広がっていく情報——いわば「アナログ」な情報——に対して，情報ネットワームのなかでのデジタル情報は，社会のなかで文字通り'点'在している。それは，幾何学上の'点'がそうであるように，それ自体が占める固有の空間を必要としていない。それでも'点'と'点'はネットを通して結ばれていく。そうした情報ネットワークへのアクセスは，地域的つながりを超えてすべての人に開かれているが，実際には，情報操作の基礎知識

——いわば情報リテラシー——や，情報の意味を解読するそれなりの情報——いわばメタ情報——を蓄積している者にだけ参入がゆるされる。関心を示さない人を置き去りにしていきながら，特定の利害関係の形成がすすめられていく。情報のオンライン化は，アナログな地域情報のように面として広まっていく情報とはちがって，参入していく人としない者とのデバイドをうながしてしまうのである。

　学校選択制の導入にさいして情報の提供のし方が重要な意味をもつのも，このことが深くかかわっている。学校情報を，地域を対象にして面として広めていくか，それとも点として発信していくだけにとどめるか。それは学校選択を学校改善の文脈で推進しようとするとき，かかわりの深い問題で，これもまた学校論が今後取り組んでいくべき実践的課題といえよう（宮寺, 2011）。

5　「学習指導要領」と学力観

　本節では，過去20年間の「学習指導要領」の変遷をたどりながら，それが実現しようとした学力観を見ていきたい。

（1）　日本の学力政策に大きな転換をもたらしたのは，いまから3回前の「学習指導要領」，つまり1991年に適用された「学習指導要領」である。このときから「ゆとり教育」が始まったとされている。2001年から適用された「学習指導要領」では，「ゆとり教育」を一層進めて，それまでの教育内容を約3割削減し，また，「総合的な学習の時間」という教科以外の体験型の時間を週4時間設けた。学校週五日制も，このときから完全実施された。こうした「ゆとり教育」の基礎にあるのが，「新しい学力」という考え方である。この新学力観は，これまでの学力についての考え方を大きく転換するものであった。

　新学力観によると，学力には5つの要素がある，とされる。それらは，知識，技能，関心，意欲，態度の5つである。知識と技能は，これまでも学力の本体とされてきた。そして関心，意欲，態度はそれらを支える土台に位置づけられ

てきた。関心，意欲，態度は学力の本体を支える土台であるが，それら自体は評価の対象とはされてはこなかった。しかし，新学力観では，関心，意欲，態度も学力の本体とみなされ，知識，技能と同じ水準に格上げされた。つまり，知識，技能，関心，意欲，態度は，それぞれ同じような重みづけが与えられて，それらを総合して子どもの学力が評価されるようになったのである。認知的能力に属する知識と技能，そしてエモーショナルな情意的能力に属する関心，意欲，態度が同列に置かれることによって，これまで認知的能力においてよい成績をとることができなかった生徒も，情意的能力が優れていれば，総合点において成績が上がることもありうる。しかし，このような学力政策と評価システムが導入されたことによって，思わぬ変化が学校に引き起こされてきた。

（2） 新学力観と，それにもとづく評価システムが導入されたことに対して，次のような批判がなされている。すなわち，関心とか，意欲とか，態度とかといったエモーショナルな情意的能力を評価の対象にすると，客観的な評価ができなくなり，教師による主観的な評価がなされることになるのではないか，という批判である。能力の情意的な側面は，見方によってさまざまな評価が可能である。そうした不定形な能力が，教師によって，標準的な基準に合わせて評価されるようになると，生徒の個性や創造性が生かされないのではないか。そういう批判には一理あるように思う。

しかし，それ以上に問題なのは，新学力観が生徒たちの間に，新たな種類の格差をもたらしてしまったことである。というのは，知識とか技能は，実際に外に表れる能力で，生徒の努力を反映しているが，関心とか，意欲とか，態度とかは内面的な資質であり，それらは生徒自身の努力によって高まるというより，家庭環境のなかで決定される部分が大きいからである。たとえば，学習に意欲や関心があるかどうかは，家庭のなかで毎日接触している親が，どれだけ生きがいのある暮らしをしているかどうかで，生徒に決定的な違いを生みだす。学習への意欲も，親が子どもにどれだけかかわって生活してきたかどうかという家庭環境に，大きく左右される。知識や技能のような認知的能力にみられる

差と，関心，意欲，態度のような情意的能力にみられる差とは，発生理由が根本的に異なるのである。意欲がないことを，児童・生徒個人の努力の足りなさに帰するとすれば，それは児童・生徒にとって大変苛酷なことである。児童間，生徒間の学力の格差は，そうした児童・生徒自身に責任を帰することができないところに，発生理由がある。こう考えるべきではないか。

（3）新学力観は，児童・生徒自身の努力以前の次元で，生徒の間に新たな格差を生み出している。意欲があるかどうかは，生徒自身の責任ではなく，生徒を取り巻く環境，とくに家庭環境の問題である。家庭環境を均一にできない以上，いや，均一にしてはならない以上，能力の情意的側面を評価の対象にするのには，慎重でなければならない。むしろ，家庭環境では満たされない環境を補ってやることが，学校の役割ではないか。新学力観は，児童・生徒自身には責任のない要因で，児童・生徒の間に格差が生み出してしまった。いわゆる「ゆとり教育」は，学力低下を招いたとして批判されてきたが，これは正確ではない。授業時間数が減り，土曜日も休日になることによって，家庭の経済力，教育力が一層生徒の学力に反映するようになり，その結果として，有利な家庭環境に恵まれた児童・生徒と，そうではない児童・生徒との間に格差が広がっただけなのである。

　さらに重要な問題は，新学力観と新たな評価方法が，知識と技能だけでなく，学力のエモーショナルな情意的能力をも評価の対象にするようなシステムを嫌って，多くの児童・生徒が公立学校から脱出していることである。かれらは，これまでどおり知識と技能だけで成績をつけてくれる別のシステム，つまり私立学校に逃げて行っている。私立学校に逃げていく児童・生徒たちは「ブライト・フライト」と呼ばれる。「ブライト」つまり頭の良い生徒ほど，私立学校にフライト，つまり逃げて行ってしまう。その結果として，新学力観と新たな評価システムをそのまま適用している公立学校は，優秀な児童・生徒を失い，ピア・グループ効果が低下し，教育環境が劣化している。

　そうした公立学校を，もう一度魅力ある学校に立て直すために，2011年から

順次適用されていく新しい「学習指導要領」では、授業時間数を大幅に増やし、学校の責任で学力を伸ばしていこうとしている。地域が要望すれば、親の責任のもとで、土曜日に授業を開くことも許されることになった。ふたたび学校の役割が重視されるようになったのである。ただ、新しい「学習指導要領」のメインテーマは、「確かな学力」である。ここでいわれる「確かな学力」は、エモーショナルな情意的能力よりも、知識や技能といった認知的側面に力点が置かれている。もちろん、関心、意欲、態度などの情意的能力が軽視されるということはないが、ふたたび知識偏重に向かうのではないかと危惧される。能力の認知的側面と情意的側面とは、あまり機械的に分けてしまうのではなく、もっと掘り下げて両者の関係を検討する必要がある。

―学習の課題―

(1) 近代・現代の教育方法学の基礎理論から、今後の教育方法の革新に対して、どのような示唆が与えられるか。あなたの考えを述べなさい。

(2) 「学力」とは何か。本章の内容を参考にして、あなた自身の考えをまとめなさい。

参考文献

イリッチ, I., 東洋訳, 1977『脱学校の社会』東京創元社。
ウィリス, P., 熊沢誠・山田潤訳 1985『ハマータウンの野郎ども』筑摩書房。
貝原益軒, 松田道雄訳, 1969『貝原益軒集』中央公論社。
菅野盾樹 1997『いじめ＝〈学級〉の人間学』新曜社。
木村忠正 2001『デジタルデバイドとは何か――コンセンサス・コミュニティをめざして』岩波書店。
クループスカヤ, N. K., 勝田昌二訳 1954『民主主義と国民教育』岩波文庫。
ケイ, E., 1960『児童の世紀』原田実訳、玉川大学出版会。
シュタイナー, R., 新田義之訳 1980『教育の基礎としての一般人間学』人智学出版社。
デューイ, J., 松野安男訳 1978『民主主義と教育』岩波文庫。
デューイ, J., 市村尚久訳 1998『学校と社会・子どもとカリキュラム』講談社学術文庫。
中内敏夫編 1983『学校のない社会　学校のある社会』新評論。
ニイル, A. S., 堀真一郎訳 1995a『問題の子ども』黎明書房。
ニイル, A. S., 霜田静志訳 1995b『恐るべき学校』黎明書房。
パーカースト, H., 赤井米吉訳 1974『ドルトン・プランの教育』明治図書。

ピアジェ, J., 大伴茂訳 1965『臨床児童心理学』同文書院.
ブルーム, B., 稲葉宏雄・大西匡哉訳 1986『すべての子どもにたしかな学力を』明治図書.
ペスタロッチ, J. H., 長田新訳 1993『隠者の夕暮れ, シュタンツ便り』岩波文庫.
ベライター, C., 下村哲夫訳 1978『教育のない学校』学陽書房.
ボウルズ, S.・ギンタス, H., 宇沢弘文訳 1986／7『アメリカ資本主義と学校教育Ⅰ・Ⅱ』岩波書店.
ホルト, J., 山崎真稔訳 1977『学校 その自由と権威』玉川大学出版部.
宮寺晃夫 2000『リベラリズムの教育哲学――多様性と選択』勁草書房.
宮寺晃夫 2006『教育の分配論――公正な能力開発とは何か』勁草書房.
宮寺晃夫 2009「自由を／自由に育てる――「教育の私事化」と公共性の隘路」広田照幸編『自由への問い5 教育――せめぎあう「教える」「学ぶ」「育てる」』岩波書店.
宮寺晃夫編 2011『再検討 教育機会の平等』岩波書店.
山口昌男 1988『学校という舞台――いじめ・挫折からの脱出』講談社.
ラングラン, P., 波多野完治訳 1973『生涯教育入門』全日本社会教育連合会.
ルソー, J=J., 前川貞次郎訳 1970『学問芸術論』岩波文庫.
Smith, M. P. 1983 *The Libertarians and Education,* George Allen & Unwin.

(宮寺晃夫)

第2章 社会的背景によって変わる学校教育と教育方法

　この章では，学校教育が普遍的なものではなく，社会的な背景がさまざまに変化することによって，その影響を大きく受けて変わりやすい構造をもっているという実態について学習する。
　たとえば，産業社会において国際競争力の低下や労働市場の階層化が起こるとフリーター，ニートなどの若年者の就労問題を懸念する声が大きくなると，たちまち学校現場は「キャリア教育」による対応を迫られることになる。また，子どもたちの学力が世界的な水準に比して低下したというデータが示されると，世論ではどのように子どもたちの学力を保障するのか，といった議論が展開される。結果として，学校現場では2011年度から新しく学習指導要領を改訂して「基礎基本の徹底」を図り，学力向上に向けた取り組みが開始されることとなった。
　そこで，本章ではまず学校教育に関するこの数年間の社会的な流れについて概観し，教育と社会変化には強い相互関係がみられることの理解をすすめてみたい。そのうえで，大学教育を例に取りながら，学習者の変化に応じた授業のあり方の工夫や，これからの学校に求められている教育方法の方向性について考えてもらうことをねらいとしている。

1　国際的な調査データからみる子どもたちの学力実態と学校の変化

　子どもたちの変化をめぐって，さまざまな言説が飛び交っている。なかでも「学力が低下している」という問題は，一般にゆとり教育が引き起こした現象だととらえられるきらいがある。ゆとり路線に沿った学習指導要領の改訂によって教科内容が厳選され，授業時間が減少したため，結果的には教科相互に関

表2-1　TIMSS調査におけるわが国の得点および順位の変遷（中学2年数学）

	1995		1999		2003		2007	
1	シンガポール	609	シンガポール	604	シンガポール	605	台　湾	598
2	日　本	581	韓　国	587	韓　国	589	韓　国	597
3	韓　国	581	台　湾	585	香　港	586	シンガポール	593
4	香　港	569	香　港	582	台　湾	585	香　港	572
5	ベルギー	550	日　本	579	日　本	570	日　本	570
6	スウェーデン	540	ベルギー	558	ベルギー	537	ハンガリー	517
7	スロバキア	534	オランダ	540	オランダ	536	イングランド	513
8	オランダ	529	スロバキア	534	ハンガリー	529	ロシア	512
9	ブルガリア	527	ハンガリー	532	スロバキア	508	アメリカ	508
10	ハンガリー	527	ロシア	526	マレーシア	508	リトアニア	506

（出所）　文部科学省「国際数学・理科教育動向調査の2007年調査（TIMSS2007）」
（http://www.nier.go.jp/timss/2007/gaiyou2007.pdf 2011.9.13アクセス）より作成。

表2-2　PISA調査におけるわが国の得点および順位の変遷（読解力）

	2000		2003		2006		2009	
1	フィンランド	546	フィンランド	543	韓　国	556	上　海	556
2	カナダ	534	韓　国	534	フィンランド	547	韓　国	547
3	ニュージーランド	529	カナダ	528	香　港	536	フィンランド	536
4	オーストラリア	528	オーストラリア	525	カナダ	527	香　港	527
5	アイルランド	527	リヒテンシュタイン	525	ニュージーランド	521	シンガポール	521
6	韓　国	525	ニュージーランド	522	アイルランド	517	カナダ	517
7	イギリス	523	アイルランド	515	オーストラリア	513	ニュージーランド	513
8	日　本	522	スウェーデン	514	リヒテンシュタイン	510	日　本	510
9	スウェーデン	516	オランダ	513	ポーランド	508	オーストラリア	508
10	オーストリア	507	香　港	510	スウェーデン	507	オランダ	507
			14　日　本	498	15　日　本	498		

（出所）　文部科学省「OECD生徒の学習到達度調査（PISA2009）」
（http://www.mext.go.jp/component/a_menu/education/detail/_icsFiles/afieldfile/2010/12/07/1284443_01.pdf 2011.9.13アクセス）より作成。

連し合う学習内容が整理されてしまったり，反復練習に割く時間的な余裕もなくなったのである。子どもたちにしてみれば，「教科書は薄くなったけれど，よけいに勉強がわかりにくくなった」感がぬぐえないのである。

　そこでまず第1章からの流れを受けて，2種類の国際的な学力データから日本の子どもたちの学力実態について考えてみたい。国際比較データの代表的な

ものには IEA（国際教育到達度評価学会）が行う「国際数学・理科教育動向調査（TIMSS＊）」と OECD（経済協力開発機構）が実施する「生徒の学習到達度調査（PISA＊＊）」がある。前頁の表2-1および表2-2は TIMSS，PISA 両調査のカテゴリー別の得点と順位を示したものである。

＊ TIMSS 調査に用いられた問題としては，以下のようなものがある。

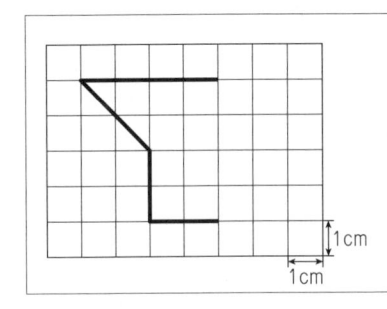

左の方眼紙の1つの正方形の面積は1平方センチメートルです。左の図形に線を何本かかきくわえて，面積が13平方センチメートルになる図形を作りましょう。

TIMSS 調査では，数学および理科の教育到達度を測定することが目的であり，後述する PISA 調査の数学的リテラシーや科学的リテラシーとは内容が異なる。

＊＊ PISA 調査に用いられた問題としては，以下のようなものがある。

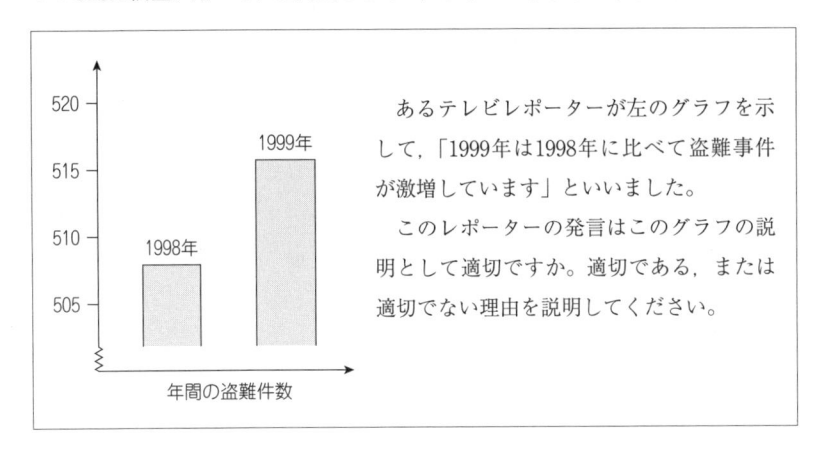

あるテレビレポーターが左のグラフを示して，「1999年は1998年に比べて盗難事件が激増しています」といいました。
このレポーターの発言はこのグラフの説明として適切ですか。適切である，または適切でない理由を説明してください。

PISA 型読解力とは，「みずからの目標を達成し，自らの知識と可能性を発達させ，効果的に社会に参加するために，書かれたテキストを理解し，利用し，熟考する能力」としている。このような国際学力調査が測定する能力については田中耕治『新しい学力テストを読み解く』などが詳しい。

TIMSS データからは，学力が下がっているといった顕著な変化がみられないにもかかわらず，PISA の読解力は年を追うごとに順位を下げている（田中，2008：29-39）。2009年に PISA 調査における学力低下には歯止めがかかったが，依然として子どもたちの学力が低下したこと，すなわち「問題のプロセスを問う」形式の問題を不得手とする傾向は，43年ぶりに復活した「全国学力・学習状況調査」においても同様である。計算や暗記などの，主として TIMSS 型の学力を問う【A問題】においては，依然として高水準を維持している傾向がある一方で，本人が有する知識を活用してさらなる学びにつなげる能力，すなわち思考力や論理力などを問う PISA 型の【B問題】では，地域や学校によって大きな差が見られたのである（田中，2008：175-197）。

　このようなわが国における学力低下の問題は，教育の世界だけにとどまらず，社会のさまざまな側面においても影を落とした。規制緩和による教育の市場化，科目選択制の導入や能力別学級編成の進展などはその一例にすぎない。苅谷剛彦ら（2004）は子どもたちの学力低下を分析するなかで，塾に通っているかどうかで学力低下に差がみられることを明らかにした。同様に，中学校数学の正答数を従属変数とした重回帰分析をおこなった結果，正答数にもっとも大きな影響を与えたのも「通塾」変数であったことを指摘している（表2-3参照）。

　だが，塾に通っているかどうかは，現代の子どもたちにとって学力形成のための必要不可欠な条件のひとつであり，塾が子どもたちの文化を語るうえでの主要な磁場のひとつになりつつある。ゆとり教育を背景にした「お受験」という言葉の蔓延は，通塾を過剰に扇動する格好となったばかりでなく，「学校 vs 塾」のような対立構図を子どもたちにも親たちにも植えつけはじめた。学力実態を起点とした議論は，こうして学校教育の存在意味を再度検討しようという「変化」へとつながっていくのである。

　それでは学習指導要領の改訂を視野に入れながら，もう少し厳密にその背景をみてみたい。

　2002年以降の教育現場においては「生きる力」に表象されるように，「自分で課題を見つけ，自ら学び，自ら考え，主体的に判断し，行動し，よりよく問

表2-3 中学校数学正答率の変化

	1989年			2001年		
	非標準化係数	標準誤差	標準化係数	非標準化係数	標準誤差	標準化係数
定　数	44.436	2.004	***	42.326	2.616	***
男　子	0.656	0.867	0.015	-1.619	1.309	-0.033
読み聞かせ	2.785	0.944	0.06 **	3.317	1.414	0.063*
通　塾	11.614	0.992	0.269***	16.619	1.638	0.338***
宿　題	6.591	0.723	0.199***	6.295	0.921	0.194***
勉強時間	0.064	0.012	0.127***	0.007	0.019	0.011
全く勉強しない	-0.092	1.518	-0.002	-5.785	2.077	-0.101**

＊従属変数：89年数学スコア，N＝2089，F＝71.134，Signf＝0.000，Adj R^2＝0.168
＊従属変数：01年数学スコア，N＝1133，F＝51.249，Signf＝0.000，Adj R^2＝0.210

($***p<0.01$, $**p<0.05$, $*p<0.1$)

（出所）　苅谷・志水（2004：147）。

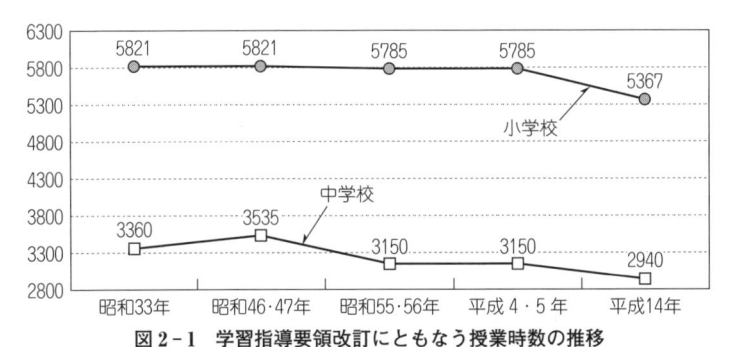

図2-1　学習指導要領改訂にともなう授業時数の推移

（出所）　教育情報ナショナルセンター（NICER）「学習指導要領・評価基準」
　　　　（http://www.nicer.go.jp/guideline/old/2008.4.21アクセス）より作成。

題を解決する能力」を育成することを念頭に授業が構築されてきた。これが「新学力観」といわれるものである。ゆとり教育のもとでは，計算能力の高さや漢字の書き取りの正確さなどで測られる「旧学力」よりも，子どもたちの関心・意欲・態度に重点がおかれたのである（苅谷・志水，2004：1-20）。それによって，子どもたちが主体的に学ぶ態度や意欲が大きな意味をもち，先生たちは子どもが「勉強する気になるまで待つ」という支援型が推奨された。この結果，学習指導要領における授業時間や学習内容は一層削除された（図2-1参照）。図をみるとわかる通り，授業時間がもっとも多く削減されたのは，2002

（平成14）年に施行された学習指導要領である。それまで，微減にとどまっていた授業時間が小学校では418時間，中学校でも210時間と大きく削減された。ゆとり教育の路線に沿ったこの数十年間の教育改革は，授業時数の削減とそれにともなう教育内容の厳選を基軸として進められ，結果として学校や子どもたちに大きな変化をもたらしたのである。

2 学習指導要領の改訂の背景にあるもの

これまでの学習指導要領の改訂の歴史を振り返ってみると，わが国の教育はその時代ごとの状況を反映して，系統主義的な教育と経験主義的な教育との間を行き来してきたことがわかる。

図2-2にあるように，読み・書き・計算を中心とした系統主義教育は，徹底した反復練習が必要なTIMSS型調査で測定される学力を育成することに重点をおいた教育であると考えられる。一方で，見る・聞く・話すことを中心とした経験主義教育は，思考力や判断力，生きる力において強調された問題解決能力を育成することが求められるPISA型調査で測定される学力の育成に力点をおいている。

したがって，ゆとり教育のねらいに従って考えるならば，TIMSS型の学力はともかくとしてもPISA型の学力が向上するはずだったのである。しかしながら，表2-1や表2-2の結果からもわかるように日本の子どもたちの実態は全く逆であり，ゆとり教育を進めた結果，TIMSS型の学力には大きな低下はみられなかったものの，PISA型の学力が大幅に低下したのである。この疑問を解くためのヒントとして，東京大学の研究グループが明らかにした「ふたこぶラクダ」の学力分布をみてみたい。

2000年を前後する頃から世論を賑わせた学力低下に関して詳細な分析をおこなった苅谷剛彦ら（2001）によれば，90年代以降の学力低下は「すべての」子どもたちにみられる現象ではなく，「一部の」子どもたちの学力が著しく低下している実態があることが明らかとなったのである。なかでも，家庭環境に不

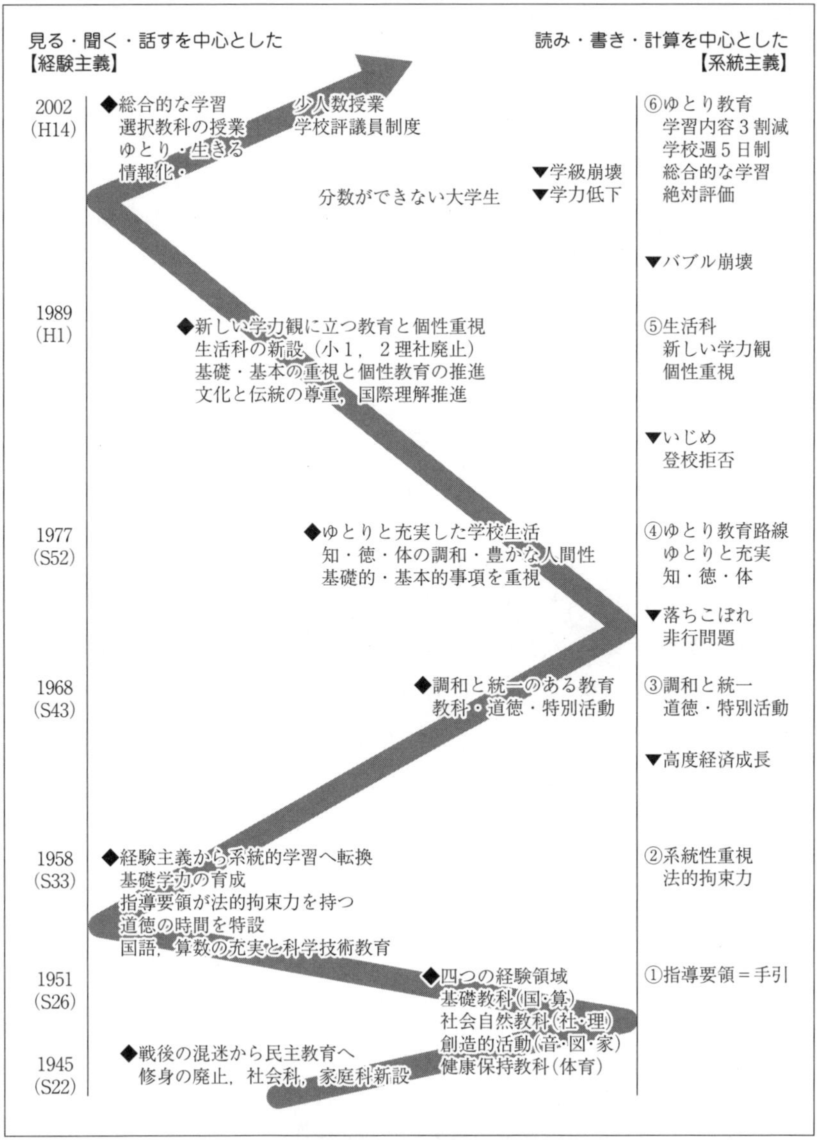

第2章　社会的背景によって変わる学校教育と教育方法　41

```
見る・聞く・話すを中心とした                    読み・書き・計算を中心とした
【経験主義】                                  【系統主義】
```

年	【経験主義】		【系統主義】
2002 (H14)	◆総合的な学習 　選択教科の授業 　ゆとり・生きる 　情報化	少人数授業 学校評議員制度 分数ができない大学生　▼学級崩壊 　　　　　　　　　　　▼学力低下	⑥ゆとり教育 　学習内容3割減 　学校週5日制 　総合的な学習 　絶対評価 ▼バブル崩壊
1989 (H1)		◆新しい学力観に立つ教育と個性重視 　生活科の新設（小1，2理社廃止） 　基礎・基本の重視と個性教育の推進 　文化と伝統の尊重，国際理解推進	⑤生活科 　新しい学力観 　個性重視 ▼いじめ 　登校拒否
1977 (S52)		◆ゆとりと充実した学校生活 　知・徳・体の調和・豊かな人間性 　基礎的・基本的事項を重視	④ゆとり教育路線 　ゆとりと充実 　知・徳・体 ▼落ちこぼれ 　非行問題
1968 (S43)		◆調和と統一のある教育 　教科・道徳・特別活動	③調和と統一 　道徳・特別活動 ▼高度経済成長
1958 (S33)	◆経験主義から系統的学習へ転換 　基礎学力の育成 　指導要領が法的拘束力を持つ 　道徳の時間を特設 　国語，算数の充実と科学技術教育		②系統性重視 　法的拘束力
1951 (S26)		◆四つの経験領域 　基礎教科（国・算） 　社会自然教科（社・理） 　創造的活動（音・図・家） 　健康保持教科（体育）	①指導要領＝手引
1945 (S22)	◆戦後の混迷から民主教育へ 　修身の廃止，社会科，家庭科新設		

図2-2　学習指導要領の変遷と教育内容の変化

（出所）　原清治『学校教育課程論』学文社，2005年5頁。

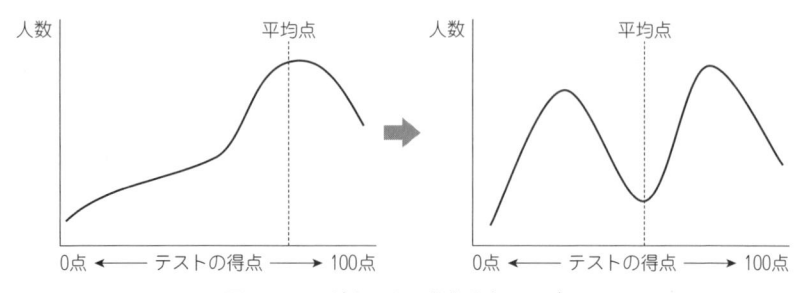

図2-3 子どもたちの学力分布のモデル

利を抱える子どもたちの学力がとりわけ低下していたことも同時に指摘されている。

　図2-3は子どもたちの学力分布の変化を概念的に示したものである。これをみると、以前の子どもたちの学力は平均点付近に集中する正規分布の構造となっていた。それが最近では、高い学力をもつ子どもたちのコーホートと、学力が大幅に落ちてしまった子どもたちのコーホートの2グループに別れているのである。また、学力の二極化と同時により大きな問題として、学習しようとする意欲そのものに格差が生じているのである。これは、「学習意欲格差」（インセンティブ・ディバイド）といわれるもので、むしろこの学習意欲の差の大きさの方こそを危惧する声も小さくない。子どもたちが直面している問題は「学ぶ」ことに対する意識の低下であり、とくに「ふたこぶ」に二極化してしまった学力の低い子どもたちが「学び」から逃走しているというのが実態なのである。

　それでは、子どもたちに学ぼうという意欲を喚起するためにはどのような対策が必要になるだろうか。ここでは「学ぶこと」そのものに対する価値を高めることの大切さを指摘しておきたい。ゆとり教育では個性重視の名の下に「勉強できないことも個性である」といった誤解を生む土壌が育ちつつあった。進路を選択するにあたって、学ぶ姿勢を持ち続けるかどうかはその後の人生にも大きな影響力をもつであろうことに異論の余地はない。したがって、子どもたちにはまず「勉強すること」の必要性や意味を教えることが、結果的に彼らの

将来の選択肢を広げることになるである。

3 「使い捨てられる若者たち」の問題

　子どもたちを取り巻く実態として，学力低下の問題とともに看過できないもののひとつに若年就労問題，いわゆる正規雇用に就くことのできない若者の問題がある。これまでであれば，学校教育を修了した後には，はほぼすべての人が正規雇用の職に就くことが可能であった。しかし，2000年前後から，教育から職業への円滑な移行が難しい若者が増加し，低賃金の仕事に従事せざるをえない状況が増加している。表2－4は性別・年齢・学歴別の項目ごとにフリーター率の推移をみたものである。

　これをみると，大きく3つのことに気づく。

　ひとつめは，男性に比べて女性のフリーター率が高い割合を示しているということである。フリーターに関する調査を始めた1982年の時点では，30-34歳以上の女性の1割がフリーターであった。それが，とくに近年では15-34歳のどの年齢層であっても3割近くはフリーターであり，女性の労働条件が悪化していることが指摘できる。

　2つめは，97年から02年にかけてのフリーター率の急増である。それまで少しずつ増加していたフリーター率は，97年から02年にかけて，どの年齢層，学歴であっても倍以上の割合になっている。これは1990年末から規制緩和によって，派遣労働や日雇い労働などの非正規雇用の働き口が増大したことと無関係ではない。とくに，15-19歳の若者のうち，教育機関に属していない若者の5割以上がフリーターであるという事実は，早急に解決しなければならない問題である。

　最後に，高学歴者のフリーター率の高さである。学歴別のフリーター率をみてみると，中学卒や高校卒等の高等教育を受けていない若者のフリーター率が目立つが，これは欧米のデータと比較するとそれほど高いとはいえない。イギリスやアメリカでは高校を卒業したかどうかは賃金の上でも就業機会の上でも

表 2-4 性・年齢・学歴別フリーター率 (%)

	男性					女性				
	1982	1987	1992	1997	2002	1982	1987	1992	1997	2002
計	2.4	4	4.4	6.4	10.6	7.3	10.8	10.2	16.3	35.5
15～19歳	7.8	14.8	15.7	24.4	50.0	6.7	14.4	15.1	29.2	65.2
20～24歳	3.8	6.1	6.6	10.6	29.1	6.1	8.9	9.2	16.9	36.8
25～29歳	1.7	2.5	3.0	4.4	9.4	9.6	12.1	10.2	13.6	29.3
30～34歳	1.3	1.6	1.5	2.4	6.4	10.5	13.4	10.8	14.3	34.6
中学	4.3	9.1	12.3	15.6	11.8	12.9	27.2	32.1	42.4	25.2
高校	2.4	4.4	4.9	7.2		6.5	10.7	11.1	20.0	
短大・高専	2.2	3.3	3.1	5.1	8.9	7.3	8.2	6.9	12.1	20.0
大学・大学院	1.2	1.4	1.4	2.7	7.3	8.0	8.9	6.8	9.6	19.3

(資料) 小杉礼子「フリーター・若年無業問題への対応を考える」『ビジネス・レーバー・トレンド創刊号』2003年，5頁および総務省「労働力調査」より作成。

重要な分岐点となる。とりわけ，イギリスでは高校を卒業することができない若者の比率が他国に比べて高く，彼らが就業対策の支援対象の中心となる。それに比べて，日本では学歴の低さが就業と直接の関係をもつとは必ずしもいえない。むしろ，欧米と日本で最も異なるのは，高学歴にもかかわらず，フリーターとなる若者の多さである。高等教育に進学する割合が比較的少ないイギリスや，多くの若者が大学や短大に進学する高学歴社会アメリカのように国家による高等教育の位置づけの違いはあったとしても，大学や短大に進学した若者のほとんどは正規雇用者となる。アルバイトは学生時代にするものであって，大学卒業後もそれを続ける若者はほとんどいない。それに対して，日本では，大学や短大などの高等教育を経た後であっても，1割近くの若者がフリーターとなっており，その数は増加の一途をたどっているのである。

フリーターやニートなどの未就労の状態に陥る若者が増加した原因のひとつに，教育，とりわけ前述したゆとり教育の問題であるという指摘もある。たとえば，玄田有史 (2004) は，苅谷らの指摘したふたこぶラクダの学力分布を用い，子どもたちの学力による二極化が，志望する職業に就こうと努力を続ける若者と早い段階であきらめてしまう若者とに分岐する要因となるのではないかと指摘した。すなわち，1980年代から続いてきたゆとり教育の結果，あきらめ

感をもった低学力層（低意欲層）の若者たちが，不況の元でいっそう厳しくなってしまった就職競争から降りて，フリーターやニートになっているのではないかというものである。

　このようにゆとり教育がもたらした二極化の側面からフリーターやニートとの関係を指摘する声がある一方で，現代の教育内容そのものが問題であるという見解もある。小杉礼子（2005）は，学校教育のなかでは「○○な仕事に就こう」といったような就業意欲を育てるような教育，いわゆるキャリア教育が充分に展開されていないと指摘している。キャリア教育が十分にされなければ，子どもたちの進路選択に迷いが生じることは想像に難くない。学校を欠席しがちな子どもや成績が下位にある子どもは，そもそも進路指導の対象からもこぼれ落ちやすくなる。

　また，高校や大学などの教育を通じて形成される知識や技能・能力が職業との関係において見えづらくなったという指摘もある。たとえば，教育学部に進学した学生は，「先生になる」ために必要な知識や技術を大学で学ぶため，一般的に大学教育と職業との関係は非常にみえやすく，学ぶ学生の側からみても教育学部などは「何を学ばなければならないのか」が理解しやすい分野だといえる。しかし，文学部に進学した学生のすべてが作家になるわけではなく，経済学部で学ぶ学生がすべて金融関係の会社に就職するわけでもない。学生も「ここで何を学べばよいか」を将来の職業と結びつけて考える機会は少ない。とりわけ，2000年代に増加した「国際」を冠した学部なども同様の課題を抱えている。このような教育と職業との関係付けを「職業的レリバンス」と呼ぶが，その職業的な結びつきが最近とみに弱くなっているのではないかという指摘もある。

　いずれにしても，将来志望する職業とその前段階で学ぶ教育内容のつながりが見えにくくなったことが，子どもたちから早い段階で就業意欲を奪い，結果としてフリーターやニートを生み出しているのではないか，という実態もみられるのである。

4 子どもたちの変化に応じた教育のあり方をめぐって

　以上のような子どもや若者たちの変化は大学生においてもみられる。とりわけ最近の高等教育機関においては，FD（ファカルティ・デベロップメント，Faculty Development：教授方法の工夫・改善）として教員側が指導方法をさまざまに工夫しているが，それが必ずしも学生にとって最善の策であるとはいえない実態もある。たとえば，1994年に関西大学社会学部で実施された学生調査のなかで「あなたが大学の授業で求めるもの」という項目がある。「どの授業も出席を取るようにしてほしいか？」，「課題や予習義務を課してほしいか？」という問いに対して，当時の大学生の多くは，「反対」とする回答が多くを占めていることがわかる（図2-4）。これをみると，以前の学生であれば「出席を取らない」「課題を出さない」「テストをしない」という，いわゆる「楽勝型」の授業をするほど，大学や授業に対する満足度が高くなっていたのである。FDの概念がわが国に導入される90年代以前までは，学生の自主性に任せた授業が大学においては，いわば「よい授業」であったことは想像に難くない。ところが，2000年以降，FDが積極的にすすめられたことと時期を同じくして，学生の気質そのものが変化したという指摘がある。P. サックス（2000）は，米国のカレッジを中心に成績評価基準に対して，厳格に評価を求める「消費者タイプ」の学生が増加してきたことを明らかにしている。これは米国だけの問題ではなく，わが国においても同様の指摘ができる。

　たとえば，現在，わが国のほぼすべての大学では，文部科学省の指導のもと，2単位ものの講義ならば半期あたり15回の授業が必須である。もし，担当教員の都合で休講にした場合は，必ず補講にて対応することを義務づけている大学が大半であろう。以前であれば，お互いが了解していたこうした事がらも，今の学生は教員が授業を休んだ場合，「あの先生の勤務態度はどうなのか」，「これで2度も休講にした」，「3度も休講したのなら，3回分の授業料を返してほしい」といった苦情を大学に申し入れることもあると聞く。こうした学生の背

	賛成	反対	無回答
どの授業も出席をとるようにしてほしいか？	7	66	27
課題や予習義務を課してほしいか？	5	67	28

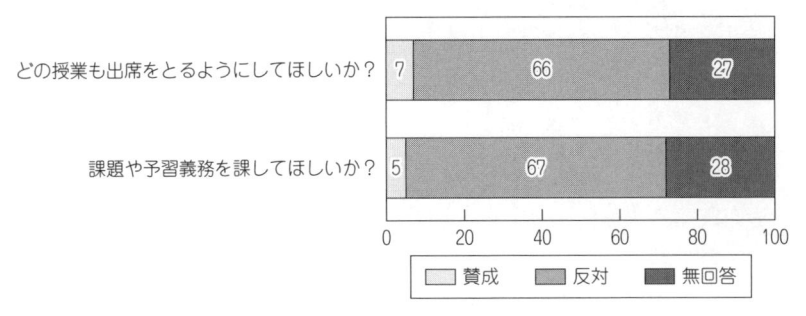

図 2-4 大学生が授業に求めるもの

景には，授業に主体的に参加している自分たちと，怠惰な学生との差異化を望む声が少なくない。したがって，「授業ではきちんと出席を取ってほしい」「レポートを提出させるのなら，きちんとコメントを返してほしい」といった学生の声にこたえる形で授業を実践する教員が増えてきているのである。以上のような学生は多くがサックスが指摘した「消費者タイプ」の学生であり，彼ら／彼女らは高額な授業料に見合うだけの成果を大学の授業に求めるようになったということができる。

　こうした例からも明らかなように，教える側は教えられる側の変化に合わせて授業を組み立てなければならない時代に突入したのである。それは，学生の「支援」がさまざまな会議において議論の中心となっていることからもうかがい知ることができる。欧米においても，大学の卒業という出口に向かってどのように基準を設けるかという問題が提起される一方で，現代の学生の変化に合わせた授業を構築しなければならないという難題が議論されているのである。

　たとえば，佛教大学では2007年度から『縁（えにし）コミュニティによる離脱者ゼロ計画』（以下，縁 GP と略記）と銘打った取り組みを実施してきた。それは，大学における学生支援の必要性と方向性を探った実践であったが，「いかにして学生の中途退学を防ぎ，限りなくその数をゼロに近づけるか」という目標を立て，運営してきた縁 GP が，最終的に「どのような学生がもっとも孤立しやすいのか」という分析から「支援」する学生を特定し，学生一人ひとりの状況に見合った教育指導の方法を確立することが急務であるという知見

によってまとめられたことからも明らかである。これまでの学校教育においては，「子どもたちに対して相談する窓口さえ設けていれば向こうから勝手にやってくるだろう」という「待ち」の姿勢が一般的であった。それを，「誰に，困ったときにはどのような支援をすれば彼らの学習意欲は向上するのか」という視点へ転換することが求められ始めていることに気付かなければならない時代になってきたのである。

　翻って，わが国の学力低下や教育に関する議論のなかでも，依然として「授業を理解できない子どもが悪い」「教科書の内容を削減した文科省の責任を問わなければいけない」といった指摘をする傾向もあり，教える側と学ぶ側に一種の対立構造が現存しているのである。このような状態が続くようであれば，子どもたちの「学ぶ意欲」は喚起されない。まずは目の前にいる今の子どもたちに関する実態把握から，それならば次に何をすべきかといった発想の転換が不可欠なのである。

　現代の若者気質がうかがえる事例を紹介したい。学生に友人関係を問うと，「自分と同じにおいがする人とは友達になるけど，まったく価値観や興味の異なる人とは友達になれない」という回答を多く得ることができた。現代の大学生は，友人関係が小さく，同質性の高いグループをつくる傾向にある。たとえば，「既存のクラブやサークルはすでに一種の人間関係ができているので，入るのは嫌だ。自分の気心のしれた仲間と新しくサークルを作りたい」といった発想をする学生が年々増加しているようである。つまり，すでに人間関係が成立した組織に，あえて自分から飛び込むような経験をせず，むしろ同質性が高い人間だけでまとまろうとする傾向が最近の若者にみられるのである。

5　今後の学校教育の進むべき方向性を探る

　このような子どもや若者の実態があるにもかかわらず，国が新しく改訂した学習指導要領では学習範囲が増加した。これでは，学習する意欲をもたない，学習意欲を自発的にもつことのできる環境にいない子どもは社会から取り残さ

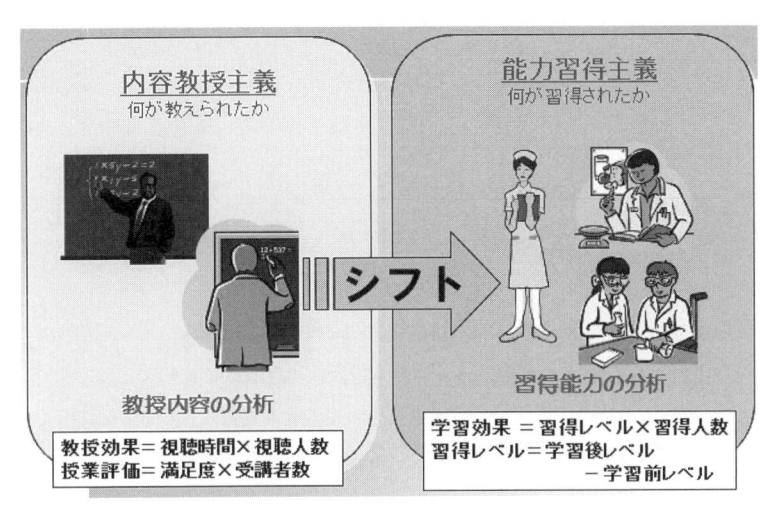

図2-5　これからの授業のあり方のイメージ
（出所）　西之園晴夫「教育パラダイムから学習パラダイムへ」『総研ジャーナル』第94号，2009年，35-43頁より作成．

れてしまう恐れが十分考えられる。確かに10年ごとに改訂される学習指導要領が社会の変化をみすえたものであることはいうまでもない。しかし，教師の側も児童・生徒の変化をしっかりと把握したうえで，彼ら／彼女らに対応できる授業を構築できれば，将来にわたって意味ある学びとなるのではないだろうか。教員が主体となる教材作成においても同様の指摘をすることができる。教えられる子どもの側の性質や実態をきちんと把握したうえで，一番興味・関心のある内容を重点的に展開できれば，満足度の高い授業となるであろう。そうした努力を怠らず，さらに教員間での子どもの情報の共有ができれば，難しいことではない。

　最後に，FD研究の知見からみた今後の学校教育の授業のあり方の方向性を示してまとめとしたい。図2-5をご覧いただきたい。結論からいえば，これまでの授業には，教授者によって何が教えられたかに重心を置く「内容教授主義」ともいうべき価値観があったが，今後はむしろその授業を通して，子どもに何が習得されたのかを問う「能力習得主義」へ移行するであろうことが必要である。その時に，学習者のニーズをつかめないまま，教える側の「教えたい

内容」ばかりを押し付けるだけでは，学ぶ側にとって魅力ある授業とは言い難い。子どもたちにとって必要な学びとはどのようなものか，教える側の専門性と学ぶ側の学習ニーズが一致した授業展開がこれからの時代にはますます求められているのである。

―学習の課題―
(1) 社会の変化につれて学校や子どもたちが変わるという実態を，具体的な事例を示しながら説明してください。
(2) 2002年に実施された学習指導要領の改訂は子どもたちにどのような変化をもたらしましたか。「ゆとり教育」をキーワードにして説明してください。
(3) 「学習者」のニーズを把握し，それに沿った教育も必要であるといわれています。あなたが考える「学習者の視点にたった授業」とは何かについて説明してください。

参考文献
ウィリス, P. E., 熊沢誠・山田潤訳 1985『ハマータウンの野郎ども――学校への反抗，労働への順応』筑摩書房。
OECD 2008『図表でみる世界の社会問題 2 OECD 社会政策指標―貧困・不平等・社会的排除の国際比較』明石書店。
苅谷剛彦 2001『階層化日本と教育危機』有信堂高文社。
苅谷剛彦・志水宏吉 2004『学力の社会学』岩波書店。
玄田有史・曲沼美恵 2004『ニート――フリーターでもなく失業者でもなく』幻冬舎。
小杉礼子 2005『フリーターとニート』勁草書房。
サックス, P., 後藤将之訳 2000『恐るべきお子さま大学生たち――崩壊するアメリカの大学』草思社。
佐藤学 2000『「学び」から逃走する子どもたち』岩波ブックレット。
田中耕治 2008『新しい学力テストを読み解く』日本標準。
原清治 2009「学力論争の新たな展開と『学力移動』へのインプリケーション」佛教大学教育学部論集第20号：13-31。
原清治・山内乾史・杉本均編 2009『教育の比較社会学』学文社。
福沢周亮 1982『現代教育心理学』教育出版。
ブルデュー, P., 原山哲訳 1993『資本主義のハビトゥス』藤原書店。

（原　清治）

第3章　新学習指導要領で変わる教育
——「生きる力」をはぐくむICTの活用

　　新しい学習指導要領では，「生きる力」をはぐくむという基本理念のもと，総則のみならず各教科等に多くの情報教育やICT活用に関する記述が盛り込まれている。幅広い知識と柔軟な思考力にもとづく新しい価値の創造が求められる知識基盤社会，インターネット等の情報通信技術の進歩で国を超えての協働協調活動が増すグローバル化などに対応し，確かな学力や情報活用能力の育成が求められた結果である。学力の重要な要素として，基礎的・基本的な知識・技能の習得，習得した知識・技能を活用して課題を解決するために必要な思考力・判断力・表現力等の育成，主体的に学習に取り組む態度の形成が明確にされた。これらの記述に対応した学習活動を進めるには，個々の教員の授業開発能力が求められるのはもとより，教員の協働による学校全体の取り組みが求められる。

　　本章では，この新しい学習指導要領の理念である「生きる力」の育成と，その背景にある考え方を概説し，次代を担う子どもたちを育てる教師の教育の方法・技術の理解と授業力改善をねらいとしている。

1　学習指導要領の理念とその背景

　平成23年度より小学校，24年度より中学校，25年度より高等学校と，新しい学習指導要領の全面実施を迎えた。新しい学習指導要領では，「生きる力」をはぐくむという基本理念のもと，基礎的・基本的な知識・技能の確実な定着とこれらを活用する力の育成に向けて教育内容の改善が図られた。いかに社会が変化しようと，自ら課題を見つけ，自ら学び，自ら考え，主体的に判断し，行動し，よりよく問題を解決する資質や能力の育成である。

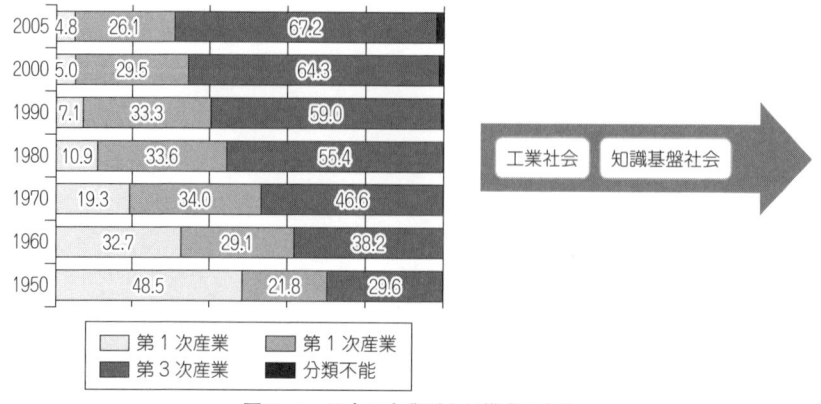

図3-1 日本の産業別人口構成の変化
（出所）国勢調査平成17年度資料より作成。

　また，自らを律しつつ，他人とともに強調し，他人を思いやる心や感動する心など豊な人間性をはぐくむことも大きな目標となっている。新しい知識・情報・技術が政治・経済・文化をはじめ社会のあらゆる領域での活動の基盤として，飛躍的にその重要性を増す「知識基盤社会」の時代を見据えてのことである。図3-1は，日本の産業別人口構成の推移を示すものである。農業，漁業，林業などの第一次産業，この第一次産業から得られる資源を加工・製造する工業などの第二次産業が減り，情報通信，金融，医療，教育ほかさまざまなサービスを提供する第三次産業の発展が見て取れる。この傾向は日本のみならず世界的動向であって，工業社会で求められた均質性や効率性を維持するための能力開発以上に，多様で複雑な問題を解決する能力が求められるようになってきた。

　このような時代背景にあって，OECD（経済協力開発機構）のDeSeCo（Definition and Selection of Competency）プロジェクト（1997-2002）において，オーストリア，ベルギー，フィンランド，フランス，ドイツ，オランダ，ニュージーランド，ノルウェー，スウェーデン，スイス，デンマーク，米国等，多くの国の認知科学や教育評価，哲学，社会学，歴史学，経済学等の専門家と関係者の意見をもとに，「知識基盤社会」の時代を担う子どもたちに必要な主要能

力（キーコンピテンシー）として，図3-2に示す3つのカテゴリーに関わる能力の必要性が報告された。

ここで，この3つの能力について，もう少し詳しくその内容について述べておこう。最初の人間関係形成能力は，他者とうまく関わり，協働して考えたり作業をしたりして，問題を処理し解決できる能力である。また，自律的行動能力は，大きな展望をもって活動すること，事業を主体的に計画し実行できる力，自らの権利，利害，限界などを認識して活動できる能力，最後の相互作用的道具活用能力は，道具として，社会・文化的道具と技術的道具という形で，言語の活用能力，知識や情報を活用する能力，テクノロジーを活用する能力等である。

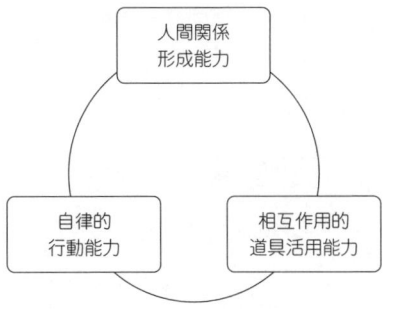

図3-2 OECDにより定義されたキーコンピテンシー

さらに，DeSecoプロジェクトとともに，21世紀に生きる児童・生徒に求められる能力として，ATC21S（Assessment & Teaching of 21st Century Skills）プロジェクトによる提言がある。これは，オーストラリア，フィンランド，ポルトガル，シンガポール，英国，米国の研究者が参画して研究されたもので，図3-3に示すように，4つのカテゴリーで10の能力が提案されている。

4つのカテゴリーは，「考え方」「働き方」「道具活用」「グローバル化」であり，各カテゴリーのもとに以下の能力が提言されている。

【考え方】
① 創造性や革新する力　② 批判的思考力や問題解決力
③ 学び方を学ぶ自己学習力
【働き方】
① コミュニケーション力　② コラボレーション力
【道具活用】
① 情報リテラシー　② ICTリテラシー

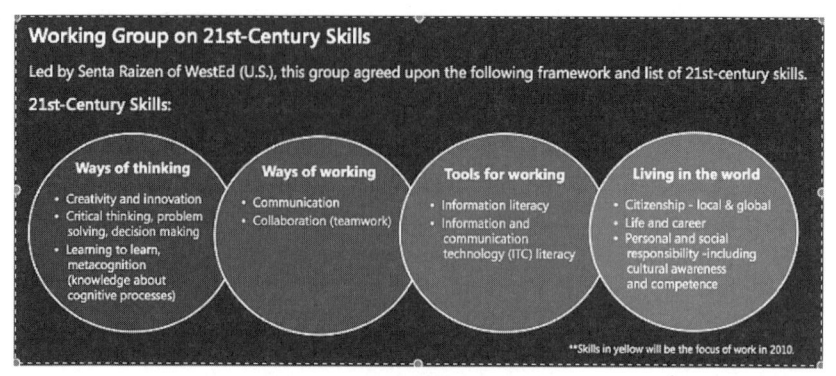

> **Working Group on 21st-Century Skills**
> Led by Senta Raizen of WestEd (U.S.), this group agreed upon the following framework and list of 21st-century skills.
> **21st-Century Skills:**
>
> **Ways of thinking**
> - Creativity and innovation
> - Critical thinking, problem solving, decision making
> - Learning to learn, metacognition (knowledge about cognitive processes)
>
> **Ways of working**
> - Communication
> - Collaboration (teamwork)
>
> **Tools for working**
> - Information literacy
> - Information and communication technology (ITC) literacy
>
> **Living in the world**
> - Citizenship - local & global
> - Life and career
> - Personal and social responsibility -including cultural awareness and competence
>
> **Skills in yellow will be the focus of work in 2010.

図 3-3　21世紀に求められるスキル
（出所）　アクト21プロジェクト http://act21s.org より。

　ここで，情報を活用する能力とICTを活用する能力が分けられていることに注意。情報リテラシーとは先に述べたOECDの知識や情報を活用する能力と対応し，ICTを活用する能力とはコンピュータやインターネット等の情報通信技術という具体的な道具を活用する能力である。日本の情報活用能力はこの両者を含むより広い能力とされている。

【グローバル化】
① 市民としてのあり方　② 生き方と職業　③ 個とその社会的責任
　以上に見られるように，知識基盤社会やグローバル化，情報社会の進展などを強く意識した内容になっている。
　さて，これまで述べてきたように，新しい学習指導要領の理念である「生きる力」をはぐくむことは，新しい知識・情報・技術が政治・経済・文化をはじめ社会のあらゆる領域での活動の基盤として飛躍的に重要性を増す「知識基盤社会」という背景のもと，その時代に生きる子どもたちに必要な能力として，その育成が最も重要であると考えられたからである。

2 生きる力と学力

　新しい学習指導要領の基本理念である，生きる力の背景について前節では述べてきたが，本節では，この生きる力と学力について考えてみたい。今回の学習指導要領の改訂にあたって，2006（平成18）年に60年ぶりに改正された教育基本法では，「知・徳・体」の調和のとれた発達を基本としつつ，個人の自立，他者や社会との関係，自然や環境との関係，日本の伝統や文化を基盤として国際社会を生きる日本人，という観点から具体的な教育の目標が定められた。以下に教育基本法を示す。

教育基本法（平成18年法律第120号）

（教育の目標）
第2条　教育は，その目的を実現するため，学問の自由を尊重しつつ，次に掲げる目標を達成するよう行われるものとする。
　一　幅広い知識と教養を身に付け，真理を求める態度を養い，豊かな情操と道徳心を培うとともに，健やかな身体を養うこと。
　二　個人の価値を尊重して，その能力を伸ばし，創造性を培い，自主及び自律の精神を養うとともに，職業及び生活との関連を重視し，勤労を重んずる態度を養うこと。
　三　正義と責任，男女の平等，自他の敬愛と協力を重んずるとともに，公共の精神に基づき，主体的に社会の形成に参画し，その発展に寄与する態度を養うこと。
　四　生命を尊び，自然を大切にし，環境の保全に寄与する態度を養うこと。
　五　伝統と文化を尊重し，それらをはぐくんできた我が国と郷土を愛するとともに，他国を尊重し，国際社会の平和と発展に寄与する態度を養うこと。

　また，2007（平成19）年6月に公布された学校教育法の一部改正により，学力の重要な要素として，「基礎的な知識及び技能の習得」「思考力，判断力，表

現力の育成」「主体的な学習態度の育成」が明確にされた。この基礎的な知識及び技能の習得を学力の重要な要素として規定した背景には，OECDが2000年から実施しているPISA（Programme for International Student Assessment）調査の結果によるところが大きい。調査は「読解力」「数学的リテラシー」「科学的リテラシー」の3分野について，義務教育修了段階の15歳児について行われているものである。ここで，読解力とは，書かれたテキストを理解し，利用し，熟考し，自らの目標達成に取り組む能力，数学的リテラシーとは，数学が果たす役割を見つけ，理解し，思慮深い市民としての生活において数学的根拠にもとづく判断を行い，数学に携わる能力，科学的リテラシーとは，科学的な事象を説明し，科学が関連する諸問題について根拠にもとづいた結論を導き出すための知識とその応用等，科学的な考えをもち科学が関連する諸問題に自ら進んで関わる能力などが調査された。

学校教育法（昭和22年法律第26号）

〔目標〕

第30条 （略）

② 前項の場合においては，生涯にわたり学習する基盤が培われるよう，基礎的な知識及び技能を習得させるとともに，これらを活用して課題を解決するために必要な思考力，判断力，表現力その他の能力をはぐくみ，主体的に学習に取り組む態度を養うことに，特に意を用いなければならない。

図3-4に，読解力に関する習熟度別の生徒の割合の推移を示す。横軸は習熟度のレベル，5が上位，1が下位を表している。2009年には若干回復したもののレベル2以下の下位層の生徒の割合が依然として多い現状が明らかにされた。これらの国際的な調査結果より，新しい学習指導要領では，基礎的・基本的知識・技能の習得とともに，それらを活用する学習活動を充実することができるよう，国語・理科等の必修教科の時間数の増加など教育課程の枠組みが変えられた。図3-5に，小・中学校における教科別授業時数の推移について示

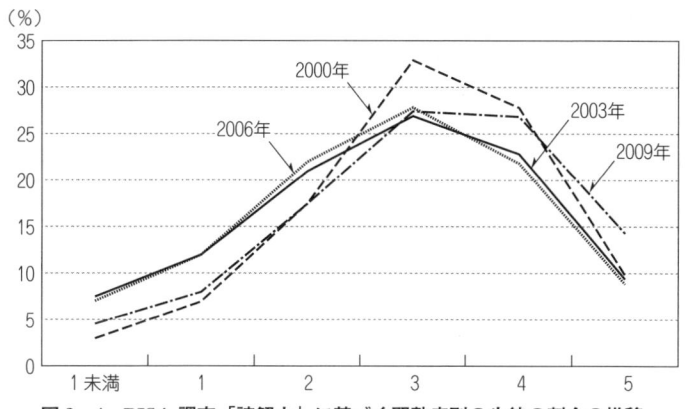

図3-4 PISA調査「読解力」に基づく習熟度別の生徒の割合の推移
（出所）「PISA調査報告書」（2000-2009）より作成。

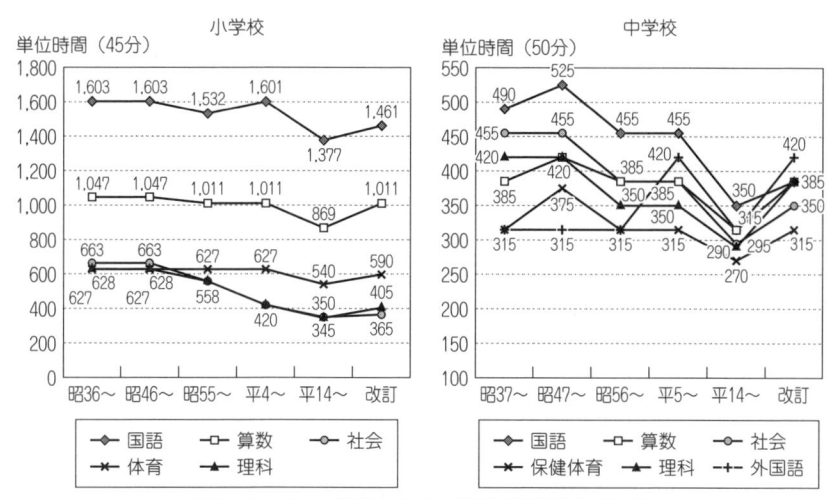

図3-5 小・中学校における教科別授業時数の推移
（出所）平成20年度新教育課程説明会資料より引用。

す。小学校では現行の教科等に高学年で，外国語活動が追加された他，国語，社会，算数，理科，体育の授業時数を6学年あわせて350時間程度増加された。総合的な学習の時間は，教科の知識・技能を活用する学習活動を書く教科のなかで充実することを踏まえ，週1コマ程度削減された。全体の授業時数として

は，1学年で68時間（週2コマ相当），2学年で70時間（週2コマ相当），3～6学年で各35時間（週1コマ相当）増加された。また，中学校では，国語，社会，数学，理科，外国語，保健体育の授業時数が400時間程度増加された。この増加時数は，つまずきやすい内容の確実な習得を図るための繰り返し学習や知識・技能を活用する学習（観察・実験やレポート作成，論述など）の学習を充実するためにあてられた。他方，総合的な学習の時間は，教科の知識・技術を活用する学習活動を各教科の中で充実することを踏まえ，3学年合わせて190時間に縮減された。その結果，総授業時間数は各学年で35時間（週1コマ相当）増加された。

3 教科内容に関する主な改善

次に教科内容の主な改善事項について見てみよう。

（1）言語活動の充実

各教科等における言語活動の充実は，今回の学習指導要領の改訂において各教科等を貫く重要な改善の視点である。国語をはじめとする言語は，知的活動（論理や思考）だけではなく，コミュニケーションや感性・情緒の基盤でもある。このため，国語科において，これらの言語の果たす役割に応じ，的確に理解し，論理的に思考し表現する能力，互いの立場や考えを尊重して伝え合う能力を育成することやわが国の言語文化に触れて感性や情緒をはぐくむことが重視された。具体的には，特に小学校の低・中学年において，漢字の読み書き，音読や暗唱，対話，発表などにより基本的な国語の力を定着させる。また，古典の暗唱などにより言葉の美しさやリズムを体感させるとともに，発達の段階に応じて，記録，要約，説明，論述といった言語活動を行う能力を培う必要があるとの答申に対応し，学習指導要領の改善が行われた。また，各教科等においても，国語科で培った能力を基本に，言語活動を充実することの必要性を十分理解し，言語活動を各教科等の指導計画に位置づけ，授業の構成や進め方の

改善が求められた。具体的な言語活動の充実の例として，以下のような例が示された。

- 観察や調査・見学などの体験的な活動やそれに基づく表現活動の一層の充実（社会）
- 三角形，平行四辺形，ひし形及び台形の面積の求め方を，具体物を用いたり，言葉，数，式，図を用いたりして考え，説明するといった算数的活動の充実（算数）
- 観察，実験の結果を整理し考察する学習活動や，科学的な言葉や概念を使用して考えたり説明したりするなどの学習活動の充実（理科）
- 楽曲を聴いて想像したことや感じ取ったことを言葉で表すなどして，楽曲の特徴や演奏のよさを　理解することの重視（音楽）
- 感じたことや思ったことを話したり，友人と話し合ったりするなどして，表し方の変化，表現の意図や特徴などをとらえることの重視（図画工作）
- 自分の生活における課題を解決するために言葉や図表などを用いて生活をよりよくする方法を考えたり，説明したりするなどの学習活動の充実（家庭）
- 問題の解決や探究活動の過程においては，他者と協同して問題を解決しようとする学習活動や，言語により分析し，まとめたり表現したりするなどの学習活動が行われるようにすることの重視（総合的な学習の時間）

（平成20年度新教育課程説明会資料）

（2）理数教育の充実

　IEA（国際教育到達度評価学会）が実施したTIMSS（国際数学・理科教育動向調査2003）において，「将来，自分が望む仕事に就くために良い成績を取る必要があるかどうか」という質問に対して，「強くそう思う」「そう思う」と回答した生徒（中学校第2学年）の割合は，数学については国際平均が73％であるのに対して，わが国は47％である。同様に，理科については，国際平均が66％であるのに対して，わが国は39％である。また，2006年に実施されたOECDのPISA調査では，「科学を必要とする職業に就きたい」と回答したわ

が国の生徒の割合は23％（OECD参加国の平均は37％），「大人になったら科学の研究や事業に関する仕事がしたい」は17％（同27％）となっており，それぞれOECD参加国の平均よりも低い。また，30歳時に科学に関連した職に就いていることを期待している生徒の割合はOECD参加国平均が25.2％であるのに対してわが国は7.8％であった。このような結果については，学校教育だけの問題ではなく，研究者や技術者といった科学に関連した職に対する社会全体の処遇の在り方についても検討する必要があるとの指摘がなされている。このような国際比較調査結果を受けて，90年代半ば以降の学術研究や科学技術の世界的な競争の激化のなかで，理数教育の質・量両面の充実が求められた（中央教育審議会初等中等教育分科会教育課程部会平成18年度答申）。その結果，学習指導要領において，知識・技能の定着のための繰り返し学習や，思考力や表現力などの育成のための観察・実験，レポートの作成や論述などを行うために必要な時間の確保，内容の系統性，小・中・高等学校での学習の円滑な接続を踏まえた指導内容の充実などが図られた。

（3）伝統や文化に関する教育の充実

　国際社会で活躍する日本人の育成を図るため，各教科等において，わが国や郷土の文化や伝統を受け止め，それを継承・発展させるための教育の充実が図られた。具体的には，国語科での古典，社会科での歴史学習，音楽科での唱歌・和楽器，美術科でのわが国の美術文化，保健体育科での武道の指導などの充実が図られた。

（4）道徳教育の充実

　基本的な生活習慣や最低限の規範意識，自分への信頼感や思いやりなどの道徳性を養い，法やルールの意義や遵守について理解し，主体的に判断し，適切に行動できる人間を育てるために，発達の段階に応じた指導内容の重点化，教材の充実，体験活動の充実，家庭や地域との役割分担の必要性などが求められた。その結果，道徳教育は，道徳の時間を要として特別活動をはじめ学校の教

育活動全体を通じて行うものであることが明確化された。発達の段階に応じて指導内容を重点化し，体験活動を推進し，道徳教育推進教師（道徳教育の推進を主に担当する教師）を中心に，全教師が協力して道徳教育を展開することを明確化し，先人の伝記，自然，伝統と文化，スポーツなど，児童・生徒が感動を覚える教材を活用しての授業の充実が求められた。ここで，2003（平成15）年に実施した文部科学省「道徳教育推進状況調査」では，道徳の時間で使用する教材について，すべての子どもたちに配布されている「文部科学省が作成した心のノート」が小学校では97.1%，中学校では90.4%と最も多い。次いで，「民間の教材会社で開発・刊行した読み物資料」が小学校では81.5%，中学校では70.8%と多い。また，「都道府県や市町村教育委員会において開発・刊行した読み物資料」が小学校では58.8%，中学校では48.8%，「映像コンテンツ（テレビ放送など）」が小学校では66.8%，中学校では66.3%となっている。

（5）体験活動の充実

子どもたちは，他者，社会，自然・環境のなかでの体験活動を通して，自分と向き合い，他者に共感することや社会の一員であることを実感することにより，思いやりの心や規範意識がはぐくまれる。また，自然の偉大さや美しさに出会ったり，文化・芸術に触れたり，広く物事への関心を高め，問題を発見したり，困難に挑戦し，他者との信頼関係を築いて，ともに物事を進めたりする喜びや充実感を体得することは，社会性や豊かな人間性，基礎的な体力や心身の健康，論理的思考力の基礎を形成するものであるとの答申のもと，発達の段階に応じ，集団宿泊活動や自然体験活動（小学校），職場体験活動（中学校）の重点的な推進が図られた。

（6）外国語活動の充実

社会や経済のグローバル化が急速に進展し，異なる文化の共存や持続可能な発展に向け，国際協力が求められるとともに，人材育成面での国際競争も加速していることから，学校教育において外国語教育を充実することが重要な課題

の一つとなってきた。国際的には，国家戦略として小学校段階における英語教育を実施する国が急速に増加している。このため，小学校段階では，小学生のもつ柔軟な適応力を生かして，言葉への自覚を促し，幅広い言語に関する能力や国際感覚の基盤を培うため，中学校段階の文法等の英語教育を前倒しするのではなく，国語やわが国の文化を含めた言語や文化に対する理解を深めるとともに，積極的にコミュニケーションを図ろうとする態度の育成を図ることを目標として，外国語活動を行うことが適当との答申を受け，小学校高学年で，総合的な学習の時間とは別に，外国語活動が週1コマ程度実施されるが，教科の位置づけではない。中学校においては，コミュニケーションの基礎となる語彙数を充実するとともに，聞く，話す，読む，書くを総合的に行う学習活動の充実が図られた。

(7) 社会の変化に対応した教科等を横断した教育内容の充実

情報活用の実践力，情報モラルなど情報社会に参画させる態度の育成など，情報教育の充実，環境，家族と家庭，消費者，食育，安全に関する学習など，社会の変化に対応した教科等を横断した教育内容の充実が図られた。

4 情報教育とICT活用

社会の変化への対応の観点から教科等を横断して改善すべき事項の一つとして「情報教育」が挙げられ，「情報活用能力を育むことは，基礎的・基本的な知識・技能の確実な定着とともに，発表，記録，要約，報告といった知識・技能を活用して行う言語活動の基盤となる」ものとして重要性が指摘された。新しい学習指導要領ではコンピュータ等の基本的な操作を身に付けることや，各教科指導においても，教員による適切なICT活用による授業や情報モラル教育，児童・生徒のICT活用等を通じた情報活用能力の育成が一層期待される内容となった。

本節では，このような学習指導要領の改善に答える形で，ICT環境の現状

第3章　新学習指導要領で変わる教育　63

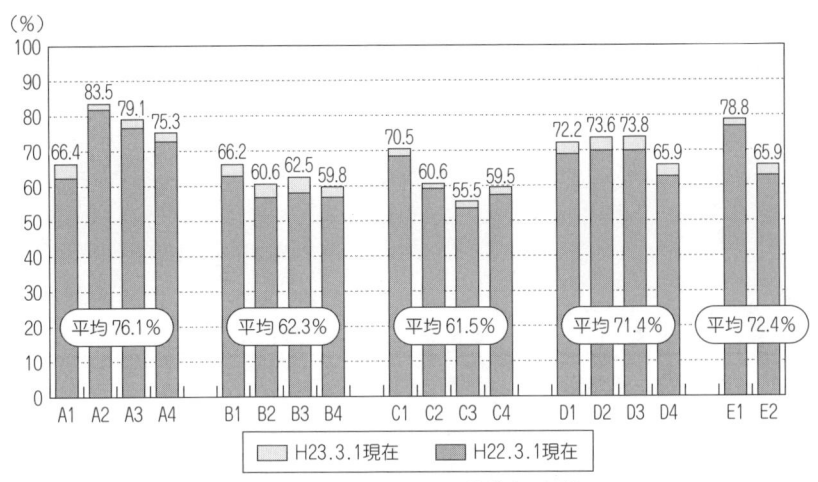

図3-6　教員のICT活用指導力の現状

(注)　18小項目（A1〜E2）ごとに4段階評価を行い，「わりにできる」若しくは「ややできる」と回答した教員の割合。
　　　「平均」は，大項目（A〜E）ごとの平均。
(出所)　文部科学省「教育の情報化の実態調査」(2011)。

や教員のICT活用指導力の現状を概括しながら，各教科指導での適切なICT活用や「生きる力」の育成で重視されている思考力，判断力，表現力をはぐくむ授業づくりへのICT活用について考える。

（1）教育の情報化で進むICT基盤整備

　ICT活用については1990年代から進められてきているが，教育の情報化という形で，その推進計画が始まったのは2000年度に始まったミレニアムプロジェクトからである。ICTの活用で，今まで以上にわかる授業を工夫し，児童・生徒の学力を向上させること。生きる力としての情報活用の実践力を育て，ブラックボックス化する情報社会にあって，情報の科学的理解を深め，情報社会の光と影を理解し，情報社会に参画する望ましい態度を育成することなどを目標とする情報教育の推進であった。また校務の情報化で教員の負担の軽減化を図り，児童・生徒に向き合う時間を増やすなど，大きく3つの目標のもと進め

られてきている。

　2005年の第1次目標達成年度，2006年からのIT新戦略改革などを経てICT活用の基盤整備が進められてきた。さらに，2009年度の補正予算による，スクールニューディール構想でICTの整備，特に電子黒板の普及が急速に広まった。毎年行われている文部科学省「学校における教育の情報化の実態等に関する調査結果」(2011年3月現在)によれば，普通教室のLAN整備率は平均82％，コンピュータ1台あたりの児童・生徒数は6.6人，さらに授業に使われることの多い電子黒板は6万台を超えた。しかし学校や教室の数に比べれば，まだまだ日常的に活用するには程遠い状況である。

　他方，図3-6に示すように，教員のICT活用指導力に関する調査では，授業中にICTを活用して教科指導ができる教員の割合は平均62.3％と高くはない。　図3-6のB項目が授業中にICTを活用して指導できる能力を表す。それぞれB1は興味関心を高める，B2は課題意識をもたせる，B3はわかりやすく説明し理解を深める，B4はまとめで知識の定着を図る等のICT活用で「わりにできる」「ややできる」と回答した教員の割合を示している。これらの結果が示すとおり，すべての教員が自らICTを活用できるだけでなく，ICTを教科指導に活用できるようにする研修がまだまだ求められる。また，学校における教育の情報化の実態等に関する調査結果を県ごとに詳細に見てみると，ICTの基盤整備や教員の活用指導力において地域間格差，学校間格差があることも教育の機会均等の観点から問題である。

（2）教科指導におけるICT活用と情報教育

　新学習指導要領では，総則のみならず，各教科等の指導内容に多くのICT活用や情報教育的内容が盛り込まれた。そこでは，教員のICT活用指導力にもとづく授業内容だけではなく，児童・生徒自らがICTを活用して学習を進める授業内容も多くなっている。小学校総則，指導計画の作成などに当たっての配慮事項では，「各教科等の指導に当たっては，児童がコンピュータや情報通信ネットワークなどの情報手段に慣れ親しみ，コンピュータで文字を入力す

るなどの基本的な操作や情報モラルを身に付け，適切に活用できるようにするための学習活動を充実するとともに，これらの情報手段に加え視聴覚教材や教育機器などの教材・教具の適切な活用を図ること」とされている。ここで重要なことは，従来の情報手段に慣れ親しむから，文字入力等の基本的操作を身に付けるなど，適切に活用できる能力の習得が明確にされたことである。学習指導要領解説総則編によれば，コンピュータや情報通信ネットワークなどの情報手段の活用に当たっては，小学校段階ではそれらに慣れ親しませることからはじめ，キーボードなどによる文字の入力，電子ファイルの保存・整理，インターネットの閲覧や電子メールの送受信などの基本的な操作を確実に身に付けさせるとともに，文書を編集したり図表を作成したりする学習活動，さまざまな方法で文字や画像などの情報を収集して調べたり比較したりする学習活動，情報手段を使って交流する学習活動，調べたものをまとめたり発表したりする学習活動など，情報手段を適切に活用できる能力の習得が求められている。小学校では，このような基本的操作を確実に身に付けるための学習を各教科や総合的な学習の時間などを活用して行えるよう指導計画の立案が求められた。

　他方，中学校総則における同様の配慮事項において，「各教科等の指導に当たっては，生徒が情報モラルを身に付け，コンピュータや情報通信ネットワークなどの情報手段を適切かつ主体的，積極的に活用できるようにするための学習活動を充実する」とある。同じく総則の解説には，「コンピュータや情報通信ネットワークなどの情報手段の活用については，小学校段階において『コンピュータで文字を入力するなどの基本的な操作』を身に付けることに重点を置いた学習活動を行っており，中学校段階においては，小学校段階の基礎の上に，課題を解決するため自ら効果的な情報手段を選んで必要な情報を収集する学習活動，様々な情報源から収集した情報を比較し必要とする情報や信頼できる情報を選び取る学習活動，情報手段を用いて処理の仕方を工夫する学習活動，自分の考えなどが受け手に伝わりやすいように表現を工夫して発表したり情報を発信したりする学習活動など，情報手段を適切かつ主体的，積極的に活用できるようにするための学習活動を充実することが必要である」との記述がある。

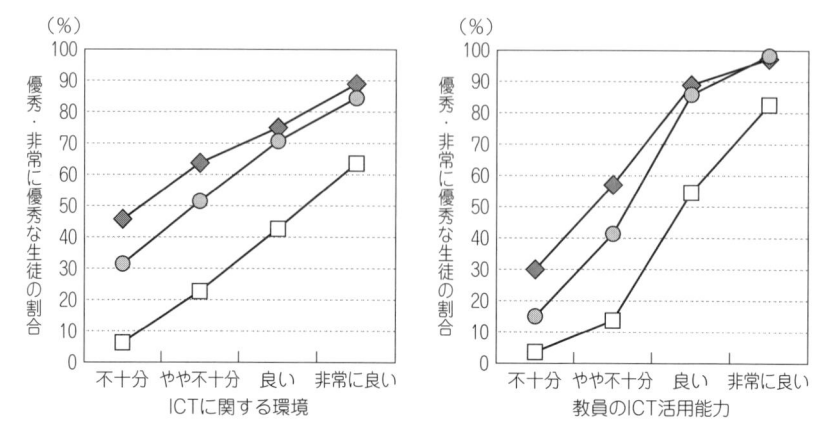

図3-7 児童・生徒のICT活用技術はICT環境と教員のICT活用能力に依存
(出所) Becta ICT Research (2003)。

　小学校段階から中学校段階に及ぶさまざまな学習場面で，情報活用能力の育成や情報モラル教育，ICTの適切な活用による教科学習の充実が図られているのである。ICT環境の整備はもとより，教員自身のICT活用能力の向上が求められるのはいうまでもない。

　ここで，児童・生徒のICT活用技術はICT環境や教員のICT活用能力に依存するとの調査結果を図3-7に示す。英国の情報教育を進めたBectaによる調査結果である。図3-7の左図で，横軸はICT環境，縦軸が児童・生徒のICT活用能力調査で優秀及び大変優秀となった児童・生徒の割合である。右図は，横軸が教員のICTに関する知識や技術，縦軸は左図と同様で優秀以上の児童・生徒の割合を示す。データでは，◆が興味関心，●はやる気，□は活動の成果を表している。ICT環境条件の良し悪しはもとより，ICT活用能力の高い教員の指導では，興味関心ややる気の高い生徒，実際の活動で優秀な成績を残す生徒が8割以上にもなり，指導力のない教員の場合，特に活動の成果では1割以下にまで低下することが示された。ICT環境や教員のICTに関する力量で児童・生徒の能力に大きな差が生じることが示されたのである。これらのデータにもとづき，英国では，ICTに関する科目だけではなく，すべて

写真 3-1　大きく写すことで理解が深まる　　写真 3-2　英国の教室での能力別個別学習
（出所）　高橋ほか（2009）。

の教科のなかで ICT を活用した指導や ICT を活用した生徒の学習が行われているなかで，教師の ICT 活用能力を高める研修に力が入れられたのである。

　ここで教科指導への ICT 活用について学力向上の側面から考えてみたい。前述した図 3-4 において，学校教育が抱える課題の一つとして，OECD が2000年から開始した PISA（国際学習到達度調査）の読解力にもとづく習熟度別の生徒の割合の推移を示した。2009年には若干回復したもののレベル 2 以下の下位層の生徒の割合が依然として多い現状が明らかにされた。この下位層の児童・生徒への学習指導において，高橋ら（2009）によれば，ICT，特に実物投影機とプロジェクターを活用した授業の効果として，「大きく写せば子どもたちが集中し，理解もしやすくなる」「教員の指示・発問・説明が全員に行き渡る」などの結果で，特に言語能力の低い子どもの興味関心を高め，基礎・基本を確実に習得させることにつながるという調査結果が示された。

　このような従来型の一斉指導に加え，ICT の活用は，児童・生徒一人ひとりの能力や特性に応じた個別学習にも有効である。もともとコンピュータの教育利用の始まりは，個に対する学習の保障にあった。同じ内容を同じ時間学習しても，理解度や達成度は一人ひとり異なるのが自然である。個のレベルに応じた学習内容を，適度な繰り返しのなかで学習させることで一定の到達目標に達することができるという研究は，コンピュータ利用教育 CAI が積極的に進められた1970年代から明らかにされてきた。ICT 技術の進歩で，誤答に対す

る指導としてのチュートリアルや理解の促進を促す動画やアニメーションによる学習なども開発され，より一層の個別学習が充実してきている。このような能力に応じた適当な課題の個別学習は，学力の下位層のみならず上位層の発展学習にも利用されることが多くなってきている。写真3-2は，英国の教室での一斉学習後の個別学習の様子を示す。写真左奥の児童はコンピュータによる発展学習に取り組み，他の児童は個別の基本学習に取り組んでいる。わからなければ教師が個別指導を行うのである。児童・生徒の学力を伸ばす工夫として，一斉と個別をうまく使い分けている。日本では伝統的教授スタイルとして一斉学習スタイルが多いが，学習展開に応じた一斉と個別指導がICT環境の充実で可能になってきている現在，児童・生徒の実態に応じた多様な教授スタイルの検討も必要である。

（3）思考力・判断力・表現力等をはぐくむ学習活動へのICT活用

　新学習指導要領総則の指導計画の作成に当たって配慮すべき事項で，今回特に言語活動の充実が重視された。前述したPISA調査における読解力で，わが国の子どもたちの学力は，全体としては国際的には上位にあるものの，読解力の低い層の生徒の割合が増加したことや記述式問題に課題があるとの指摘を受けての改善であった。このため，配慮事項として「各教科等の指導に当たっては，児童の思考力，判断力，表現力等をはぐくむ観点から，基礎的・基本的な知識及び技能の活用を図る学習活動を重視するとともに，言語に対する関心や理解を深め，言語に関する能力の育成を図る上で必要な言語環境を整え，児童の言語活動を充実すること」と示された。ここで，思考力・判断力・表現力等をはぐくむ学習活動の例として，2008（平成20）年の中央教育審議会答申で下記のように学習活動の例が示されている。

⑴　体験から感じ取ったことを表現する
　　（例）　日常生活や体験的な学習活動の中で感じ取ったことを言葉や歌，絵，身体などを用いて表現する

(2) 事実を正確に理解し伝達する
　（例）　身近な動植物の観察や地域の公共施設等の見学の結果を記述・報告する
(3) 概念・法則・意図などを解釈し，説明したり活用したりする
　（例）　衣食住や健康・安全に関する知識を活用して自分の生活を管理する
(4) 情報を分析・評価し，論述する
　（例）　自国や他国の歴史・文化・社会などについて調べ，分析したことを論述する
(5) 課題について，構想を立て実践し，評価・改善する
　（例）　理科の調査研究において，仮説を立てて，観察・実験を行い，その結果を整理し，考察し，まとめ，表現したり改善したりする
(6) 互いの考えを伝え合い，自らの考えや集団の考えを発展させる
　（例）　将来の予測に関する問題などにおいて，問答やディベートの形式を用いて議論を深め，より高次の解決策に至る経験をさせる

　これらの学習活動を考えるとき，情報教育の目標の一つである情報活用の実践力を育てる学習活動と重なる部分が非常に多いことに気がつくであろう。情報活用の実践力とは，課題や目的に応じて情報手段を適切に活用することを含めて，必要な情報を主体的に収集・判断・表現・処理・創造し，受け手の状況などを踏まえて発信・伝達できる能力のことである。教育の情報化に関する手引きで，情報活用能力を身に付けさせるための学習活動として，たとえば，国語科の「出来事の説明や調査の報告をしたり，それらを聞いて意見を述べたりする」学習の例が示されている。ここで，デジタルカメラを活用して写真を撮る。思いが伝わる撮り方も重要であるが，伝えたい内容に適した写真を選択する。それに文章をつけて発表する活動は，上述した(1)(2)に関連する言語活動に応用できる手軽で効果的な学習といえる。
　写真3-3に示すように，実物投影機やプロジェクターでまとめた結果をクラスで発表する体験をつむことで，調べたものを他者にわかりやすく伝える工夫など，まとめたり発表したりする表現力が身に付くことが期待される。発表者の意見を聞いてクラスで議論したり，互いに評価を行うことで表現力の改善

写真3-3　実物投影機を用いて自分の調べた結果を発表する児童

写真3-4　テレビ会議を活用した学校間交流学習

と向上にもつながるのである。

　また，写真3-4はテレビ会議システムを用いて，市街地と山村の学校をつなぎ，生息するメダカを比較しながら，環境問題を議論する授業の一例である。インターネット等の情報通信技術の進歩で，手軽に学校間交流授業が実施でき，そこで，地域性を考慮した学習も可能になってきている。

　活動例(5)に関連して，グループで仮説を立てて，観察や実験を行い，その結果を整理し，考察し，まとめ，表現する道具にICTを活用することがしばしば行われる。個の学習ではなく，グループでの協同学習を通して，教科内容に関する思考を深めると同時に情報活用の実践力を習得する情報教育的教科学習である。ここでの評価には，当然のことながら教科内容に関する評価と情報教育に関する評価の2つの視点が求められる。また，目標に対する達成度では，明確に測れる評価と必ずしも測れないものが存在する。特に，意欲・関心・態度などの評価に関しては，望ましい行動を段階的な行動目標として記述し，どの段階にあるかを評価することが必要になる。さらに，一人ひとりに向上目標を設定させ，学習への振り返りとしての行動変容を自己評価させることも，次への向上意欲の喚起につながるのである。

（4）インターネットを活用した協働学習

　10年後の学校の姿として，子どもたち一人ひとりが学習の道具としてコンピ

ュータやインターネット等の情報通信機器を日常的に活用しているかどうかは定かではない。しかしながら，確実なことはインターネット等情報通信環境の進展で，グローバル化がますます進むことである。ここで，21世紀を生きる子どもたちに求められる能力に関しては，21世紀型スキルとして前述したが，ICT活用やコミュニケーション能力はもとより，

写真3-5　インターネットを活用した小学校6年生の協働学習
シンガポールQuhua小学校にて（2011年）

ネットワークを介して仕事をするコラボレーション力，問題解決能力や批判的思考力，地球市民を意識した地域理解や社会性などの能力が挙げられていた。この21世紀型スキルの研究に参加したシンガポールでは，ICTの教育利用に積極的で，時代を先取りした先導的なフューチャースクールプロジェクトが2008年より進められてきている。このフューチャースクールでは，児童・生徒一人ひとりが教科書やノートがわりにタブレット型パソコンを持ち，時に教科書として活用し，時に協働作業の道具として，インターネットで調べたことをもとに意見を書いたり，プレゼン資料を作成したり，教室での活動だけではなく屋外でのグループ学習など，さまざまな学習活動が展開されている。写真3-5は，環境問題に関するディベートを行っている小学校6年生の授業風景である。グループごとに賛成派，反対派に分かれ，インターネットで調べた結果をもとに，それぞれが意見を出し，代表がまとめて意見を述べ問題点を指摘する。各自の意見や調べた結果は刻々，中央の掲示板に流れ，互いの意見やそれを裏付ける根拠データが示される。まずは，調べたり意見を書くタッチタイピングの速さが早い。1年時からの情報の時間で慣れ親しみ，キーボードなどによる文字の入力，電子ファイルの保存・整理，インターネットの閲覧や電子メールの送受信などの基本的な操作を確実に身に付けているのである。

　児童にとってICTは単なる道具の一つに過ぎない。校長が，「この学習では

教科の内容理解に関わるディベートも大事なのですが，インターネットを活用すれば，一人ひとりの考えや仕事をネットの上で統合し，より質の高い成果をより早くだすことができる。インターネットを活用しての協同学習の体験が，インターネット時代を生きる児童に，学習の方法や仕事の仕方を学ばせることになっているのです」と言われた言葉は，まさに知識基盤社会を生きる力としてのICTリテラシー育成に取り組んでいる現実そのものであった。似たような活動事例として，グループでの探索活動が挙げられる。日本の学校教育でも，社会科や理科，総合的な学習の時間などを活用して，グループでの調べ学習がよく行われる。ここで，それぞれが調べたことをインターネットで共有し，グループとしての一つの成果を示す活動は，デジタルカメラによる写真と調査メモなどを持ち寄り，模造紙にまとめるという活動だ。ネットワーク時代のICTリテラシーとして，ネットワークを活用したコラボレーション能力を高める授業を，ICT環境の整備のなかで期待したい。

5　社会教育と連携した体験活動

　新しい学習指導要領では，生きる力を育てる教育として，子どもたちの社会性や豊かな人間性をはぐくむ目的で，親や教師以外の地域の大人などとの交流の場や自然や社会での体験活動の充実が求められた。なかでも，社会の変化への対応の観点から，情報，環境，食育などの教育やニート，フリーターの増加への対策としての小学校段階からの早期キャリア教育への取り組みなども期待された。本節では，このような学習指導要領への対応として，筆者が試みている社会教育と連携した職業観育成のための体験活動「e-手仕事図鑑を活用した体験学習」を紹介し，体験活動を考える事例として参考にしてもらいたい。

（1）e-手仕事図鑑を活用した体験学習
　本体験学習は，キャリア教育としての目的と情報教育としての目的が混在している。また，異学年の子どもの集団活動としての意義，すなわち，集団活動

での役割分担，協働作業による助け合いや協力の精神を醸成する目的もある。活動を企画するに当たっては，それぞれの教育目的に沿った活動になるように配慮することと，活動の結果として目標が達成されたかどうかについても，教育目的に沿った評価が行われることが必要である。

キャリア教育における体験活動の意義については，「キャリア教育の推進に関する総合的調査研究協力者会議報告書」（平成16年1月）で，次のように述べられている。

> …職業と生活の分離が進み，子どもたちが生き生きと働いている大人の姿を見ることが少なくなった今日，子どもたちは，仕事は我慢してやらなければならないもの，苦労するものといった意識だけを持ちがちであるが，職場体験やインターンシップ等を通して，やりがいを持って仕事をしている人たちから直接話を聞いたり，世の中にはこんな仕事がある，仕事にはこんなやりがいや面白いことがあると教えられたりすることは，子どもたちに新鮮な驚きと発見をもたらし，職業ひいては大人社会への認識を改めるきっかけになっている場合も少なくない。体験を通して得られるこのような自己への期待感や大人との信頼関係は，子どもたちが抱えている不安を解消し，次の段階に踏み出していくエネルギーの源となるものでもある…中略…
>
> 体験活動には，このほか，学校と社会をつなぐという重要な役割がある。一面的な情報に流され，社会の現実を見失いがちな現代の子どもたちに，現実に立脚した確かな認識をはぐくむ上でも，体験活動の充実は欠かすことのできないものである…

小学校段階は，進路の探索・選択にかかる基盤形成の時期として位置付けることができ，日常生活のさまざまな活動を通して，「大きくなったら何になりたいか？」「どんな人になりたいか？」というような「夢」「希望」「あこがれ」をもち，児童が自らの将来の生き方について考えることができるようにすることが大切だ。

さて，e-手仕事図鑑を活用した具体的な活動としては，以下のような目標設

定が考えられた。
① e-手仕事図鑑のなかから興味をもった手仕事について学習し，手仕事の内容について紹介することができる。
② 手仕事をしている人の，仕事への夢や希望を実際にインタビューして，働くことについて考える。
③ 同様に，手仕事をしている人の努力を知り，目標に向かって努力する大切さを理解する。
④ 自分の好きなこと，得意なことと将来の職業について考える。

他方，情報教育としての目的も本体験学習では考えられている。すなわち，適当な情報手段を用いて，多くの情報のなかから必要な情報を収集し，収集した情報をまとめ，他者に伝える力，いわゆる情報活用の実践力を育てる活動にもなっている。

具体的な活動としては，以下のような目標設定が考えられた。
① 取材した手仕事の内容を，写真，文書表現を通して的確に伝えることができる。
② 取材した手仕事で働く人の夢や希望を的確な表現で伝えることができる。
③ さまざまな手仕事を比較し，それぞれの苦労や思いを比較して表現できる
④ 自分の考えを的確に表す写真表現ができる。
⑤ 取材メモを確実に取ることができる。

さらに，協働体験学習としての目標も考えられた。社会学習として体験学習を実施する場合は，同学年又は異学年でのグループ学習になることが考えられる。グループ学習の場合は，それぞれの写真や文書表現を比較し，より伝えたい内容にふさわしいものを協働で作成することが多い。ここでは役割分担と共同作業を通して協調性や社会性の育成が期待される。

具体的には，以下のような目標設定が考えられた。
① グループでの役割分担と同時に，協力してグループの課題に取り組む。
② 互いの情報を比較検討してより良いものにする協働協調作業が行える。

（2）カリキュラムと実施計画をたてる

　体験学習を行う場合，時間を考えて，実施計画を作成する必要がある。体験学習当日の実施計画はもちろんのこと，事前学習，事後学習があれば，それらを通した全体のカリキュラム，実施計画を作成することが必要になる。体験学習活動が何日かにわたる場合はそれらも含めての計画になる。この実施計画は，体験活動の担当者だけではなく，活動の協力者，支援者などで共有しておく必要がある。お互いが活動の目的や活動内容を知っていることで活動がスムーズに行えると同時に，活動の質も上がる。

　具体的には，以下のような項目からなる実施計画を作成すると良い。

活　動
- ・事前学習：体験学習への興味関心を深めると同時に，体験学習へ出かけるときの注意点なども指導する。
- ・体験学習：手仕事の現場を訪問し，そこで働く人に，仕事の内容や仕事への思いをインタビューする。
- ・事後学習：体験活動の感想やインタビューの結果を，友だちにわかるように手仕事図鑑としてまとめ，発表する。

目標と時間：活動の目標と活動に必要な時間を書く。

活動内容：活動内容を具体的に書く。

支援・教材：担当者だけでなく，支援者に行ってほしい支援活動を書く。また，活用する教材があれば記入する。

指導上の留意点：活動をさせる上での留意点を具体的に書いておく。

評価の観点と方法：思考・判断力，関心・意欲・態度，表現能力，などの大きな観点で，具体的な評価とその方法について書いておく。

教科学習とのつながり：体験活動は社会教育の一環として，PTAや地域の公民館活動，その他，NPOなどが主催して行われることが多い。この場合であっても，地域の学校の理解と協力のもと，学習指導要領に掲げられる教育内容との関係をある程度押さえておくことが必要となる。

写真3-6 体験学習でガラス造形作家を取材する子どもたち

(3) e-手仕事「ガラス造形作家」を訪問

　ガラス造形作家を訪問し，働くことの生きがいややりがいについて考え，子ども記者として，作家の作業や思いをまとめ伝えるという体験活動を実施。事前・体験・事後で一日の活動。事前学習としては，e-手仕事図鑑によりイラストや映像を通して，ガラス造形作業のおおよそを理解し，友だちにガラス造形の仕事や作家の作品に対する気持ちなどをどのようにまとめ伝えればいいかという企画，インタビューする内容などに関するグループワークを行った。事前に使用するデジカメの操作練習を行う。取材先でのルールやマナーについても話し合い，守らなければいけないポイントの確認も行う。あわせて挨拶するリーダ，副リーダを決め，練習を行った。

　続いて体験学習へ出かける。表3-1に体験学習の目標，活動内容，指導上の注意点などを書いた活動シートを示す。

　上記の活動シートに従い，支援者とともに子どもたちの体験学習を実施。写真やメモは事後のまとめでの活用を考え，多くの記録を残すよう促す。ガラス造形そのものの魅力を見るだけでなく，体験させてもらうこと，作家の思いや苦労を直にインタビューすること等で，他者との関わりのなかで働くことの意義や働き方に関する考えをより深めることができた。

　この後，事後学習として，グループで集めた写真やメモを整理し，書きたい内容の構成を考え，内容を伝える文書を書き，内容に最もふさわしい写真を選択して，一枚のプレゼン資料を作成する。作成後はグループでのプレゼンを行い，他の参加者とともに，互いの発表を聞いての感想や評価を行う。表3-2に事後学習の流れを示す活動シートを示す。

　以上，e-手仕事図鑑を体験学習に活かすための活動計画の立て方について概

表3-1 体験学習の流れを示す活動シート

活動	目標と（時間）	活動内容	支援・教材	指導上の留意点	評価の観点と方法	教科学習とのつながり等
2 体験学習	手仕事に対する理解を深め，働くことの意義について考えを深める 活動内容によって時間は適宜調整	手仕事をしている職人さんを訪問し，仕事の様子を見学し，その人の仕事への思いや苦労など，あらかじめ準備した質問項目に従ってインタビューする	デジカメで記録する ワークシートを利用し，メモをとる	手仕事の妨げにならないような配慮 質問を促すファシリテーターとしての役割に徹する 御礼など感謝の気持ちを伝える	積極的に質問する態度 的確なメモ書きや写真 リーダを中心とした規律正しい態度 職人さんへの感謝の気持ち 等々	総合的な学習で活かせる知識や技術 情報教育での情報の収集活動

表3-2 事後学習の流れを示す活動シート

活動	目標と（時間）	活動内容	支援・教材	指導上の留意点	評価の観点と方法	教科学習とのつながり等
3 事後学習	e手仕事図鑑活動報告の作成を通して，手仕事への理解を深める（2）	グループに分かれ，各自が収集した情報を，手仕事図鑑報告に表現したい内容に合わせて整理・加工し，友達に分かりやすい内容にまとめる 各自，報告したい内容を，内容ごとに付箋紙に書き，模造紙の上に関係する内容ごとに並べ，グループの意見を整理する グループ毎にまとめた内容を発表し，良い点や改善点を話し合う。	付箋紙 模造紙 パソコン	書きたい内容を付箋紙に書き，グループとして伝えたい内容の整理や順番を決めるKJ法的作業について，初めての小学生には具体的な作業の手順を教える 友達の意見や感想を聞くことで，様々な考え方や見方があることを指導する	情報の整理やまとめ，報告内容の企画などを協力して行える まとめた内容を分かりやすくプレゼンできる 友だちの意見を聞いて，共感や質問を積極的に行う 等々	情報の収集，整理・加工，表現，伝達など情報教育の目的との関連 総合的な学習で活かせる知識や技術

説した。先にも述べたように，学校教育と社会教育の連携活動の一つとして体験学習が取り入れられることが多くなってきた。集める，まとめる，伝えるという情報活用の実践力を鍛える内容であると同時に，働き方を学ぶキャリア教育としての意義や，共同作業を通しての協調性も養われる体験学習の事例としてe-手仕事図鑑が今後もより多くの学習活動に役立てられることを期待したい。

> **学習の課題**
>
> (1) 学習指導要領の基本理念である「生きる力」の育成とは。具体的には，どのような能力のことか，その能力が必要と考えられた背景とともに考えなさい。
> (2) 教員のICT活用指導力の基準（チェックリスト）をもとに，自分のICT活用指導力を評価し，今後の改善への取り組みを考えなさい。
>   http://www.mext.go.jp/a_menu/shotou/zyouhou/1296901.htm
> (3) 情報活用の実践力や情報社会に参画する態度の育成など，情報教育的活動と，思考力，判断力，表現力などを育てる活動を総合し，対象，目標，活動内容，評価などを意識した具体的な体験学習の内容を考えなさい。

参考文献

国立教育政策研究所「OECD生徒の学習到達度調査（PISA）」（各年結果の要約）
　　http://www.nier.go.jp/kokusai/pisa/index.html
高橋純・堀田龍也編著 2009『すべての子どもがわかる授業づくり―教室でICTを使おう』高陵社書店。
中央教育審議会初等中等分科会教育課程部会 2007「幼稚園，小学校，中学校，高等学校及び特別支援学校の学習指導要領の改善について」（答申）。
文部科学省 2008 平成20年度小学校新教育課程説明会，中央説明会（全体会）資料。
文部科学省 2008『小学校学習指導要領』『同解説　総則編』。
文部科学省 2008『中学校学習指導要領』『同解説　総則編』。
文部科学省 2011「平成22年度学校における教育の情報化の実態等に関する調査結果」。
ATC21S (Assessment & Teaching of 21st Century Skills)　http://atc21s.org
British Educational Communications and Technology Agency (Becta)
　　http://www.becta.org.uk/research
e-手仕事図鑑：富山インターネット市民塾
　　http://shiminjuku.org/teshigoto-system_h20/?m = pc&a = page_l_handicraft_top
OECD DeSeCo プロジェクト
　　http://www.oecd.org/document/17/0,3343,en_2649_39263238_2669073_1_1_1_1,00.html
TIMSS(Trends in International Mathematics and Science Study)2003
　　http://timss.bc.edu/timss2003i/mcgdm.html

（山西潤一）

第4章　学びの主体性を活かす教師の技量

① 社会の変化にともなって，生活を維持するために必要な能力も変化するが，わが国の教育では変動社会への対応が遅れて社会の階層化をもたらしている。それを克服するには主体的に学ぶ能力が求められるが，学びの主体性を回復するために，教師が教育と生活と労働との関連を直視し，人々が生活を維持する能力をもつとともに，社会に貢献し，文化や科学技術の振興に寄与できる能力を育成することが望まれる。

② そのためには授業実践からの経験知と学習の科学との往復をはかりながら授業改革を進める必要があるので，教師の成長をうながす実践研究の枠組みをもつことが重要である。

③ 授業の実践研究はその方法論が未発達であるので，心理学や社会学などの研究法ほどには明確になっていない。そこで筆者が過去に経験してきたことを紹介しているので，それを参考にして授業実践において学習科学の知見を活かせるような実践研究の枠組みを体得してほしい。

1　学ぶことの可能性

（1）社会の変動と教育の対応

　社会は農業社会から工業社会へ，さらに情報社会を経て知識基盤社会へと移行しているが，それぞれの社会で生計を営むためには仕事のできる能力が必要である。その社会での仕事の特性や対象は異なっており，それにともなって仕事に必要な知識をどのように習得するか，あるいは伝承するかは異なってくる。それぞれの社会で大勢を占めていた教育の役割も，初等教育から中等教育へ，さらに高等教育レベルの知識が必要であると考えられるようになっている（表

表4-1　社会の変化と仕事，知識，教育の変化

	農業社会	工業社会	情報社会	知識基盤社会
仕事の特性	反復と経験	工夫と熟練	学習と応用	学習と創造
仕事の対象	自　然	もの（物質，エネルギー）の開発重視	情報技術，流通業，サービス業	ひとの尊厳と生活（生命，環境，新エネルギー）
知識の習得	祖先からの継承	初期訓練と熟練	被教育者として学習	不断の学習と資質向上
知識の伝達	人から人へ	教育機関・研修所	学校・大学中心主義	ICT活用と在宅・職場
教育学習段階	初等教育	中等教育	中等・高等教育	高等教育

4-1参照）。知識基盤社会で求められている教育段階としての高等教育とは，大学だけではなくさまざまな教育機関や学習形態を意味しており，高等専門学校，各種の研修機関，株式会社として提供されている教育と学習，資格検定の取得を目指した教育などが含まれている。教育制度はこのような変動社会に十分に対応することが望ましい。ヨーロッパ諸国は1970～80年代に失業率は高かったが1990～2000年代になるとやや減少してきた国もあるのに対して，わが国は1995年代中頃から失業者がやや増加気味であることと，生活保護世帯が最近になって急増していることが気にかかる。社会の変動に十分に対応できていないための現象である。

（2）多様化する学びの形態

わが国では学校教育法（小学校，中学校，高等学校，大学，専門学校など）にもとづく教育によって提供されている学習を公式学習（formal learning）と呼んでよい。そのほかにも学習は意図的であるが計画の明確でない不公式学習（non-formal learning）や学習の意図も計画も不明確な非公式学習（informal learning）などがあり，情報通信技術の普及によってこれらの学習が活発になっている。これらの学習による学習成果を正規の資格や学習歴として認めようとする動きが，経済協力開発機構（OECD）やユネスコなどを中心に精力的に推進されている。不公式学習としては，塾や市民大学，市民講座，さまざまな

職能資格講座などが含まれる。また市民の間で広く行われている SNS (Social Networking Service) などは明確な目的や計画をもってはいない非公式学習であるが、「いつ、どこで、どのように」学習したかを問わず学習成果によって能力を認証するために各種の認証機関が設立あるいは整備されつつある。英語検定の TOEIC®や TOEFL®などは産業界や国際社会でも認められているし、国際標準化機構の ISO29990 (学習サービス業)、職業能力の評価基準を公開している中央職業能力開発協会 (JAVADA) なども、従来の公式学習以外の学習を認証するための組織であり、社会人にとっては公式学習と同じような機能を果たしている。これらの検定や職業能力の学習は明確な目標があるので、自主的な学習として取り組みやすい。期末試験や入学試験の準備は期限のある学習であるが、キャリア教育では将来計画を見通して生涯にわたって自主的に学ぶことが期待されている。中央教育審議会の答申「今後の学校におけるキャリア教育・職業教育の在り方について」(2011年1月31日) によってキャリア教育が小学校から大学にいたるまで一貫して実施されることになっているが、児童生徒の年代から将来の自分のキャリアに関心をもち主体的な学習を推進することが望まれている。

知識基盤社会における仕事を遂行するためには、高等教育レベルの素養が求められているので、高等教育の普遍 (universal) 化は必然的なものであり、自分から主体的に学ぶことによって仕事に必要な能力を維持することが大切である。倒産やリストラ、災害などで失職したときに雇用可能性 (employability) をもっていることが重要であり、その観点からも不公式学習や非公式学習による生涯職能学習の発展が期待されている。

(3) 社会の変化と学びの意義

大学への進学は56.8% (2010年現在) に達しており、短大や高専を含めると高等教育への進学者は80% (同年) に迫っている。期待されている職務能力についての基礎知識あるいは基礎能力を備えていないと大学などを卒業しても就職は困難である。大学生は就職難に直面しているが、それは経済の低迷だけが

表4-2 完全失業率（2011年2月現在）

年　齢	率
15～24歳	7.9
25～34歳	5.9
35～44歳	4.4
45～54歳	3.6
55～64歳	4.4
65歳以上	2.7

（出所）　厚生労働省資料。

原因ではなく，社会人としての基礎能力が十分でない者が少なくないことが指摘されている。完全失業率は年によって多少の増減はあるものの，1995年までは2-3％台であったが，1998年に4％を超えて以降は4-5％の間を推移しており，なかでも若者の失業率は平均よりも高くなっている。表4-2に示されているのは2011年2月の完全失業率であるが，働き盛りでは年齢が低いほどその率は高い。かつては大学卒であればほとんど就職できた時代もあったし，就職したのちに職業訓練を受けることができたのであるが，最近では企業にもそのようなゆとりがなくなった。その結果，入社するまでに社会人基礎力や基礎的職業能力を習得していることが求められるようになっている。さらに入社しても自助努力で職務能力を向上することが期待されている。完全失業率が若者で高いという傾向は世界的にみられるところであるが，諸外国と比較するとわが国の失業率はこれまで低かっただけに，その対策が遅れたということは否めない。中央教育審議会の答申にもあるように知識基盤社会にあって労働への意欲と安定した生活を送るために職能をたえず向上させ，働くことに喜びと意義を見出すように主体的に学ぶことが欠かせなくなっている。

わが国の学校教育では，これまで科学技術の振興や産業振興の教育政策が優先されたり，身近な生活の問題を見詰めることよりも教育理念が重視されたりする傾向があったが，学生が就職活動をする段階になると改めて自分の将来と生活の視点から教育を見直すことになる。大学生になってさまざまな職業資格を取得したり，専修学校などに通って専門知識を習得したりすることもある。わが国でもかつて教育と生活と労働とを結び付けて考えるという教育思想もあったが（柳，1962），経済成長期にそのような考え方は影をひそめ，安定した一流企業，優秀企業への就職の手段として一流大学，有名大学指向が顕著になった。ところが，最近の研究ではこのような進学と家庭の経済的社会的背景とが

関連していて，教育を通じて社会の階層化が進んでいることが指摘されている（苅谷，2001）。さらに卒業した学校や大学の名称は雇用の条件にならず，若者の労働条件が一段と厳しくなって使い捨てされる状況になっていることが指摘されていて（原，2009），生活の安定を確保するために主体的に学習できる能力が求められている。

（4）アカデミックな教育と職能習得の教育

　学校歴や大学歴では十分でなく職能による雇用のための環境の整備が進んでおり，中央職業能力開発協会（JAVADA）が業種別，職種別，職務別に応じた能力の一覧とその評価基準を設定している。したがって学術研究を基盤とするアカデミックな教育と職能習得を目指す職業教育との統合あるいは関連付けが今後ますます重要になってくる。この場合注目したいことは，「働きながら学び，学びながら働く」ことを教育の基盤と考えることである。このような傾向は世界の先進国に共通して見られるところであり，わが国もその対応が迫られている。

　ヨーロッパ社会では歴史的に教育と社会階層との関連が強く，富裕層や高級官吏などの子弟が有名な高等教育機関に通い社会階層が固定化する傾向があったが，この問題を克服するために20世紀後半は中等教育の民主化が進められ，21世紀になって高等教育の民主化へと進んでいる。その民主化とは，経済的社会的文化的な背景によって，学習の機会に格差があってはならないということである。そのためには生活に直結する職能教育を振興することによって，生活のための学習の機会を提供することが重要な課題となっている。

　わが国での高等教育の振興では，アカデミックな教育を実施している大学が中心になってきたので，職能教育はとかく軽視されがちであったが，それとは対照的なのがフランスの教育制度である。高等教育に進学するためにはバッカロレアを取得しなければならないが，受験者の割合は，アカデミックな教育に連続する一般バッカロレアが35％であり，専門技術習得に連続する技術バッカロレアが20％，職業バッカロレアが15％（2005年）となっていて，職業能力を

高等学校の生徒数の割合（2010）／フランスのバッカロレア受験率（2005）

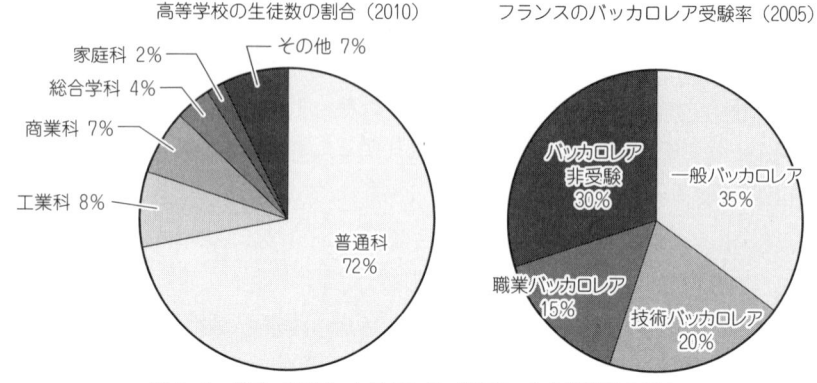

- 家庭科 2%
- 総合学科 4%
- 商業科 7%
- 工業科 8%
- その他 7%
- 普通科 72%

- バッカロレア非受験 30%
- 一般バッカロレア 35%
- 職業バッカロレア 15%
- 技術バッカロレア 20%

図 4-1　日本（2010）とフランス（2005）の中等教育の割合

習得することが重視されている（図4-1参照）。

　ところがわが国では入試に合格することが目的視されてきたので，職業能力を習得することが不十分で遅くなる傾向があり，その結果自分の将来を見通しての自律した学習態度の形成が遅れがちである。青年期は自分の将来の職業や生活に備えなければならない時期であり，生涯学習を見据えて職業能力を習得するための学習計画を意識する必要がある。初等中等教育においても従来の高校入試や大学入試の重視に偏ることなく，キャリア教育・職業教育も重視することが課題になっている。わが国は工業社会時代に先進国のなかで優等生であったが，情報社会さらには知識基盤社会に移行するときに生ずる職務内容とそのレベルの変化に対応する教育の整備が遅れている。自分の将来は他人が用意してくれるものではなく，自分の努力で開拓しなければならないものであることを意識して，主体的に学習する能力をもつことが大切である。

（5）学習成果を見通す

　学校教育で重要なことは，自分の将来計画を明確にし，それに向かって学習計画を立案して自信をもって学べる主体的な学習能力を習得することである。個人の生活を安定させることを願ったり，社会に貢献することをめざしたり，興味関心にもとづいて自分の能力を伸ばしたりするなど，個人の学習の意義は

さまざまであるが、いずれの場合でも習得した能力が社会的に認知されるように学習計画を立案すること、すなわち学習成果を見通しながら学習することが重要になる。これまでの学校教育では学習指導要領や教科書に準拠して授業を展開すれば良かったが、これからは健全な学習ニーズの見極めと、社会的な文脈のなかでそのニーズが満たされる方向での学習指導をする力量が問われている。人は社会のなかで働くことによって人となる。学校教育では学校内での出来事が重視されがちであるが、児童・生徒は社会のなかでも生活しているので、そのなかで自分をどのように位置づけるか、将来どのような人になるのかを職業生活との関係で見通するためには、教師が職業に求められる能力を知っている必要がある。その点でわが国ではどのような業種と職種があるか、それぞれの職種ではどのような能力が求められているかを知りたいときに中央職業能力開発協会（JAVADA）が開発している職業能力評価基準の一覧表が参考になる。

　特別に優れた才能をもっている子どもには、それに適した教育を用意することが必要であるが、社会的経済的に恵まれない家庭の子どもにとっては早く就職しなければならないことも多いので、職業生活に求められる能力について理解するとともに、どのような職種であってもさまざまなレベルの能力が求められているという見通しをもち、知識基盤社会に生きるための学習計画を立案できることが大切である。現在、ICT（情報通信技術）を活用した高度の職能教育を推進することが世界的に活発化しているので、個人が習得した能力が問われるようになる方向にあり、主体的に学習するための基礎基本が重要である。

2　授業設計の力量

（1）授業設計とは

　設計は、自分が実現したいと思い描いた時点から、それが確実に実現するように頭のなかで概念を操作していく過程である。このときの概念は他の専門分野では、記号、専門用語、数式、図形などとして表現することが可能であり、専門家の間で経験を交流するために使用されてきているので、設計技術は安定

して継承されている。医師，建築士，電気技術者などの間では専門知識が明確になっているが，授業設計については設計し，実施し，評価することが教師個人にとどまってきたので，経験を交流することの必要性が感じられず，経験を組織的に蓄積することも行われず，授業設計についての専門性はまだ十分に進歩していない。授業は教育心理学や教育社会学の知識を適用すれば実現するものではなく，教師の経験がきわめて重要である。授業設計が日常的に行われて，その経験が効果的に伝達されるためには，概念をしっかりと意識しておく必要がある。しかもその概念は授業分析から生まれるものだけでなく，設計を繰り返すことによって明らかになる。

　これまでの授業研究では教育理論や学習理論などの理論を実現するために授業実践が行われると考えるのが通例であった。課題解決学習，発見学習，系統学習，総合学習などが主張されてそれを実現するために教育方法が開発されていた。しかしこのような開発方法の欠点は，教育の主張が異なれば方法も異なってくるので，共通する研究方法が明らかにならないことである。さらにこれまでの授業研究では科学的研究法が重視され，普遍性，論理性，客観性を判断基準としてきているが，その科学が見逃しがちであった全体性を重視するコスモロジー，多様性に着目するシンボリズム，身体性を尊重するパフォーマンスなどが重要であることが指摘されている（中村，1992）。したがって，ここで紹介している授業設計の方法は経験的に開発してきたものではあるが，その理論的枠組みとしては「学習する組織」（センゲ，2003）と「組織シンボリズム」（高橋，1999）とを参考にしている。ここで，授業設計するときに，教育する側からの視点と主体的学習を実現するときの視点とを対比してみよう。

① 教育目標と学習目標の違い

　教育目標は当然のことながら教育する側によって意識されている目標である。従来は学習者がそれを受け入れて学ぶということが原則であった。ところが学習者が主体的に学ぶためには，教育目標が受け入れられるだけでなく，それが学習者にとっても目標として意識される必要がある。したがって学習者が自分

の将来計画，興味関心から主体的に学ぶためにも，学習目標は明確であることが必要である。

② 教育内容と学習内容との関係

　教育内容は学習指導要領や教科書に明示されていて，教師が学習者に理解させるべき内容として記述されている。しかし，教科によって記述の仕方が異なっているので注意する必要がある。国語では「話すこと」「聞くこと」「読むこと」「表すこと」など学習者が主語になっている。それに対して社会科では「考えるようにする」と教師の努力目標として表現されている。理科では「考えをもつようにする」で統一されている。その他の教科についても教師の努力と学習者の行動とが混在しているので，学習者が主体的に学習するためにはこれらを整理して学習者にとって学ぶべき内容として意識できるように表現し直す必要がある。

③ 教育成果と学習成果の評価

　教師にとって気になるのは教育成果である。授業が計画通りに進行したのかどうか，教育目標は達成されたのかどうかという視点で授業を評価することになる。

　それに対して学習成果の視点からみるならば，一人一人の学習者が目標を達成することができたかどうかで評価することになる。とくに自宅での学習，塾での学習，興味をもって訪問・参加して学習されたことも学習成果として重要である。

④ 教師の行動と学習者の行動

　授業においては教師の行動と学習者の行動とは対応関係がある。教師が「説明する」という行動をとると，学習者は「説明を聴く」という行動になる。教師が「沈黙する」という行動をとると，学習者は「沈黙の意味を推察する」という行動をとる。したがって主体的な学習を設計するためには，教師が一方的

に行動をとるのではなく，学習者がどのような行動をとるかを推察しながら進めることになる。

⑤ 教育用具と学習用具

　明治期に始まった近代教育は，教育用具すなわち教具の近代化であったともいえる。黒板とチョーク，掛図，映写機などを利用することで教育効果を高めてきた。しかし，最近の文具，事務用具，パソコンなどの進歩と低廉化によって学習者が利用し操作できるものが増えている。これらを計画的に使用することによって学習効果を高めることができる。とくにさまざまな行動を引き出すためには適切な学習用具の使用方法を工夫することが大切である。

⑥ 教育環境と学習環境

　教育する側の人が主導権をもって整備するのが教育環境である。学校，教室，図書館，理科実験室，調理実習室などが典型的である。学校を管理している地域の経済的な条件によってその整備の状況も異なってくるが，教師の工夫によってさまざまな環境を実現することができる。教室のなかの展示や机と椅子の配置によって柔軟な学習形態を実現することができる。一方，学習環境は学習者によっても準備できるので，この点について十分に配慮する必要がある。

　以上のように教育する側からの視点と学習する側からの視点とを対比させることができるが，授業設計ではそれぞれの項目についてどちらかに重点を置かなければならない。教師側の視点をとったからといって優れた授業が実現するわけではないし，学習者側の視点から選んだとしても授業設計が簡単になるものではない。学習者の行動などを予測しないといけないので高度の設計能力が求められる。表4-3に示しているのは，学習心理学者のロバート・ガニェ（ガニェ，2007）が整理した9段階教授法に対して学習者の視点からみた学習法を対比している（表4-3参照）。このように教える側からの視点でみるのか学習する側からみて記述するのかによって授業は異なってくる。

表 4-3　教授事象と学習事象との対比

ガニェの9段階教授法	学習者の視点からの学習法
学習者の注意を喚起する	教師の説明に注意する
学習目標を知らせる	授業の目標を知る
前提条件を確認する	前提条件を思い出す
新しい事項を提示する	新しい事項に注意を傾ける
学習の指針を与える	学習の指針を知る
練習の機会を設ける	練習する
フィードバックをする	フィードバックを受ける
学習の成果を評価する	学習成果を評価される
学習の保持と転移を促す	内容を記憶し応用を考える

（2）学習を設計する

　これまでの教育方法の考え方では，教育理論の視点からスタートするのが普通であった。ところが教育方法もいろいろな方法が提案されており，学習者も多様になっていて，しかも学習者の実態を考慮することが重要になっている。したがって，ここでは特定の理論や方法についての授業研究ではなく，さまざまな教育方法を研究するときの枠組みを考えてみよう。すなわち授業を設計し，実施し，評価する過程を研究するときに適用できる方法について紹介する。

　設計とはわれわれの頭の中にある考えを自分の外に実現するためのプロセスを記述することであることを紹介した。頭の中ではさまざまな考えを描くことができるので自由度は高い。しかしその実現をめざしたとき外の世界の制約のきびしさを考えると自由な発想が失われていく。外部の制約としては予算や環境などもあるが，授業に関しては子どもの学習がもっている制約と時間の制約とがもっとも厳しい。教師の思う通りに子どもは学んでくれない。それが授業の難しさでもあり，専門知識が求められているところでもある。この制約を克服していくために設計段階において用いられているのがモデルである。

　モデルはさまざまな分野で用いられている。建物，自動車，船舶，橋梁などの大構造物を設計するときの図面，あるいは新薬を開発するときの分子モデルなどさまざまである。最近では人と人との交わりであるコミュニティをデザイ

ンするときにも，どのような要素を組み立てればよいかをモデルとして表現している。授業についても同じであって，指導案の具体的な授業展開をしている部分は，自分でも意識していないが授業モデルに従って記述しているのである。その意識されていないモデルをどのように意識化して記述するかが重要である。これまでの経験からさまざまなイメージ図やモデルを用いながら設計してきたが，個人が自分の授業を開発するためには他の分野での設計手法もヒントにはなるがそのまま適用することはできない。さらに教育心理学や教育社会学の知識は，授業を解釈するのには役立つが，教師の価値観や経験の要素が入っていないので設計のために主導的な機能を果たすことはない。

つぎに個人あるいは少人数で授業設計するときの具体的な設計方法を紹介する。

(3) MACITO モデル

人工物や構築物を確実に実現するのが技術者の専門性であるが，設計するときに自分の考えたことが現実に実現できるのか，あるいは効果があるのかを確認するためにモデルを用いて組み立てていく。一般には操作できる変数をモデルに代入して，その結果を確かめながら設計をしていくが，その過程でコンピュータが活用されて変数をさまざまに変化させながら設計している。しかし，教育分野ではその研究が遅れており，コンピュータ支援の授業設計はまだ研究段階である。さきに紹介したように MACITO モデルは，問題解決学習モデル，プロジェクトベース学習モデルなどの一つであるが，目標，内容などの6つの変数で代表させていて，ここでの中心には学習事象としているが，これは学習を中心に考えたときのものである（図4-2参照）。ここで内的条件と外的条件とあるのは学習者の内部で意識，認識，意図，経験されていることを意味しているが，教師がこれを直接的にコントロールすることはできない。それにたいして外的条件は学習者の外部のことであるので教師が準備したり操作したりすることができる。なお，成果と内容については教師と学習者とが共有することのできる変数であると想定している。

第4章　学びの主体性を活かす教師の技量　91

内的条件

M：意味　　　A：活動

O：成果　　学習事象　　C：内容

T：道具　　I：情報・相互作用

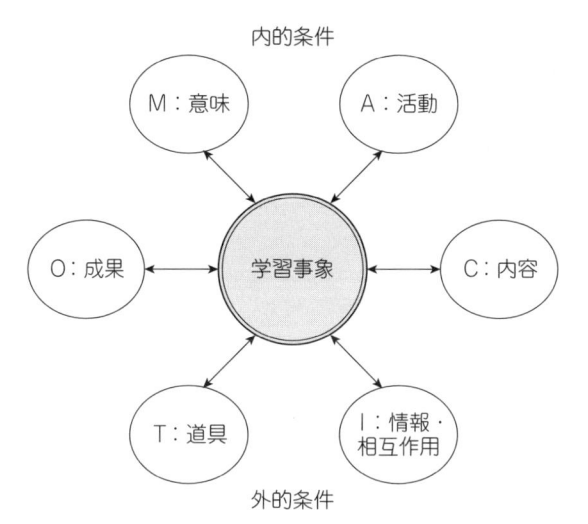

外的条件

図4-2　授業設計のためのMACITOモデル

【M：意味（Meaning）】
　目的，目標も含む。学習者が最初から学ぶ意味を意識しておれば，それを満足させる方向で学習は比較的簡単に始まる。ある特定のテーマに興味がある，めざす大学に入学したい，コンクールに入賞したい，将来の人生設計がはっきりしているなどである。この章末の変数リストの意味のところを参考にしてほしい。なお，学ぶ意味を実感できないときでも，活動と成果とから成就感や達成感を体験できるようにデザインしておくとやる気を起こす場合が多い。授業設計でチーム学習を重視してきたが，このようなときには価値観を共有することが活動のスタートになる。そのために大学の授業で「批判と非難はどう違うか」とか「個性と我はどう違うか」といったテーマについて自分の意見を他の人にも開示してチーム意識を高めることによって，学ぶ意味を自ら実感できるようにデザインすることができる。授業の最初の段階で，このような価値や意味について考えることは，その後の学習を意義あるものにするのに効果がある。

【A：活動（Action）】
　学習はさまざまな活動から成り立っている。章末の変数リストの活動のとこ

ろに収集されている行為動詞は，これまでにわが国で研究されたもの，教科書や学習教材などからメモしておいたものである。並べてある順序や分類にはとくに意味はないが，教科によって同じ行為動詞であっても位置づけが異なることがあるので，自分の担当している教科で使える動詞を集めて表にしておくと便利である。

【C：内容（Contents）】

内容は学習指導要領や教科書に示されていて，それぞれの教科によって異なっているので変数リストからは除いてあるが，内容の記述については教師を主語としたものと学習者を主語としたものとが混在しているので注意を要する。

【I：情報・相互作用（Information, Interaction）】

情報，資料なども含む。環境にはさまざまなものを含めている。変数リストにもあるように学習者にとっての外的条件であるとみなしてよい。インターネットによる情報収集なども，そのようなICT環境が整っていることが前提となる。とくに学習環境の進歩は目覚ましいものがあり，スマートフォンも個人で購入できるような状況になっているので，学習者がもっている学習環境を理解する上でも注目しておく必要がある。

【T：用具（Tool）】

これからの学習においては学習者が積極的に活動することが期待されているから，さまざま用具や文房具などが重要である。とくに模造紙と付箋紙は使用しやすいし，コンピュータやモバイルが使えるようになると豊富な道具的ソフトが使用できる。パワーポイントも有力な用具の一種である。

【O：成果（Outcome）】

学習成果としては習得された能力と成果物としての作品，レポート，課題などが相当している。学習の質的保証も成果によって決まってくる。またこれからのキャリア教育では取得された職能資格も成果と考えることができる。

3 授業過程の記述

(1) 過程の記述

　授業設計にとって重要なことは，授業が時間の経過とともにどのように展開するかということを記述できるかどうかである。一般に設計には概要設計と詳細設計という区分があるが，授業の場合は年間計画と単元計画という段階が概要設計であり，本時の学習指導案が詳細設計に相当している。授業での学び方の取り決めや約束事を習得するためには，ある程度の時間経過が必要である。それをさらに各授業時間にわたって詳細設計しておくことが授業改善には欠かせない。しかし一人の教師がそのすべてを担当することは負担が大きすぎるので同一の教科について教師グループで分担して設計するとよい。同じ学校で複数の教師がいれば協力しやすいが，それができないときはインターネットを活用して他の学校の教師と協力して設計する。この場合，教師主導の授業にすると教育観や教材観も異なり，それを調整することに時間がかかるが，学習者中心の授業では協同研究や協同開発がやりやすい。研究の対象が教師ではなく学習者であるので，授業設計を批判的に検討することができるからである。

　これまでにも主体的な学習はさまざまな教育理論とともに研究されてきた。しかしそれが十分に定着したとはいえない。ここに紹介している方法は，特定の教育理論から導き出されたものではなく，授業や教材を経験的に設計し改善することを繰り返しながら，しだいに実現できるような方法を採用している。そして設計で共通している要素を意識的に整理して，そのあとで理論的な考察を行ってきたものである。基盤としては学習する組織論と組織シンボリズムが理論的な枠組みとして落ち着いてきた。整理する過程で生まれたMACETOモデルは，具体的な授業を変数の視点から設計するときに用いているが，時間的経過を記述するのにはメタファとイメージ図が使いやすい（瀬戸，1995）。すでに他でも紹介したように協働学習の授業を設計する必要に迫られたのは200名以上の学生が授業で誰も居眠りすることなく，最後まで積極的に学習に参加

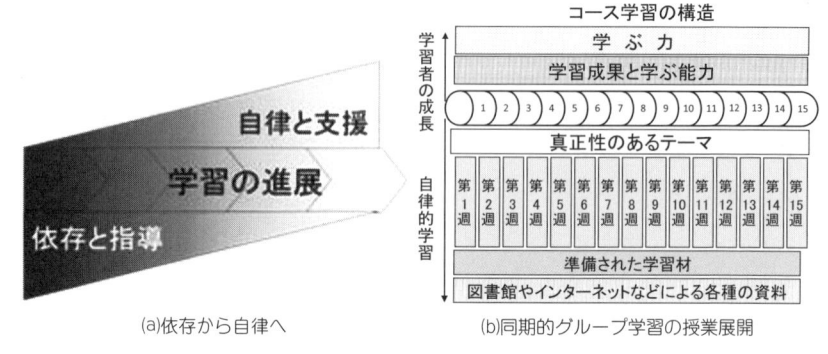

図4-3　イメージによる授業開発

(a)依存から自律へ　　　(b)同期的グループ学習の授業展開

することをめざして開発された授業であった。

　200名を超す一斉講義から個人が主体的に学習に参加するような授業に転換するために，最初は図4-3(a)のような「依存から自律へ」というモットーのもとにスタートしたが，モットーだけでは授業は実現しないので，同図(b)のように15週間分の学習用プリント教材を作成して授業を進めた（図4-3(b)）。

　この方式では学習の早い学生と遅い学生とがうまく折り合わず，とくに早い

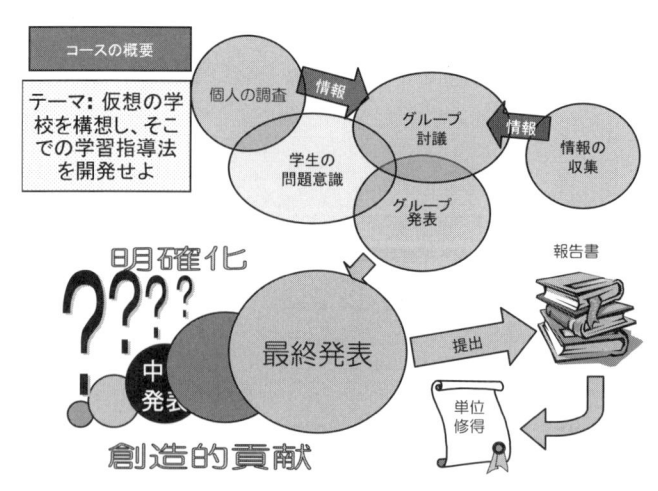

図4-4　教育の展開を表す図式モデル

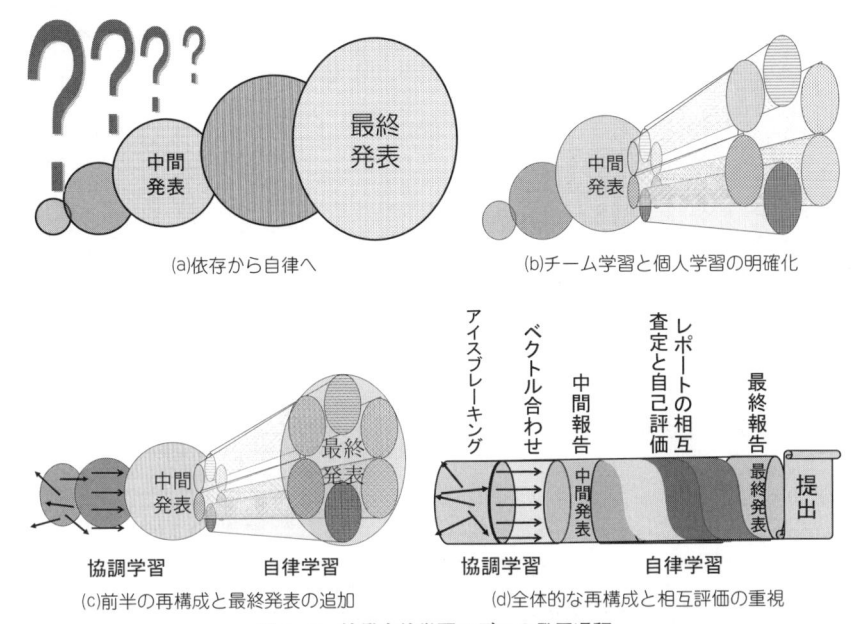

第4章　学びの主体性を活かす教師の技量　95

(a)依存から自律へ

(b)チーム学習と個人学習の明確化

(c)前半の再構成と最終発表の追加　　協調学習　自律学習

(d)全体的な再構成と相互評価の重視　　協調学習　自律学習

図4-5　協働自律学習モデルの発展過程

学生が不満をもつようになった。そこでこれをプロジェクト学習として開始した。テーマは「仮想の学校を構想し，そこでの学習指導法を開発せよ」というものであった。

　このイメージでスタートしたが，中間発表まではうまくいくもののその後の最終発表までに学習の緊張感を維持することは困難であった。そこで図4-4に示すように学生の問題意識からスタートした（図4-4）。学生の変容過程の変化だけを取り出すと図4-5のイメージ(a)から，内容を充実させるために自律学習を強調し(b)，さらに中間発表までの協調学習と最終発表までの自律学習で内容を充実し(c)，最終的に後半の報告書作成の課題を明確にしてすべての学生がお互いにレポートの途中経過を相互に評価し合いながら進める(d)という方式で一応満足できる授業になった。この間にコースを改善するためにもっぱらパワーポイントの図を修正することで改善作業に努めた。

　従来の授業では，たとえば教科書や学習指導要領が手本となり，教育内容の

理解が重要視されていたので，その内容を順序良く配列して，教師がそれをわかりやすく説明することで授業は成立すると考えられてきた。ところがこの講義スタイル以外の授業開発が活発になってきている。学習経験が多様化してきていること，教育内容の変化が激しいこと，しかもその内容に関しての情報がさまざまな教材やWeb上からいつでも入手できるようになってきたことが挙げられる。すべての生徒にとって興味のある内容の系列にすることが困難になっているので，教えることからしだいに学ぶことへと重点を移すような設計にすることが必要になってきている。

（2）**教師主導の授業**

　わが国の教育で問題になっているのは，学習意欲の減退である。教えることを中心に組織されてきた授業は，知識を教えることでは効果的であったが，それと同時に教えられるという態度をも教えてきた。その結果として教えられなければ学ばないという受身的な学習態度を形成してきた。さらに教育では理論が先行していてその適用という枠組みで実践が行われてきたために，実践から理論を再構築することをめざす教育実践学はあまり進歩しなかったが，最近になって教育実践についてあまりにも研究が遅れていることが自覚されるようになり，生徒主体の授業とその実証的な研究の重要性が認識されるようになった。

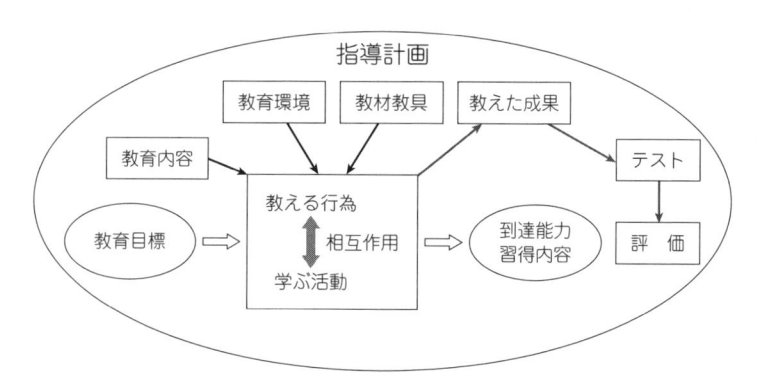

図4-6　教師主導の授業展開のイメージ図

（3）学習者主体の授業

　教育者に主導された教育の発展は，経費負担を増大し経済的社会的に恵まれた人々に有利な制度を実現する結果を招いた。OECDのデータにもみられるように，わが国の大学の授業料はアメリカやオーストラリアと同じように高額であるが，奨学金や補助金を受けている学生の割合は少ない（図4-7）。

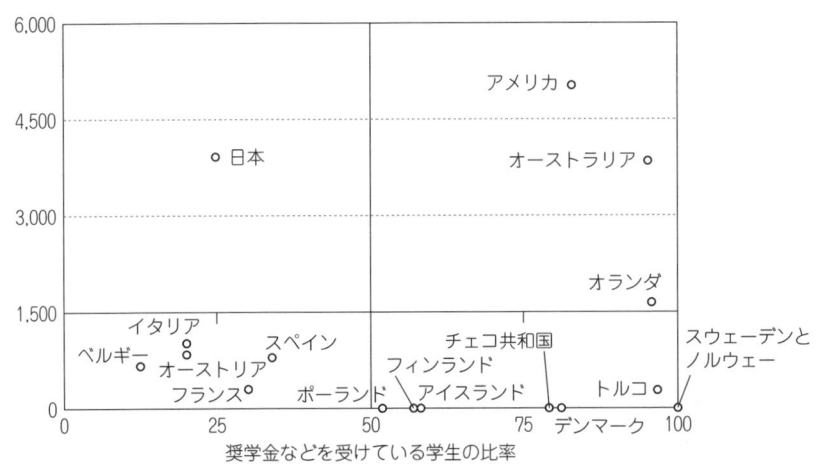

図4-7　米ドルでの平均授業料（国公立，2004）と奨学金受給の学生の比率
（出所）　OECD Education at a Glance（2008）のデータから。

　一方，ヨーロッパ諸国で授業料が低額であるのは，国費や企業による負担があるだけでなく，高等教育を生涯学習の視点から充実することが図られているからであり，国民の学習権を認め自律的な学習が教育拡充の基盤となっている。したがって多様な学習ニーズに配慮しつつ，学習目標を意識して自律的に学べるような学習コースを開発することが急務となっている。この場合に主体的に学習できるためには，学ぶことの意味を十分に意識でき，学ぶ内容も学習者が決定することになる。また，学習活動が重視されるので，ペーパーテストだけでは不十分で実習，演習，討論，作品作り，レポート作成などさまざまな学習成果が評価されるためのポートフォリオ（個人の能力を多面的に表現できるような評価方法）を作成して評価対象としている。

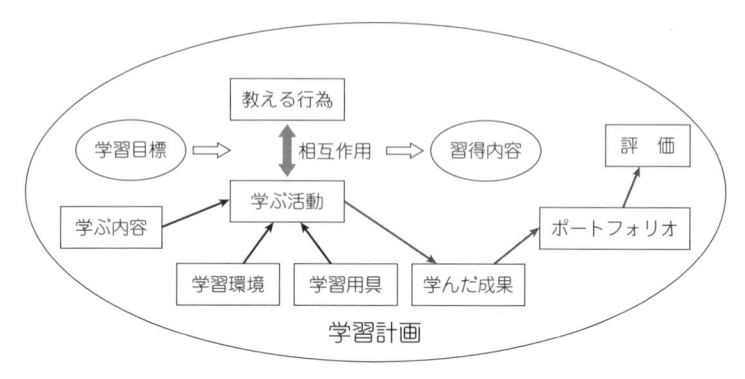

図 4-8　学習の視点からみた授業計画

　このような視点からは学習成果をよく見通しながら授業を改善していくことによって，期待されている学習目標を効果的に習得できるようにすることである。授業を開発するためには，学習者についての理解と学習についての先読み能力とが必要であり，学習科学についての知識だけではなく，開発している者の経験にもとづいた教職専門性が求められる．なお，わが国でも学習科学ハンドブックが翻訳されるなど（ソーヤー編，2009），学習開発は今後急速に進歩することが期待される。

（4）教師主導と生徒主体の授業

　図4-6と図4-8とを重ねたものが図4-9である。図の上部では教育目標や指導内容が教師や指導者などによって決められて，それをどのように展開するかということが授業開発の課題である。それに対して図の下部では多様な学習ニーズ，学習目標などを前提としながら，学習者の実態にあった学習を開発するときの枠組みを示している。実際の授業では，完全に教師主導で進めることはできないし，完全に学習者にまかせて学習者主体で押し通すこともできない。この両者の得失をよく心得て授業を展開する必要がある。

　このようなイメージ図を考えたのは，学習指導案を作成するときに時間軸で一斉学習，個別学習，グループ学習と明確に区分して記述することが現実的で

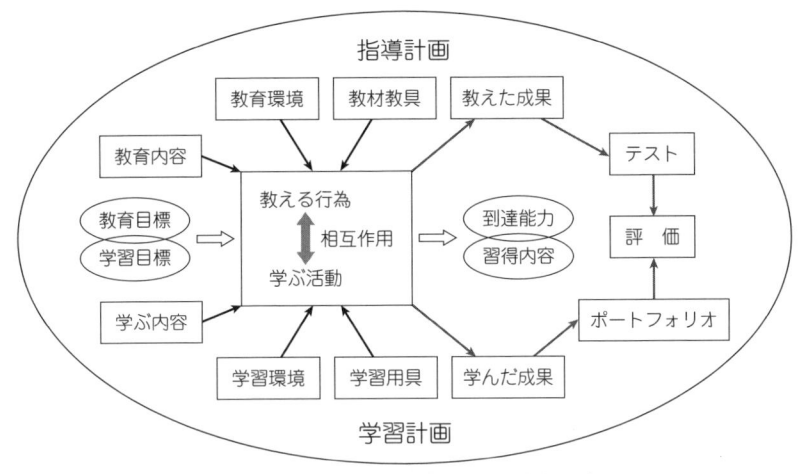

図4-9 指導計画と学習計画の相互依存モデル

ないからである。一般には一斉指導，個別指導，グループ学習指導などがはっきりとした区分なしに展開されるのが実態である。いまもっとも望まれることは学習への主体性を尊重しながら，教師主導や学習者主体の授業を柔軟に設計し評価することのできる授業と学習の開発の技術力を高めることである。変動社会において生活の安定を求めるための学ぶ権利を保証し，協働学習を促進して生涯学習社会においての教育費の高騰を抑制することである。しかし学習者主体の授業は，一朝一夕に実現するものではなく，教師にかなりの知識と経験とが要求される。教職の資格として修士号取得を求めている国が多いのも，教育技術として高度の専門知識を必要とする職業として認められているからである。

4　授業改善と授業改革

（1）改善のモデルと改革のモデル

改善と改革とはどのように違うのだろうか。改善では授業の基本的なところ，たとえば教育の目標，内容，方法などについて根本的に変更することなく，現

状をよりよいものにしていく努力である。現状を大きく変更する必要がないので周囲にあまり反対は起こらない。ところがそのような改善では不十分で，根本的に変更しないと状況が改善できないような事態になると改革することが必要になる。

改善では計画‐実施‐評価（PDS Plan-Do-See）あるいは計画‐実施‐チェック‐行動（PDCA Plan-Do-Check-Action）というサイクルがよく機能する。授業を計画し，実施してみて，そのときのデータを収集して改善するという方法を組織的日常的に実行する。

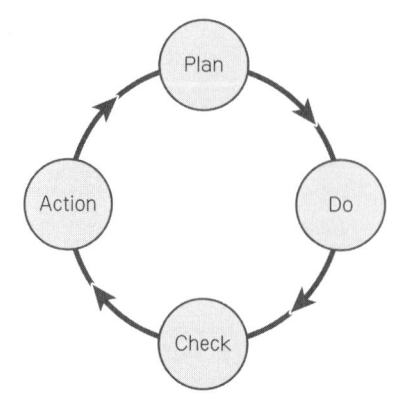

図4‐10　PDCAの改善モデル

この方法を繰り返しているうちに実現したい授業はしだいに完成するが，やがて行き詰まってくる。まったく新しい授業を開発するときにはこのループから逃れられないのである。中小企業の技術者向けに遠隔地から分散職場学習するという形態で技術者を育成するシステムの開発に取り組んでいるが，最初の段階ではどのようなシステムを構想するのかがまったく不明であった。そのときに役立つのがメタファやイメージ図などである。このように新しいシステムを構築するときに採用している作業手順が図4-11に示されている。

これまでの授業研究の経験からつぎのような仮説を立てることができる。

作業仮説　授業過程は，メタファ，イメージ，モデルならびに経験則の集合体として記述できる。

メタファとは，目に見えないものや抽象的なものなど，表現しにくいものを具体的なものにたとえることである。授業過程の教師主導では，木工や金工のように手順のすべてを予定できる工作技術にたとえることができる。この場合には仕事の段取りを綿密に予定して，その通りに作業を進めていく技術である。

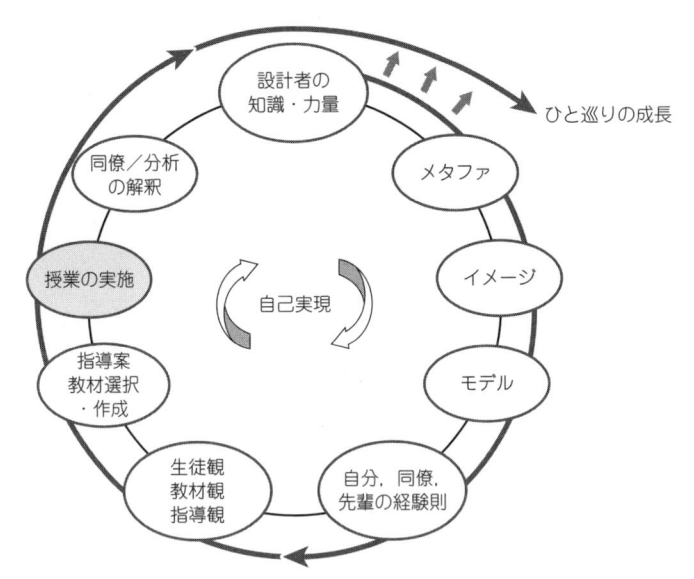

図4-11 教師が成長する渦巻き改革モデル

それにたいして学習者主体の授業は酒造りや味噌醤油の製造のように，材料の発酵現象に手順を合わせることによって製造していく醸造技術にたとえることができる。この他にも授業をオーケストラの指揮や相撲の1対1の格闘技にたとえる人もいる。

　イメージはさまざまな分野で用いられている。スポーツにおいてもイメージトレーニングがあり，建築でも設計の最初の段階ではデッサンのようにイメージを描くことから始まる。関西空港の建物は鳥が羽根を拡げたところをイメージしたということは有名な話である。授業設計でも教育目標から実際にダイナミックに展開する授業をイメージすることは困難であっても，図に描いてみたり，メタファからイメージ図に展開してみたりすることによって柔軟な授業を設計することが可能になる。しかし，最初からメタファやイメージを描くことができないこともあるので，そのときは授業を実施した後になって考えればよい。

　渦巻きモデルの図4-11は教師の成長を促進するための授業研究の枠組みを

イメージして描いている。これによると、メタファ、イメージ、モデルとして展開したものを、自分や同僚の経験を振り返りながら、具体的な授業の実施へと展開したものである。このようなメタファを共有することによって協同開発を円滑にスタートすることができる。メタファを用いる利点は、従来にない教育方法を開発することができることである。このようなメタファを活用することによって、これまでに多人数授業（最多276名）でのチーム学習を開発してきたし、現在もさまざまな場所での職場分散の専門的職能の学習システムを開発している。シンボリズムの視点からはメタファを変更することによって、根本的に教育方法を改革することができる利点がある。事例ではMACETOモデルを考案して用いているが、問題解決学習モデル、プロジェクトベース学習モデル、行動理論モデルなど課題や必要性に応じて適切なモデルを適用すればよい。また改善のためにはPDCAモデルが適しているが、メタファによる渦巻きモデルは根本的な授業改革に適している。

　新しい方法を創りだすときに科学や工学の知識が直接的に役立つと考えがちであるが、創造は問題を的確にとらえて、直感、イメージ、思い付き、飛躍などから生まれることが多い。教育の分野では理念と理論とが混同されることがあり、教育理念は努力すれば実現可能であると考えがちである。さらに理論を実践するという方向での教育方法はこれまでに試みられてきたので、教育の実態を改革することも理論からのアプローチで可能であると期待している。しかし実践からの新しい試みが教育改革には重要であるので、拡大しつつある教育格差の実態を改革できる方法を実践から開発できる研究者や教師が数多く出現することを期待したい。

> 学習の課題

(1) 変動社会において主体的に学習できる能力が求められるが、その理由を説明しなさい。
(2) 21世紀になってわが国の職能教育の発達はなぜ遅れたのでしょうか。その結果としてどのような事態が生じているでしょうか。
(3) 授業を設計することと授業設計を研究することとの違いを述べなさい。また

MACITO モデルと PDCA 改善モデルならびに渦巻き改革モデルの特徴を説明しなさい。

参考文献

ガニェ, ロバート・M. 他, 鈴木克明・岩崎信監訳 2007『インストラクショナルデザインの原理』北大路書房。

苅谷剛彦 2001『階層化日本と教育危機——不平等再生産から意欲格差社会（インセンティブ・ディバイド）へ』有信堂。

社会実情データ図録
　　http://www2.ttcn.ne.jp/honkawa/3080.html
　　http://www2.ttcn.ne.jp/honkawa/2950.html
　　http://www2.ttcn.ne.jp/honkawa/3080.html

瀬戸賢一 1995『メタファー思考』講談社現代新書。

センゲ, ピーター他, 柴田昌治＋スコラ・コンサルタント監訳, 牧野元三訳 2003『フィールドブック 学習する組織「5つの能力」』日本経済新聞社。

ソーヤー, R. K. 編, 森敏明・秋田喜代美監訳 2009『学習科学ハンドブック』培風館。

高橋正康 1999『組織シンボリズム——メタファの組織論』(明治大学社会科学研究所叢書)。

中央教育審議会答申 2011『今後の学校におけるキャリア教育・職業教育の在り方について』

中央職業能力開発協会 http://www.javada.or.jp/index.html

中村雄二郎 1992『臨床の知とはなにか』岩波新書。

原清治 2009『若年就労問題と学力の比較教育社会学』(佛教大学研究叢書), ミネルヴァ書房。

　　　　　　　　　　　　　　　　　　　　　　　　　　　　　（西之園晴夫）

資料 4-1　MACETO モデルの変数

M：学習の意味		
M1：文脈・状況的	M2：問題意識	M3：将来への準備
必修科目 教科内容への興味関心 文化的興味関心 学習による自己認識 学習成果に対する社会的認知 過去の経験あるいは体験	社会問題 環境問題 社会福祉問題 健康問題 教育問題 国際問題 貧困問題 平和問題 開発問題 地域社会問題 経済問題 個人問題	進学試験の受験 資格取得 特定の職業への就職準備
		M4：自己啓発
		専門職能の修得 特殊知識・技能の修得
		M5：無知への気付き
		無知の知 語彙力の不足 意味理解の不足 基礎学力の不足

A：学習活動				
一般行為－Ⅰ	一般行為－Ⅱ	一般行為－Ⅲ	一般行為－Ⅳ	一般行為－Ⅴ
書く 記述する 表現する 述べる 意見を述べる 経験を話す 感想を話す 考えを発表する 挙手する 学習内容を発表する 説明する 図示する 表示する 模写する 例示する グループの意見を発表する 提示する グラフにする 報告する	記録する ノートに記録する データを記録する 教科書を読む 参考書を読む 問題を読む 作品を聴く 説明を聴く 話を聴く グループで相談する 質問する	討論する 議論する 協議する 準備する 計算する 組み立てる 取り付ける 練習する 再生する 後始末する 片付ける 繰り返す 列挙する 調べる 選ぶ 名前をつける 書き直す 整える 試してみる 記憶する 思い出す 調査する	区別する 利用する 採用する 対比する 分析する テストする 操作する 比較する 選り分ける 割り当てる 選択する 学習課題を作る 反省する 解決する 予定する 見積もる 収集する 分類する 順序づける 試作する 試みる 設計する 開発する 計画する 構成する	応用する 吟味する 展望する 組織する 予測する 予想する 提案する 反論する 批判する 判断する 調整する 経営する 創造する 認識する 評価する 支援する 査定する 理解する 解釈する 翻訳する 定義する 賞賛する 弁護する 見通しを立てる 計画を立てる

E：学習環境			T：用具・技法	
施　設	設備・機材		文房具	
教　室　　コンピュータ室	液晶プロジェクタ	掲示板	チョーク	プリント
図書室　　実験室	スクリーン	フラネルボート	小紙片	模造紙
調理室　　実習室	拡声装置	マイク	小黒板	コンパス
野　外　　博物館	イントラネット	インターネット	機　材	
美術館　　科学センター	パソコン	ケータイ	ケータイ	ワープロ
図書館　　ビオトープ	PDA		時　計	パワーポイント

O：学習成果					
O1：成果物	O2：習得能力				
最終報告書	処理能力	判断能力	実施能力	習得能力	運動能力
作　品	分析できる	比較できる	報告できる	命名できる	走れる
演奏会	配列できる	予測できる	協力できる	見つけられる	跳べる
発表会	系統化できる	区別できる	描写できる	検証できる	投げられる
取得資格	一般化できる	区分できる	叙述できる	結合できる	打てる
	公式化できる	分類できる	計画できる	適合できる	引ける
	正当化できる	同定できる	測定できる	指示できる	押せる
	関係付けられる	識別できる	制作できる	応用できる	倒せる
	合成できる	決定できる	操作できる	保存できる	歌える
	分離できる	対応できる	組み立てられる	反復できる	合奏できる
	計算できる	対照できる	運転できる	反応できる	合唱できる
	帰納できる	選択できる	修理できる	構成できる	削れる
	演繹できる		配合できる	図形に彩色できる	混ぜられる
	定義できる		解剖できる	スケッチできる	持ち上げられる
	評価できる			作曲できる	
	批判できる			作詞できる	
	結論できる			つなげる	
	選別できる			調整できる	
	指摘できる			後始末できる	
	列挙できる			片付けられる	
	概括できる			止められる	
	要約できる			入れられる	
	解釈できる			防げる	
				かわせる	

第5章　求められる学力

　　求められる学力とは何か。この問いに答えることは，一見簡単なようで，実は非常に難しい。おそらくこの問いへの答えには，「豊かな学力」「本当の学力」「確かな学力」「生きた学力」などが考えられるであろう。しかし，「貧しい学力」「偽物の学力」「不確かな学力」「死んだ学力」などを身に付けさせようとする教師，親などいないし，子どもたちも望むはずがない。教育関係者は皆「豊か」で，「本当」で，「確か」で，「生きた」学力を身に付けさせたいと考えているのである。問題は，何をもって「豊か」で，「本当」で，「確か」で，「生きた」学力といえるのかである。その回答は十人十色であろう。いいかえるならば，実のところ，われわれは「学力」について（あるいは「求められる学力」について）共通理解を有していないのである。学力とは何かを論じる前に，「共通理解がない」ということを「共通理解」としておかねばならない。

　　それでは，共通理解がないにもかかわらず展開される学力論争とは何か？　この問題について考えていこう。

1　「求められる学力」とは何か？

　求められる学力とは何か。上記のように，「豊かな学力」「本当の学力」「確かな学力」「生きた学力」ということになるであろう。しかし，このような答えを導き出すだけでは何も解決されてはいないのである。

　そこで，抽象的な形容詞ではなく，具体的な「学力」の中身を考える必要がある。たとえば，「ある数式を解くことができること」を学力の中身と考えることも回答の一つでありうる。この場合は，学力はペーパー・テスト等を通じて「計量可能なもの」ということになる。これはシンプルな定義である。

この「計量可能な学力」を「どうでもいい」とか「不要である」とかたづける議論は、さすがに少ない。しかし、これだけが重要な学力ではないとする考え方は数多い。一つには「計量不可能な学力」、すなわち、意欲、関心、態度をも学力として考えていくという考え方がある。すなわち「学ぼうとする力」である。問題があり、正解があって、その正解を早く正確に導出することだけが学力ではない。世の中には正解がない問題がたくさん存在する。それらの問題に自分の力で取り組み、回答を作り出そうと創意工夫を発揮することも一つの学力であり、学校において身に付けるべき学力であるという考え方である。
　そもそも、学力の定義について論じる以前に「学校とは何か」という論議がある。もちろん、学力形成は学校の重要な役割である。しかし、それにとどまらず、学校は人間形成の場でもある。この人間形成をも学力に含めて考える立場があるのである。すなわち、学校とは「自律的に学習する能力を持った人間」を育成する場所である、という考え方から、「生涯にわたり自律的に学習する力」、課題解決能力を学力とする見方も根強いのである。
　学力論争とは、学力についての共通理解の上に立脚するものではなく、共通理解がないままに行われたものであり、果てしなき不毛な神学論争のようにもみえる。しかし、ここで冷静に考えてみれば、われわれ日本人は他の同国人と多くのものを共有しているという前提に立って物事を考え、生活する傾向にあるのではないか。多民族国家化が日本よりはるかに進んだ諸国では、人々は他の同国人とあまり多くのものを共有していないという前提に立っている。われわれは逆なのではないだろうか。学力論争もそうである。確かにかなり多くの人が、長期にわたり教育を受けた経験を有する。しかし、その受けた教育経験をどのように消化するかについては、われわれはまったく多様なのではないだろうか。その多様な教育経験をあたかも万人が共有しているようにわれわれは錯覚しているのではないだろうか。実は各人は、自己の教育経験にのみ立脚したひとりよがりの教育論、学力論を他者に強要しているのではないだろうか。学力論争に限らず、教育の世界には「～するべきである（ない）」という「べき論」が多く見られる。それらの中には、個人的な教育経験・教育論を、他者

のバックグラウンドに配慮することなく，押しつけるようなものも少なくない。教育論でも，学力論争でも，こういった「べ・き・論・」からの脱却がまず求められるところである。

2　それでは，そもそも教育とは何か？

　それでは，そもそも学力・学校以前に教育とは何か？　辞典によっては「教え育てること」と書いてあるものも見受けられるが，もちろん，これでは何も説明したことにならない。

　まず，「教える」という営みと「育てる」という営みを区別する必要がある。「教える」という営みは，知識・技術の伝達等，あるものを持てる者が持たざる者にそれを伝える営みである。この営みは，その知識・技術の内容によっては，多人数一斉授業方式でも可能である。すなわち効率的な形態において，展開することが可能である。これに対して，「育てる」という営みは，個別的なものでしかありえない。何か伝えるべきものがあってそれを伝えるということではなく，伝えるべきものがあるとしても，それを伝えられた相手がどう受容し，消化していくのかを考えねばならない。いうならば「育てる」は成長につながる営みである。どのようなバックグラウンドをもち，何を考え，何を望んでいるのか等，さまざまな対象者個人についての情報をもち，それもとにどのようなプログラムで育成を図るかを考えねばならない。したがって「育てる」営みには，効率的な多人数一斉授業方式はなじまず，個別的な指導にならざるをえない。

　別の言い方をすれば，前者の「教える」営みは形・式・的・平・等・の考え方にもとづくのに対して，後者の「育てる」営みは実・質・的・平・等・の考え方にもとづく。よってたつ教育哲学において大きな差異があるということである。

　また「教える」という営みはその成果が目に見えやすい。教えたことを習得しているかどうかを計測するのは比較的たやすい。計測の指標も手法もかなり開発されている。しかし，「育てる」という営みはその成果が目に見えにくい。

先述のように，内面的な成長をその概念に含んでいるために，計測の指標も手法も十分には開発されていないのである。

ただ，「育てる」営みを切り捨てることはできない。禅の言葉に「啐啄同時（そったく）」という言葉がある。雛鳥が卵から孵るときに自力で中から殻をつつく（啐）だけでは外に出られない。親鳥が外からつついて，殻をつつき，かみ砕いてやらないといけない（啄）。しかし，そのタイミングが早すぎると雛は死んでしまう。また遅すぎても雛の成長に悪影響を及ぼす。ちょうど良いタイミングを見計らって，つついてやる必要がある，ということである。

啐啄同時が意味するのは，成長しようとする相手に適切なタイミングを見計らって教える必要があるということである。教師といえば，とかく「教える」存在であり，「教える」ことが仕事であるかのように錯覚しがちである。しかし，教えること，それ自体が目的なのではなく，「育てる」ために「教える」のであるとすれば，何をどのようなタイミングで「教える」のかということについて，もう少し研究が必要なのではないだろうか。有効なサポートを生徒・学生に提供するためには，生徒・学生の成長過程を把握していなければならない。

プロ野球界で名監督の一人といわれている野村克也の著書に「教えないコーチが名コーチだ」とメジャーリーグではいわれていることが紹介されている。選手が何かやろうとする前に，あれこれとコーチングするのではなく，とりあえず，教えないでやらせてみる。そうすると，すべてにおいてうまくいくわけはなく，必ず何かの失敗をする。その失敗を受けて，失敗の原因を分析し，次に向けて修正する。しかしそれでもうまくいかない。その試行錯誤の過程で，タイミングを見計らって「こうやってみたらどうだ？」とアドバイスをする。それが名コーチというわけである。

野村が野球に関して強調しているように，何ごとも，失敗してもそこに何かを「感じ取り，気づき」，失敗に学ぶこと，それが大事なのである。それが自律的に学ぶということでもある。「失敗させないために教える」のではなく，「失敗させることを通じて育てる」のである。「教えない」ことも「育てる」ことにつながることがありうるのであり，「教える」ことが成長を妨げることも

ありうるのだ。教えすぎることは，時として，自律性を損ない，「指示待ち」の，自分で考えようとしない人間を生み出すことにつながるのである。これは先述の教育の目的に反することである。

　近年，専門職の教育を中心に早期に臨床体験をもたせるプログラムの試行が目立つ。こういったプログラムも上記の「教える」から「育てる」への流れをくむものであるといえよう。つまり，従来のように，まず理論を習得してから現場を経験するということではなく，ある程度の失敗なら（致命的な失敗はまずいが）恐れずに，現場を経験させ，現場がいかに頭の中で考えている理論とは異なるか，頭で理解できているということと実際にできるということとの間にどれほどの距離があるかなどを実体験させ，自己の足らないところ，課題を認識させ，これから先の学習目標を具体化させるのである。一種のエンパワーメントである。

　「いい教育とは何か」という問いには，それこそ，答える人の数だけ回答があるだろう。しかし，教育を受けた時点で，あるいはあとで振り返って「自分の成長につながった」，「自分が育った」と実感できる教育という要素は必ず含まれるだろう。「自分が育つ」ということは，結局何か。それは困難にも立ち向かえる自信を育てること，希望を育むことであろう。もちろん，途方もない夢をもつ場合には，それを適切なものに修正していくような教育も必要であろう。ここでは，単にある数式が解けるかどうか，ある漢字が書けるかどうかといった知識の有無ではなく，生きていくことにつながる智恵と意欲，モチベーションが問題になっているのである。もちろん，基礎的な知識を欠いていては，意欲やモチベーションだけあっても話にならない。しかし，知識だけがあって意欲やモチベーションがない人間を育てるのも，立派な教育とはいえない。ゆとり教育は，ある人々からは従来不十分といわれてきた意欲・モチベーションを高めようとする教育として賞賛されたのに対し，別の人々からは基礎的な知識の欠落につながる教育として非難されてきたわけである。筆者は「どちらが大切か」ということではなく，両方とも大切であり，両者のいずれかが欠けては教育たりえないと考える。ただ両者のバランスをいかにしてはかるかという，

大きな問題がある。

　はっきりいえることは，夢や希望を育てるどころか，踏みにじり，奪い去っていくような営みは教育と呼ぶに値しないということである。実現不可能な夢を追い求めている場合には，現実に目覚めさせ，修正させることは必要であろう。しかし，その場合でも，どこかにヒューマンな温かさが必要である。すなわち，学生，生徒や児童へのいたわり，敬意である。これがあってこそ，人間関係も成立する。人間関係が成立すれば，仮に厳しい叱責があったとしても（どのように叱責するかも重要ではあるが），叱責を受けた側は逆恨みするようなことはないであろう。進路や夢の不本意な修正を求めるときにはとくに，この種のいたわりや敬意が必要である。自分の思い通りにならない教え子を脅したり，怒鳴りつけたりして萎縮させ，無理強いするようなことがあったとすれば論外である。そのような「指導」は相手の人格へのいたわりも敬意もなく，ただ単に夢を踏みにじるだけの行為である。「教育」のめざすところとは真逆であろう。ちなみに，上述したことから当然推測できるとおり，叱責は感情任せではいけない。自己の単なるストレス発散にしてはいけない。当たり前のことだが，筆者自身が学生，生徒，児童だったときに，再三そういう場面に遭遇した。なぜ叱られているのかが理解できないようでは叱る意味はない。

3　学校とは何か？

　さて，この「教える」と「育てる」の差異は，学校に適用すれば，（先述のように）「狭義の学力形成」と「広義の学力形成」に対応する。あるいは「狭義の学力形成」と「人間形成」に対応する。学校の役割が学力形成と人間形成とであるとすれば，まさしく「教える」営みと「育てる」営みはそれぞれに対応することになるのである。

　現在，幼稚園から大学，大学院，さらに語学学校など各種学校まで，個別指導を「売り」に掲げる機関が多い。個別指導は成長につながるということであろう。

しかし，教育計画論の観点からいうと，「教える」営みと「育てる」営みとをどのようにミックスして教育を展開するのかということが問題になる。矢野眞和の指摘するとおり，教育論には「精神論」「制度論」「資源論」の３つの観点が重要である。先の「べ̇き̇論̇」は，善し悪しは別として「精神論」の流れに与するものである。制度論は，ハードウエアとしての制度について論じるものであり，資源論はそのハードウエアに投入することのできる人的，物的，金銭的資源等ソフトウエアについて論じるものである。矢野眞和は日本では，ともすれば教育論議は，精神論→制度論→資源論の方向になりがちで「べ̇き̇論̇」も横行するし，裏付けを欠いた無責任な空理空論も横行すると指摘する（矢野，2001）。

　学問的には，精神論，制度論についてはそれぞれ教育哲学，教育行政学において熱心に論じられてきたわけであるが，資源論については，教育計画論が各種資源，つまりソフトウエアの投入について考察する学問領域といえる。

　この教育計画論において軸となる概念が「効率性」と「平等性」である。先の「教える」と「育てる」という２つの概念についていえば，すでに述べたように「教える」が形式的平等を前提にして効率性を追求し得る（追求せずともいい）のに対して，「育てる」の方は実質的平等をとことん必要とするため，かなり非効率にならざるをえない。資源論の立場から「教える」という営みと「育てる」という営みを，いかにしてミックスするかについては，さまざまに議論されてきた。一方の極端には，かつての大学の講義にみられた1000人，2000人の学生を一つの教室に詰め込んで行われるマンモス講義，マスプロ教育がある。これは「教える」営みの効率性をかなり追求したものである。なるほど効率性は高いが，「育てる」という営みからはほど遠い。逆に今日，多数の機関でみられる少人数教育は「育てる」という営みをかなり追求しているが，効率性は低い。古くて新しい問題であるといえよう。

　ただ，学力論との関係から述べれば，狭義の学力（計量可能な学力）は「教える」という営みと親和的であり，かつての大学の講義のように，効率性を追求することも可能であろう。しかし，広義の学力・人間形成は「育てる」とい

う営みと親和的であり，手間暇かけて教育が行われることになる。

　当然のことながら，資源が乏しくなると効率性を重視する議論が起きてきて，「育てる」営みは疎外される。逆に資源にゆとりができてくると「育てる」営みが広がっていく。

　「求められる学力」と「学校の目的」との関係は，資源論の観点からは以上のように整理される。

　教師にとっては，ここ数年の間に求められる教師像が大きく変化しているが，その変化の最たるものが「教える」教師から「育てる」教師への変化であろう。かつては仮に人間性の面で問題があったとしても，学力をしっかりと身に付けさせ，希望する進学先や就職先へと生徒を送り込むのが有能な教師であった。しかし，現在はそういった「教えた」結果が評価の軸になっているのではなく，「育てる」プロセスが評価の軸になっているのである。クラスの秩序維持をいかにしてはかるか，そしてそのために教師はどのように振る舞うべきか。これらの問題に日夜呻吟しながら，試行錯誤を果てしなく繰り返すのである。

　なぜ果てしなく繰り返すのか？　「教える」行為は，ある程度標準化が可能である。何を教えるか，どう教えるかについて教科教育法や教育学の諸理論でさまざまに検討されている。いわば「教える」行為は，ある程度はマニュアル化になじむのである。しかし，先述の啐啄同時のような「育てる」行為はマニュアル化されにくい。

4　新自由主義と進歩的教育学の奇妙な関係

　さて，ここで論じねばならないのは，新自由主義的な風潮が高まる今，効率性重視の方向に教育も向かっているようにみえるが，しかし，現実の教育界を取り巻く諸問題を考えれば「育てる」営みを充実せざるをえないことであり，このジレンマをどのように解決しうるのか，ということである。これは大いなる難問である。

　しかし，教育をめぐる議論はいつもこの2つの対立軸を中心に展開してきた

表 5-1　学力論争の四類型

	国家・社会の観点から	児童・生徒の観点から
ゆとり教育に賛成	教育過剰論 新自由主義的教育論	児童中心主義的教育論 体験型・参加型学習論
ゆとり教育に反対	国際競争力低下論 学習意欲格差論，階層化論	学習権論 「吹きこぼれ」論

ともいえる。学問中心主義と児童中心主義，効率性重視と平等性重視など，代表的な争点である。

　ただ，それでは，20世紀から21世紀への変わり目前後に展開された学力論争に目新しい点はなかったのであろうか。過去倦むことなく繰り返されてきた議論を蒸し返しただけなのであろうか。

　筆者はそうではないと考える。本書の著者の一人，原清治教授と筆者は2005年1月に共著書，『学力論争とはなんだったのか』（ミネルヴァ書房，2005年）を刊行したが，そのなかで筆者の提示した枠組みでは表5-1の通りである。

　各タイプの説明に関する以下の議論は6年前に執筆したものであるが，ほとんど付け加えるべきことはないので，同書より引用する（ただし，若干の加筆修正を施している）。

（1）タイプ1　「国家・社会の観点」から「ゆとり教育」に肯定的なもの

　このタイプの意見は保守層に広くみられる。いわゆる現代の教育問題の原因は，教育過剰にあるという見解である。政府の供給するべき公教育には適正規模があり，それを超えると望ましくない事態が生じるという考えをもとに，高学歴社会を批判的にみる人々がこれに当てはまる。

　古今東西を問わず，教育過剰論は教育問題が深刻化すると必ずわき起こる議論であり，その意味では新しい議論ではない。しかし，現在提言されている論調はよりラディカルなものと考えられる。たとえば，現代日本でも代表的な保守系の政治家，論客である中曽根康弘元総理と石原慎太郎東京都知事の対談をまとめた『永遠なれ，日本』（PHP研究所，2001年）に，石原氏の発言として次

のような記述がみられる。

> 少し話はそれますが、私は人間の最大の価値である個性を育てるためには、義務教育は小学校限りで十分だと思っています。そのあとは中学校にしても、行きたくなければ行かせなくてもいい。放っておけばいいのに無理に行かせて、当人の資質にそぐわぬものを無理矢理つめこんで教えるから、子どもはキレてしまう。行かせなければ子どもは、ある時期、多少ほかの人間と比べて常識の面では足らなくても、自分が本当に好きなものをけっこう確かに見つけてくるものです。　　　　　　　　　　　　　　　　　　　　　　　（240頁）

石原氏は1969年刊行の『スパルタ教育——強い子どもに育てる本』（光文社）以来一貫して、もっとも重要なのは家庭の教育であるという主張を展開している。『スパルタ教育』は全8章からなる新書であるが、その第7章は「教師に子どもをまかせるな」と題され、たとえば「しつけは、学校ではできない」、「先生をむやみに敬わせるな」、「先生と親の意見がくいちがったときは、親に従わせよ」などの項目が並んでいる。

たとえば「しつけは、学校ではできない」においては、

> 現今、教育ママなるものはそこらじゅうにいるが、実際には、すべて学校任せで、学校で教える教育の内容は問わず、ただ、自分の子がどれだけの成績を取っているかということだけの関心しかない。…（中略）…本来は、家庭で行うべきしつけまでも、学校の先生にまかせきりにしてしまっている。学校の先生にしてみれば迷惑な話だ。学校の先生は何十人かの子どもたちを十把一からげに預かっているのであって、それなりの配慮はしても、そうそう子どもたちの個性に応じた教育をするわけにはいかない。人間の個性をそれほど重視しない社会主義社会ならばべつだが、人間が個性、能力に応じて仕事をなしうる自由を認めた自由主義の社会にあっては、子どもが運命的、宿命的に負うた能力を、減らすも伸ばすも、しょせん家庭の教育であり、学校の教育は、それを補うものでしかない。　　　　　　　　　　　　　　　　　　（188頁）

という議論をしている。石原氏の議論は、学校がどうあるべきかの議論というよりも、世の中の親を叱咤激励する議論であるといえる。

また、作家で教育課程審議会会長・文化庁長官を歴任した三浦朱門氏の発言

として斎藤貴男氏の『機会不平等』（文藝春秋，2000年）には次のように記されている。ちなみに三浦氏が教育課程審議会の会長を務めていたときに，現在のゆとり教育の複線となる答申が出されたという経緯がある。

　　学力低下は，予測し得る不安と言うか，覚悟しながら教課審をやっとりました。いや，逆に学力が下がらないようでは，これからの日本はどうにもならんということです。つまり，できん者はできんままで結構。戦後五十年，落ちこぼれの底辺を上げることにばかり注いできた労力を，できる者を限りなく伸ばすことに振り向ける。百人に一人でいい，やがて彼らが国を引っ張っていきます。限りなくできない非才，無才には，せめて実直な精神だけを養っておいてもらえばいいんです。…（中略）…平均学力が高いのは，遅れてる国が近代国家に追いつけ追い越せと国民の尻を叩いた結果ですよ。国際比較をすれば，アメリカやヨーロッパの点数は低いけれど，すごいリーダーもでてくる。日本もそういう先進国型になっていかなければいけません。それが"ゆとり教育"の本当の目的。エリート教育とは言いにくい時代だから，回りくどく言っただけの話だ。　　　　　　　　　　　　　　　　　　　　　　　　（40-41頁）

　三浦氏は別著『「学校秀才」が国を滅ぼす』（大和書房，2004年）において，この種の議論をさらに展開している。
　なお，斎藤氏によれば，京都経済同友会も前述の石原氏と同じような主張を展開しているということである。ゆとり教育なるものが何をめざしたかは別として，結果としてもたらされた事態については，そんなに大騒ぎすることはないというわけである。あるいは非常に結構な結果だというわけである。ひとつ重要なことは，「できない子ども」と「やる気のない子ども」は区別しておいた方がいいということである。この2つがしばしば混同して議論されがちである。このタイプ1の議論にしても，サポートすべきは「できる子ども」なのか，「やる気のある子ども」なのか，内部でさらに議論が分かれている。
　いずれにせよこのタイプの議論は，多かれ少なかれ，学校に適応しない，あるいは適応しようとしない児童・生徒を無理して学ばせなくてもいいという議論であり，その資源を優秀な児童・生徒の教育に回して有効活用しようという趣旨のようである。したがって，学力低下そのもの，ゆとり教育，現行の改革

そのものの是非よりも，教育資源をいかにして有効活用するかという議論のひとつであると考えるべきかもしれない。なお，教育内容に関しても，このタイプの議論に与する人には，現行のカリキュラムには不満を抱いている者が多いようである。つまり，道徳，宗教などの情操面の教育をもっと重視せよという議論が多くみられるのである。

　確かに，学校教育に目的意識もなく渋々参加する不本意就学の児童・生徒が増えるにつれ，学校が学級崩壊など機能不全の状況に陥るのは事実であろう。しかし，やりたいこともないのに無理して学校に来ずとも，現代日本には放送大学，通信制大学，社会人大学院，カルチャーセンターなどなどふんだんに生涯学習の機会があるのであるから，いったん社会に出て労働を経験してから，必要を感じれば学校へ戻ればいいというのも一理あるように考えられる。その方が目的もやる気もなく学校に通い続けるよりも，児童・生徒にとっても，教師にとっても，そして公教育を財政的に負担するにタックス・ペイヤーたる国民にとっても幸福であるというわけである。児童・生徒にしてみれば，興味のない勉強を強いられず，解放されるのである。教師にしてみれば，わからない授業に飽きて荒れる教室を経験せずに済むわけである。国民にとっては税金が有効に使われるようになり，これまでのように学校が学級崩壊だの私語の蔓延だののために全く機能不全という状態ではなくなるのであるから，納得がいく，というわけである。

　もちろん，次にみるタイプ2の論者から反論があるように，人生の早い時期に学習するということに価値を見いだす，学習するという習慣を身に付ける訓練をしておかないと，技術革新などのため将来職場で求められる能力が変化したときに，自分で学習して新しい状況に対応していく能力が養成されない，という見方もある。つまり，せっかくの生涯学習機会を生かす能力を養成しておかないと，そういう児童・生徒は学校へ戻ってこないというわけである。しかし，タイプ1の論者からすれば，学校で学ぶことにこだわるのが，そもそもおかしいということになるのである。すなわち，学校という組織になじまない子どももいるのであり，そういう子どもを長く学校という場にとどめておくのは，

本人はもとより周囲の人間にとっても何のメリットももたらさないというわけである。

　現代社会は，あたかも学校が教育を独占しているようにみえ，教育問題といえば学校の問題であるかのように考えられるきらいがある。しかし，本来は，教育という人間の根元的な営みは家庭でも地域社会でも学校以外の組織でも行われているはずであり，教育の総量というものを想定すれば，そこに学校が占める割合は大きいだろうが100％ではありえない。学校が，学校外の教育という営みをどんどん包摂していき肥大化すると同時に，学校外の教育がどんどん弱体化していくのは現代社会の特徴のひとつであるが，学校にそこまで教育の責任を押しつけるのはおかしいという考え方も根強くある。

　確かに，人間は日々学習しているわけであり，すべての児童・生徒が学校で組織化された形で勉強し続ける必要はないともいえる。自分に適合する学習形態を選択し，学習すればいいのであり，定型化された形ではない，学校で教えられない形の知識・技術などは学校外で学習せざるをえない。現在子どもの生活において学校の占めるウエイトが大き過ぎるので，家庭や地域社会と連携して子どもの教育にあたるべきであり，学校教育をもう少しスリム化すべきという主張もこのタイプの論者にはみられるわけである。

　そして，学校教育をスリム化した後は，その余剰資源を学校で勉強したい，やる気のある子に振り向けるというのである。資源の有効利用という観点もこの議論には含まれるというわけである。しかし，現実には低学歴化が起こる見込みは少なく，このタイプの論者にも，分岐型教育システムになる，あるいはそうすべきだという見解がみられる。刹那的な若者がいていいじゃないかという議論である。つまり，ゆとり教育中心の教育を受け，AO入試（推薦入学にみられるような，高校での学業成績や面接などを総合的に考慮した選抜方法）で非ブランド大学に入学する，あるいは高校卒業後即就職する児童・生徒と，旧来型に近い教育を受け，選抜の厳しい入試を受けブランド大学に入学していく児童・生徒，さらに，小さい頃からおけいこごとに通わされ名門の私立幼稚園・小学校を「お受験」していく児童・生徒とに分かれるとみるわけである。

このような分岐（＝トラッキング）を肯定的にとらえるのがこのタイプである。当然，学力が低い子どもを切り捨てようとする考え方だとの批判もある。

　このタイプの議論に投げかけられるもうひとつの批判として勉強したいとか，勉強ができるとかいった基準だけで，学校教育を受けるにふさわしい子どもが選ばれるのはおかしいという見方がある。つまり学校教育は，狭義の勉強の場であるだけではなく，人間形成の場（広義の勉強）でもあるのだから，勉強ができないとか，やる気がないとかいうことをもって，学校で学習する権利が取り上げられるのは納得いかないという考え方であり，タイプ1の論者のもつ学校観にそもそもなじめないという考え方である。こう考える論者からの反発もかなり広範にみられることは記しておく必要がある。

（2）タイプ2　「国家・社会の観点」から「ゆとり教育」に否定的なもの

　これは学力低下が，一国の，あるいは当該社会の活力（ことに経済力）の減退につながるという議論である。しばしば，オイルショック以降の欧米諸国が例として取り上げられている。

　1957年にソビエト連邦が人工衛星スプートニク1号を世界に先駆けて打ち上げ，自国の科学技術力の絶対的優位を信じていたアメリカ合衆国と西側諸国に大きな衝撃を与えた。これは大陸間弾道弾の実用化を可能にするもので，国防上も大いに問題とされた。ほぼ同時期に，アメリカ合衆国はバンガード・ロケットの打ち上げに失敗し，「ミサイル・ギャップ」の議論がわき起こった。

　さて，スプートニク・ショックが起きたときに，「現代化カリキュラム」がスタートする。現代化カリキュラムは，教科内容の構造化とか発見学習とかのキーワードで知られるが，つまるところ，次のように集約できる。つまり，1940年代から50年代半ばまでアメリカ合衆国（そして日本も）の教育界をリードしてきた，デューイやパーカーストの経験主義的，問題解決型学習は，（現在展開されている議論と共通するところが大きいのだが）児童・生徒の身近な題材を取り上げ，また参加・経験や実験・実習を重んじるため，動機づけという点では非常に大きな役割を果たしたわけである。しかし，系統性に欠けると

いう問題点は大きく，とくに体系的な学習が必要とされる領域では，この問題はいわゆる学力低下という問題として顕著に現れるわけである。

　スプートニク・ショック後，盛んにソビエト連邦に対する科学技術面での遅れの「犯人探し」が行われた。そして「教育」に問題があるということになるわけである。現在の日本と同じように，英語や数学の学力低下が大新聞でセンセーショナルに論じられた。これを受けて，1958年に「国家防衛教育法」が成立し，外国語，数学，科学の学習強化が謳われた。優秀な科学技術者の養成ということが国家の優先する目的となり，教育にテコ入れがされたわけである。ただし，実験・実習を通じて発見する喜びを児童・生徒に感じさせ，自発的な学習を促すという「発見学習」の提唱もこの時代に行われていることには留意が必要であるのだが……。

　しかし，その後，マイノリティ・ムーブメントなどの影響を受けて「現代化カリキュラム」が，「人間化カリキュラム」に取って代わられる。このカリキュラムは「人間化」という甘美な名のもとに，選択科目を大幅に導入し，学習者の意欲・関心を尊重するという形で実施された。このカリキュラムは結果として，単位取得が容易な非アカデミックな教科を選択する者の増大と，アカデミックな教科を選択する者の減少を招き，深刻な学力低下を招いたとされている。もちろん，こういった過度に単純化した議論には，苅谷剛彦をはじめ，いろいろな反論がある。アメリカ合衆国での議論・反論を詳細に説明するのは本章の目的ではないので省くが，こういった深刻な学力低下の認識に立ち，有名な『危機に立つ国家』(1983年) 以下の報告書・学術書が出版され，政策化され，学力向上に向けて取り組んでいるという欧米のイメージが，このタイプの論者の多くには抱かれているわけである。ここが重要なポイントである。他方，日本は，同様の問題に直面しているにもかかわらず，さらなる学力低下を引き起こしかねない学習指導要領の改悪に踏み切った，とみるのがこの立場の人々の共通項であると考えられる。この立場の人々は学力が低下しているということを，統計的データを次から次へと提示することによって説得しようとするのが特徴である。

そして、この学力低下は単に教育の世界での問題にとどまらず、そういったカリキュラムで教育を受けた子どもたちが成人して社会へ出た以降も尾を引くのであり、基幹労働力の質の低下、技術開発のポテンシャルの低下などを引き起こし、中期的に国家・社会の国際競争力、経済的地位に影を落とすというわけである。こういったタイプの著書には「国を滅ぼす」といった副題がしばしばつけられるのは、そういった背景があるわけである。小堀桂一郎の編著書『「ゆとり教育」が国を滅ぼす——現代版「学問のすすめ」』（小学館、2002年）などはまさにそうした観点からの代表例である。

なかでも西村和雄の議論はエスカレートして、2002年12月13日付の産経新聞19面の「正論」欄では「ゆとり教育の是正が先決——学力調査実施しても実態は分からぬ」との題のもとに、次のような非常に（ご自身も認めているように）極端な論を展開している。

> ……極端な例えと思うが、拉致問題は存在しないと言い続けてきた北朝鮮政府と、学力低下は存在しないと言い続けてきた日本の文科省は似てなくもない。とはいえ、文科省でも、旧科学技術庁や旧学術国際局は韓国で、教育政策部門が北朝鮮なのであろう。
>
> 世界の流れに抗して、急進的な「ゆとり教育」思想を維持する、国民の批判に耳を傾けない行政などは、確かに社会主義的である。

さらに西村氏の舌鋒は国立教育政策研究所に向かう。

> ここで重要な役割を果たすはずなのが国立教育政策研究所（国教研）である。ところが、マスコミの報道を読むと、教育についての調査を担当する国教研の職員が、学力調査結果について、都合の悪いデータを無視して、一部のデータを過大解釈しているケースがある。
>
> 国教研の中でも、個人的には、学力低下を深刻に受けとめている人が多い。それでも、公的には、学力低下を認めないように圧力を受けているようだ。驚くことに、すでに文科省を辞めた人達の中にすら、いつも何かの影に怯えている人がいる。これでは国教研は、まるで特殊な諜報機関ではないか。

この論説はともかくとして、このタイプの議論は、タイプ1やタイプ3の議

論と違って，基本的に生徒の自主的な学習に過度の期待を寄せないというか，生徒や児童は将来の自分にとって必要な学習を的確に把握しているわけではないとみるわけである。つまり，もう少し学問的な用語でいえば，自らの学習ニーズを的確に把握した「成熟した学習者」ではないとみるわけである。したがって，本人の現時点での意思よりも，社会なり学校なりが生徒や児童の将来を見据えたプログラムを責任をもって提供する方がいいという発想に立っていると考えられる。また，タイプ1の議論とは違って，タイプ2の論者は基本的に高学歴化を望ましいこと，あるいは無理して変える必要のないトレンドであると考えている。

この点がタイプ1の論者より批判されるところでもあって，「学校教育の普及」が自動的に「学習（および学習習慣）の普及」をもたらすわけではない（つまり，不本意就学の増大）し，タイプ2の論者が学校至上主義（学校以外の教育の可能性を考慮しないし，その可能性があったとしてもつみ取っていく）といわれるゆえんでもある。しかし，学力の意味するところが，一定レベルの知識や技術であれ，問題解決能力であれ，生涯学習能力であれ，生きる力であれ，なによりも公教育がその育成に責任を負うべきと考えるわけである。家庭によって教育観がまちまちであるから，育ってきた子どももまったく多様というのは望ましくなく，したがって，公教育は均質で質の高い教育サービスを提供すべきであり，指導要領の内容の削減にも，教科の選択制にも，学校の自由選択制にも基本的に反対という立場である。

しかし，タイプ1同様に，このタイプの論者にもエリーティズムを感じるという者も多くいる。つまり，このタイプ2の論者には，学校という場で成功してきた人たちが多く，そういう人たちの成功体験をもとに学校や教育のあるべき姿が定められていくことに抵抗を感じる人は多いのである。審議会などはもともと各界の名士が集まるものであり，おおむね学校で成功体験をもつ人たちである。そういう人たちが，自分の成功体験をもとに日本の学校のあり方を定めていくわけである。しかし，教育観・学校観は驚くほど多様であり，その多様な教育観・学校観が，このタイプ2の論者や審議会委員にどの程度理解され

ているのかは常々疑問視されているのが実状である。

　つまり，学校教育がどうあるべきかという議論は，少なくとも「お偉いセンセーたち」が集まれば結論に達するというものではないということである。経済の問題と違って，「お偉いセンセーたち」は一般大衆よりも先見性があって，有効な政策，提案を打ち出すことができるというのは過剰な期待というわけである。現に，こういった認識から苅谷は教育においても地方分権的な行政を望ましく考えているのであり，実はこのタイプ2の論者も内実は多様であるわけである。念のためにいっておくが，苅谷はこのタイプ2に分類するのが適当とは考えられない。というのは，西村などが「ゆとりカリキュラム」をほぼ全面的に否定するのに対して，苅谷はその効用をある程度認めている——ただし，基礎学力がある子どもに対して，という意味であるが——からである。

（3）タイプ3 「児童・生徒の観点」から「ゆとり教育」に肯定的なもの

　これは，学習内容の削減に賛成というよりも，ゆとり教育によってなにが可能になるかを重視し，そこで展開される教育実践を評価する見解である。こういった議論を象徴するものとして，加藤幸次と高浦勝義の編著『学力低下論批判』（黎明書房，2001年）を挙げたい。なお，梅田正己（2001）や岩川直樹と汐見稔幸の編著（2001）も，基本的に同様の主張を展開している。

　加藤の書いた「はしがき」にその主張が端的に示されている。

　　　しかし，こうした時数を多くかけ，知識の暗記量を増やそうとする考え方はIT時代にふさわしくない。知識や情報はコンピュータによって大量かつ豊かに瞬時に手許に届く時代である。したがって，今後は，問題解決能力こそ学校が目指すべき学力の内容であるべきである。社会をめぐり，自然をめぐり，自分自身をめぐって，子どもたちはいろいろな問題に興味を持っているに違いない。さらに，人類は世界のグローバル化に伴って，かつて当面したことのない新たな困難な問題を解決していかなければならない。まさに，環境問題，国際問題，情報化に伴う問題に代表される困難な問題を創造的に解決して行く力を育てて行くことこそ，今後の学校教育の最大の目的である。すなわち，子どもたちは，グローバル社会における「地球市民」として「生きて」行かねばなら

ないはずである。　　　　　　　　　　　　　　　　　　　　（3頁）

　加藤によれば，学力低下論は経済不況と政治的閉塞状況が生み出す政治的プロパガンダであり，「"時代の狂気"にも似た展開」ということになる。
　このタイプの議論を一言でまとめると，ゆとりの教育によってもたらされる，総合的な学習の時間において展開される学習内容こそが，今後の学校教育に求められるモデルということである。それはグローバル教育とか，国際理解教育とか呼ばれるタイプのものであったり，コア・カリキュラム的なものであったり，いわゆる「豊かな人間性を育む」カリキュラムとか「心の教育」なるものに他ならない。なお，このタイプの議論には，往々にして地球市民の育成だとか，自国民中心主義からの脱却といったイデオロギー的な主張を展開するものがみられる傾向がある。
　しかし，すでに述べてきたように，現在このタイプの教育理念・実践は，学力低下批判にさらされている。この学力低下批判に対して，このタイプの論者は，「いたずらに政治的にあおり立てている」「具体的根拠がない」などと反論しているわけである。確かにこれまで，一般世論は一方的な知識詰め込み型の学力偏重の学校教育を厳しく批判してきたはずであり，受験競争から子どもを解放することを謳い文句にしてきたはずである。それが児童中心主義を現実化するカリキュラムが実行されると，批判にさらされるのは理解できないというところであろう。要は多様な学力がこれからの社会では求められており，これまでの偏差値にもとづく一元的な学力序列で，できる子とできない子を切り分けていくのではなく，それぞれの子どもがそれぞれの能力を生かせる社会づくりをめずそうというわけである。
　しかし，タイプ2の研究者たちから頻繁に寄せられる声としては，このタイプの議論では「ゆとり教育」の効果が示されていないということになる。つまり，これまでの教育問題の根源が画一的な「ゆとりのない新幹線授業」にあったとするならば，「ゆとり教育」によって不登校，引きこもり，校内暴力や学級崩壊が大幅に削減されたという具体的証拠を出せというわけである。あるい

は「ゆとり教育」が時間をかけて基本的なことを丁寧に教えるので，子どもが基礎をしっかり理解できて自発的な学習意欲を高める（外発的要因によって嫌々学習を強いられるのではなく）というのならば，旧来の意味の学力も向上するということであり，そのデータを示せというわけである。確かに，「教育は質的な営みであるからデータの形では示すことはできない」というだけでは，説明責任を果たしているとはいえないと考えられる。

ただ，ADHD（注意欠陥・多動性障害）やLD（学習障害）の子どもに対する対応など，「特別な教育ニーズ」への配慮が強調される現在，どんなにゆとり教育が批判されようとも，ゆるやかに（他の子どもとの競争ではなく）自分のペースで進んでいかざるをえない子どもがいること，また結局は，学力向上という面からみてもこの方法がその子どもにとってベストであるというケースを忘れてはならないと考える。その意味で，ゆとり教育を主張する人々を過度にイデオロギカルな色眼鏡でみるばかりでまったく受け付けないというのも考え物である。

これに関して筆者が強調したいことが2点ある。学習方法において経験・実習・実技を取り入れ多様性を求める動向と，学習内容を切り下げる動向の2つを区別する必要があるということが，筆者の主張したい1点目である。後者は学力向上という点からみてまずいにせよ，前者は苅谷の提示するデータにもあるとおり，むしろ基礎のできた子には非常に効果的な学習方法であるということで，一概に否定されるべきではないということである。また主張したい2点目は進度についてで，同じ年齢段階だからという理由だけで，子どもの発達段階や心理的要因を無視して画一的に進まねばならないというのは暴論で，子どもにとっても教師にとっても，また学校にとっても親にとっても国家にとっても，不幸な結果しかもたらしかねないように考える。

さて，このタイプの論者は2通りに分かれる。いずれも「ゆとり教育」の理念には賛同するのだが，現行の改革を支持する者と支持しない者に分かれるのである。現行の改革では「ゆとり教育」の趣旨が十分に生かされえないと判断する者は，よりコミュニティ・ベースの学校づくりや，私立学校（とくに中高

六年一貫校）に対する規制の強化や，大学入試の大幅な改革を訴えている。

（4）タイプ4　「児童・生徒の観点」から「ゆとり教育」に否定的なもの
　朝日新聞の2002年3月の「Opinion Voice」の欄に次のような声が寄せられている。投稿者は主婦の方で，『世の中やはり「お金」なのか』と題されている。

> ……3人の息子を育てる私にとって，身近な教育に関しても矛盾だらけ。空き教室が増えるなか，40人が1クラスに押し込められて，なにが「ゆとり」なのか。学習内容を3割減らされ，経済的に余裕のある家庭は塾に通わすこともできるが，わが家はとても通わせられない。やはり「お金」なのか。寂しい。……

　これもまた，かなり広くみられる意見である。この意見の要諦は，いささか大仰な表現を用いれば，学習内容削減は学習権の侵害である，というところにある。学習内容が削減された場合，裕福な層は私立学校へ行くか，公立学校へ行ったとしても塾など学校外教育に資金を投入することによって対応することが可能である。しかし，その余裕をもたない家庭は，公立学校で展開される削減されたカリキュラムで教育を受ける以外ないのが実状である。これは，従来，公教育の範囲でカバーしていたものを，公立学校の枠外に投げ出すことによって，従来であれば保障されていた学習内容が，一部の子どもを除いて，受けられなくなるということに他ならない。これはその子どものもつ学習権を侵害するということになるわけである。
　また，朝日新聞2004年4月25日付朝刊8面の「転機の教育──国の関与」でも，「『ゆとり』『格差』に疑問」「教育費が家計を圧迫」という見出しのもとで，同じ趣旨の読者の反響を掲載している。
　確かに，これまで大学入試は「学習指導要領の範囲を逸脱しない」ように行われるべきものと考えられてきたといういきさつがある。だが，寺脇研(2001)が再三指摘するところでは，学習指導要領はミニマム・リクワイアメ

ント（必要最小限）である。しかし，もし，そうだとすると，入学入試はミニマム・リクワイアメントさえも越えない範囲でやるということになるのであろうか。もし，そうでないとすれば，学習指導要領の範囲を超える学習指導を受けられる教育機関に，わが子を送り込もうとする家庭が増加するのは自明のことといえよう。大学入試ばかりではない。小松夏樹（2002）は国立・私立の中学・高校の入試問題について同様の指摘をしている。ちなみに，小松は，このミニマム・リクワイアメント論は，どこにも明記されておらず，2000年までにもそのような説明はなく，今なお文部官僚の間で説明が一貫しないと指摘している。

　これとは少し異なる視点からではあるが，「落ちこぼれ」ではなく，「吹きこぼれ（吹きこぼし）」の発生を加速させるという見方もある。つまりこれまでの授業は，「できる子ども」にでも「できない子ども」にでもなく，「平均的な子ども」に焦点を合わせてきた。今回の改訂は，「できない子ども」が，「学校が楽しく」なり「100点を取れるような授業」にするために学習指導要領を大幅に削るという見方をすれば，やや「できない子ども」に焦点がシフトしているともいえるわけである。しかし，これで楽しい学校づくりができるなどというのは幻想だというのが，この立場に立つ人びとの主張である。「できる子ども」はよけいに授業内容に飽きていくのであって，試験をすれば確かに100点を取るであろうが，こういう子どもにとって学校は一層「楽しくない」場になるというわけである。100点を取れたら楽しいというわけではないのだというのである。いわゆる「落ちこぼれ」ではなくて，「吹きこぼれ（吹きこぼし）」となる子どもが増えるというわけである。

　現実に教壇に立つ人に尋ねると一様に返ってくる答えは，どんなに学習指導要領の内容を削ったところで，すべての子どもに100点を取らせるのは至難の業である，ということである。「学習内容の削減→全員が100点→楽しい学校」という寺脇にみるような発想は，確かにあまりにも短絡的というほかないであろう。

　対極的なタイプ1とも共通するところがあるのだが，要するにこれまでの教

育改革とは「勉強したくない子ども，勉強のできない子どもにいかに勉強させるか」ということにばかり心血を注いできたとみるわけである。その結果，甘い名のカリキュラムや教育方法が取り入れられたり，あるいはレベル・ダウンをしたりという結果につながることが頻繁にあったとみるわけである。しかし，「勉強したい子ども，勉強のできる子ども」のことは忘れ去られているとみるわけである。

（5）4つのタイプを総括して

　以上，4つのタイプを概観してきたわけだが，この結果何がいえるであろうか。かつては教育論争の大きな対立は「(旧)文部省 対 日教組」という図式に絡め取られてきた。これはイデオロギー的な対立をも含み込むわけである。具体的には「国家的，社会的要請から教育のあり方を決める」か「児童・生徒（あるいは親）のニーズから教育のあり方を決める」かという対立であり，かなり乱暴に統括すれば「タイプ1＆2 対 タイプ3＆4」という図式がみえていたわけである。

　ところが，今日の状況はかなり異なる。「(国家・社会の要請や周囲の期待よりも)児童・生徒本人の自主性・適性・興味を重んじる結果，政府の政策的介入を極力避ける（やりたくない子どもはやらなくていい）」か「(児童・生徒の好き勝手な選択に委ねず)国家・社会の要請や周囲の期待に応えることを重んじ，政府の政策的介入を要請する（やりたくない子どももやる）」かという対立になり，「タイプ1＆3 対 タイプ2＆4」という図式になっているわけである。ここに児童・生徒の自由な選択を尊重するということで，新自由主義者と進歩的教育者たちが奇妙な連携をする素地があるということになる。

　さらに，わかりやすく，しかしかなり乱暴にいえば，教育を「購入する意思のある人，購入する資力のある人」が，さまざまな価格のついた，多様な商品のなかから自由に選択する（あるいは選択しない自由がある）社会と，できるだけ質の高い，しかもどこでも均質な教育サービスが（購買意思の有無，購買力の有無にあまり関係なく）多くの人びとに行き渡るべきであるという考えに

もとづく社会との対立ともいえるわけである。つまり教育を（価格のついた多様な）商品的なものととらえるか，（無償ないしは安価な国家・社会の提供すべき）基本的なサービスである福祉的なもの，社会的インフラととらえるか，という図式ととらえることもできるわけである。

　ただ，対立する見解であるにもかかわらず，いずれも真実の一端をついているわけであり，全面的にピントはずれなどという見解はない。ただ，どういう子どもに当てはまるのかが問題であり，一部の子どもに当てはまる見解をすべての子どもに当てはめようとすると，そこで軋蝶が生じるのは当然のことと考える。

5　学力調査の流行

　こういった学力論争の流れは，今どうなっているのであろうか。あるいは，これからどうなっていくのであろうか。

　この学力論争のさなか，いくつかの新しい学力調査が実施されることとなる。古くから行われている IEA（国際教育到達度評価学会）による TIMSS に加えて，OECD 加盟国の PISA（学習到達度調査）が始まった。2000年から3年おきに3領域に関して行われているこの調査では，2006年にフィンランドが各領域で上位を占め，北欧教育ブームを巻き起こした。その後2009年に65の国・地域が参加して行われた最新の PISA では上海が各領域とも1位を占めた。TIMSS と PISA とではさまざまな点で違いがあり，前者は旧来の学力観に基づくテスト，後者は新しい学力観に基づくテストといわれている。また，参加している国においても大きな違いがある。個々の国のランクも両テスト間では大きな違いがあり，たとえば，フィンランドは前者の試験においてはさほど上位に来ていない。

　いずれにせよ，ドイツで「PISA ショック」が叫ばれたように，こういった学力調査が行われ，個々の参加国の教育政策が見直されるきっかけになったり，ある国の教育政策が賞賛の的になったりするなどの現象が見られる。「（表面的

表5-2 TIMSS 2007の結果（小学校4年生）

算数		理科	
1 香港	607	1 シンガポール	587
2 シンガポール	599	2 台湾	557
3 台湾	576	3 香港	554
4 日本	568	4 日本	548
5 カザフスタン	549	5 ロシア	546
6 ロシア	544	6 ラトビア	542
7 イングランド	541	7 イングランド	542
8 ラトビア	537	8 アメリカ	539
9 オランダ	535	9 ハンガリー	536
10 リトアニア	530	10 イタリア	535

（出所）国立教育政策研究所HP。

表5-3 TIMSS 2007の結果（中学校2年生）

数学		理科	
1 台湾	598	1 シンガポール	567
2 韓国	597	2 台湾	561
3 シンガポール	593	3 日本	554
4 香港	572	4 韓国	553
5 日本	570	5 イングランド	542
6 ハンガリー	517	6 ハンガリー	539
7 イングランド	513	7 チェコ	539
8 ロシア	512	8 スロベニア	538
9 アメリカ	508	9 香港	530
10 リトアニア	506	10 ロシア	530

（出所）国立教育政策研究所HP。

表5-4 PISA 2009の結果

数学的リテラシー		読解力		科学的リテラシー	
1 上海	600	1 上海	556	1 上海	575
2 シンガポール	562	2 韓国	539	2 フィンランド	554
3 香港	555	3 フィンランド	536	3 香港	549
4 韓国	546	4 香港	533	4 シンガポール	542
5 台湾	543	5 シンガポール	526	5 日本	539
6 フィンランド	541	6 カナダ	524	6 韓国	538
7 リヒテンシュタイン	536	7 ニュージーランド	521	7 ニュージーランド	532
8 スイス	534	8 日本	520	8 カナダ	529
9 日本	529	9 オーストリア	515	9 エストニア	528
10 カナダ	527	10 オランダ	508	10 オーストリア	527

（出所）文部科学省HP。

な）学力テストの結果に一喜一憂している」と苦々しく見る人もいれば，国際的に学力・学力政策に関する共通理解が高まり，また世界の関心も高まっていると肯定的に評価する人もいる。

また，日本国内においても，学力低下に対する厳しい批判を受けて，2007年より毎年，全国学力・学習状況調査が小学校6年生，中学校3年生を対象にして行われている。日本の教育に責任を負う文部科学省が子どもたちの学力，学習実態に関するデータを蓄積しておらず，正確に把握していないことが冷静かつ客観的な建設的学力論の妨げになっているとの批判を受けてのことである。

表5-5 2010年全国学力・学習状況調査の結果

	小学校			中学校	
1	秋田県	44.8	1	福井県	68.3
2	福井県	42.5	2	秋田県	67.6
3	青森県	42.3	3	富山県	66.1
4	京都府	42.0	4	岐阜県	65.1
5	広島県	41.8	5	石川県	65.0
6	鳥取県	41.7	6	群馬県	64.4
7	東京都	41.4	7	静岡県	64.3
8	石川県	41.3	7	香川県	64.3
9	富山県	41.2	9	青森県	63.9
10	岩手県	41.1	10	鳥取県	63.7
10	香川県	41.1			

（出所）文部科学省HP。

当初は悉皆調査だったが2011年からは約30％の抽出調査に変更された。文部科学省レベルでは，都道府県単位で結果が公表されている。それ以上の細かい実態（たとえば市町村別統計）を公表するかどうかは各自治体の判断にゆだねられている。

なお，かつては1950年代から1960年代にかけて全国的な学力調査が行われた。これについては山内乾史・原清治監修（2011-2012）を参照されたい。

いずれにせよ，こういった学力テストが，ただ単に学力を巡る国際（国内）競争をあおるだけのものに終わらず，子どもたちの学力実態，学習実態を的確に把握し，客観的な学習指導に関するデータを提供するならば，学力に関する冷静な建設的議論も生まれてくるであろう。

6　社会人基礎力など

もう一つ，新しく求められるようになった学力として，社会人基礎力や人間力といわれる学力がある。これらは若年就労問題が深刻化するようになって提起され始めた，就職するために必要な力を表わしている。

こと，大学生に限っては，かつては大学は学問をするところで，新たに何かの学力を身に付ける場所ではないという考え方も広くみられた。すなわち学力を習得する場所は高等学校以下であるということである。

学校の目的は学力形成，人間形成であると先に述べたが，究極的には「社会に出るための準備をする」場所ともいえる。もちろん，その準備とは職業的準備に限定されないのだが，職業教育や，職業世界で必要とされる汎用的能力

表5-6　社会人基礎力（経済産業省）

前に踏み出す力	主体性，働きかけ力，実行力
考え抜く力	課題発見力，計画力，創造力
チームで働く力	発信力，傾聴力，柔軟性，状況把握力，規律性，ストレスコントロール力

（出所）　児美川（2011）より。

表5-7　就職基礎能力（雇用労働省）

コミュニケーション能力	意思疎通，協調性，自己表現能力
職業人意識	責任感，向上心・探求心，職業意識・職業観
基礎学力	読み書き，計算・整数・数学的思考力，社会人常識
ビジネスマナー	ビジネスマナー
資格取得	情報技術関係，経理・財務関係，語学力関係

（出所）　児美川（2011）より。

（ジェネリック・スキル）の育成などを通じて「社会に出るための準備をする」ことへの要請は，今日の若年就労状況を受けて，大いに高まっている。

　ただ，誤解のないように述べておくならば，これらの議論が言わんとするのは，大学なり学校なりが職業準備に大きく傾斜するべきということではなく，日々の教育の上でもう少し，意図的に職業的能力，ジェネリック・スキルを養えるような，体系的なカリキュラムづくりを職業教育の面から押してほしいということである。たとえば，プレゼンテーション能力やコミュニケーション能力の育成といっても，それに特化した科目を一つ立てるということではなく，既存の教科の内部で，その教科の知識・技術・スキルを身に付けながらも，その教育方法に工夫を加えて，職業的能力，ジェネリック・スキルをも身に付けられるようにすべきだということである。現在，大学において盛んに行われているAP（Admission Policy），CP（Curriculum Policy），DP（Diploma Policy）作成の試みはその具体的現れであるといえよう。

7　結　　論

　要するに「求められる学力とは何か」という問いに対する一律の答えはない

ということである。「教育」も,「学校」も,「学力」も論じる人の数だけ定義がある。われわれは自分で考えるほど,認識を他者と共有していないのである。そして,そのこと自体を認識し,他者と共有することによってこそ,実りある学力論も展開されることになるのである。

学習の課題

(1) 本章でも述べたとおり,現在,PISA,TIMSSなどの国際学力調査に加えて,日本でも全国学力・学習状況調査,各自治体独自の学力調査など,学力調査が盛んに行われている。これらの調査は何のために行われるのか,またこの種の調査を支持する人々と批判する人々,それぞれの根拠は何か。検討して整理してください。

(2) 学力論は昔から盛んに戦わされている。戦後日本の学力論争には,勝田=広岡論争,坂元=藤岡論争などがある。これらの論争は何をめぐって議論していたのか。またこれら過去の学力論争と今世紀初頭の学力論争はどのように異なっていたのか。検討して整理してください。

参考文献

石原慎太郎 1969『スパルタ教育――強い子どもに育てる本』光文社。
岩川直樹・汐見稔幸編著 2001『学力を問う――だれにとってのだれが語る学力か』草土文化。
梅田正己 2001『「市民の時代」の教育を求めて』高文研。
加藤幸次・高浦勝義編著 2011『学力低下論批判』黎明書房。
小堀桂一郎編 2002『「ゆとり教育」が国を滅ぼす――現代版「学問のすすめ」』小学館
小松夏樹 2002『ドキュメント ゆとり教育崩壊』中央公論社。
児美川孝一郎 2011『若者はなぜ「就職」できなくなったのか――生き抜くために知っておくべきこと』日本図書センター。
斎藤貴男 2000『機会不平等』文藝春秋。
寺脇研 2001「ミスター文部省 寺脇研が疑問・批判に答える」『論座』第68号,朝日新聞社,70-77頁。
中曽根康弘・石原慎太郎 2001『永遠なれ,日本』PHP研究所。
野村克也 2011『私が野球から学んだ人生で最も大切な101のこと』海竜社。
三浦朱門 2004『「学校秀才」が国を滅ぼす』大和書房。
矢野眞和 2011『「習慣病」になったニッポンの大学――18歳主義・卒業主義・親負担主義からの解放』日本図書センター。

山内乾史・原清治 2005『学力論争とはなんだったのか』ミネルヴァ書房。
山内乾史・原清治編著 2006『学力問題・ゆとり教育（リーディングス「日本の教育と社会」第Ⅰ期第1巻）』日本図書センター。
山内乾史編著 2008『教育から職業へのトランジション——若者の就労と進路職業選択の教育社会学』東信堂。
山内乾史・原清治編著 2010『論集　日本の学力問題　全2巻』日本図書センター。
山内乾史・原清治監修 2011-2012『戦後日本学力調査資料集　全24巻』日本図書センター。

（山内乾史）

第6章　学習の動機づけ

　意欲とは目標志向行動を生むエネルギーをいうが，変動的・安定的両面あり把握しづらい。意欲の働きは，外からの働きかけが心理的変化をひきおこし，その変化が認知・感情・行動に表われる動機づけの過程に由来する。一般に行動喚起の自発性と目的‐手段性の視点から内発的動機づけ・外発的動機づけの区別がなされるが，自己決定の程度により後者が前者の性質を帯びる点に留意すべきである。

　また，学習意欲を問題にする場合，行動維持・調整の働きにまで視野を広げるとともに，学習行動とそれを制御する認知的過程に着目する必要がある。意欲は期待と価値によって規定されるが，とりわけ自己効力感は重要な役割を果たし，原因帰属という思考様式と努力の概念・知能観のあり方を踏まえた学習者の動機づけが必要である。

　近年，日本の子どもたちの学習意欲の低下が指摘されており，学習課題達成に適合的な学習環境を整えていく支援が不可欠となっている。ここではARCSモデルを参照し，注意・関連性・自信・満足感の4つのクラスタに関わる学習環境整備の方法を概説するとともに，知的好奇心を引き出す授業工夫を提案し，自己効力感を育む経験について考察を加えた。

1　動機づけという心理過程

（1）動機づけと意欲

　レストランのお客は「もっとおいしいものを食べたい」と店にやってくる。店主は「もっと多くの人においしい料理を味わってほしい」と料理に打ち込む。

こうした「人間の行動を一定方向に向けていく意識や潜在的なエネルギー」（速水，1998：2），「ある目標を達成するために行動を起こし，それを持続し，目標達成へとみちびく内的な力」（桜井，1997：3）を動機づけという。同様に，意欲も行動をひきおこすエネルギーを意味する。ただし，日常的に「おいしい料理を作ろうとする意欲」とはいうが，「おいしいものを食べようとする意欲」とはいわない。「動機づけ」という語は何か目標に向かって，それを獲得あるいは達成しようとする行動に幅広く用いられるが，「意欲」という語は学習や仕事のような知的活動に取り組む場合に限って用いられる。また，一般に「あの人は意欲的だ」というとき，目標を達成しようと活動的で熱心に取り組む態度を指す。だが，その人がなぜ・どのようにして目標を選択したかは問わない。動機づけ・意欲は目標志向行動の方向性と強さを説明する概念であって，その行動契機（原因・理由）を説明するものではない。

　ところで，私たちは意欲を行動エネルギーの量としてとらえがちではなかろうか。たとえば，保護者は子どもが机に向かっている時間が長いほど勉強する気があると安心し，教師は調べ学習に手間暇かける子どもほど学習意欲が高いと評価しがちである。だが，意欲の高さを行動に表われたエネルギーの量にすべて還元して論じることはできない。たとえば，計算練習ひとつとってみても，できるだけ速く正確に回答することに集中している子どもと，筆算の過程をていねいに記すことに時間をかけているとでは，どちらの意欲が高いだろうか。いや，そもそも比較評価することに意味はないのではないか。学習意欲の理解に際しては，このような一人ひとりの具体的な学びのあり方や方向性に着目しておくことが必要であろう。

　また，意欲というのは大変つかみづらい性質をもっている。時とともに移ろいやすく状況によって変動することも確かであるが，意欲的かそうでないかという個人の安定した特性のようにも思われる。こうした意欲の性質をとらえるために，鹿毛は図6-1のように，意欲を3つの水準に整理して論じている（鹿毛，2007）。状況意欲とは，その時その場で（フィールド）で刻一刻と変化していく側面をとらえたものである。幼い子は机に向かって宿題をやり始めた

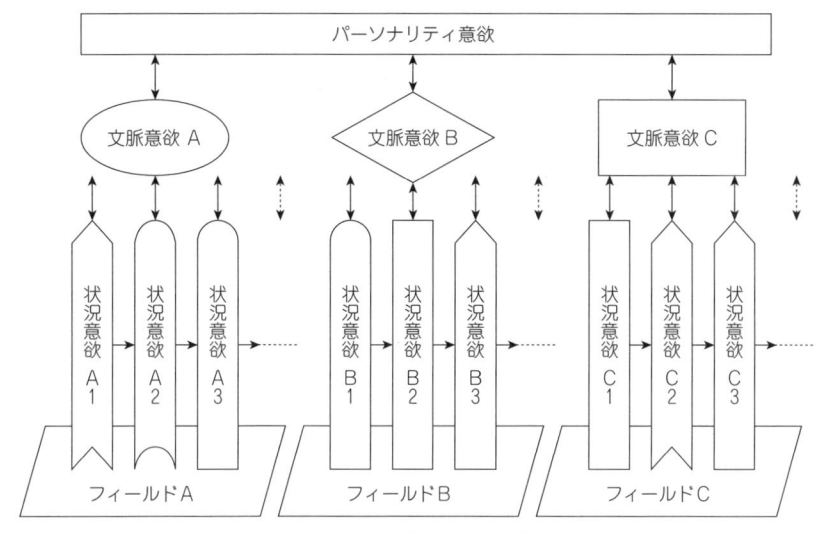

図6-1　意欲の3つの水準

（出所）　鹿毛（2007：26）図Ⅰ-2を一部改変。

かと思うと，ものの数分もしないうちに椅子から降りて，漫画を読んでいたりゲームに夢中になっていたりする。こうした周囲の刺激だけでなく，気分や体調の影響も受ける。また，個人の意欲にはデコボコがある。図工や体育の時間には生き生きとした表情をみせる子が，算数や理科の授業ではさっぱりさえないといったことがよくみられる。それぞれの活動内容や場面に対応した意欲の状態を文脈意欲と称する。そして，生活活動全般にわたる個人固有の意欲のあり方をパーソナリティ意欲という。何事にも前向きにてきぱき取り組む子どもがいる一方，面倒くさがって尻込みするばかりの子もいる。こうした全般的な傾向が背景となって，具体的な場面での意欲のあり方を規定していると想定される。

（2）動機づけをめぐる過程

　心理学において動機づけが語られる場合，それが生じる前に何らかの刺激・働きかけ（入力）があり，それが一種の心理的変化をひきおこし，その心理的

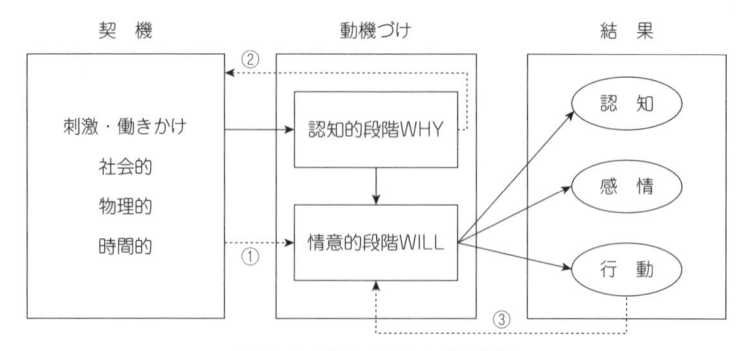

```
        契 機              動機づけ              結 果
┌─────────────┐   ②   ┌──────────┐      ┌──────────┐
│ 刺激・働きかけ │←┈┈┈┈│認知的段階WHY│──┐  │  認 知   │
│             │─────→│          │  │  │          │
│  社会的      │      └────┬─────┘  └─→│  感 情   │
│  物理的      │           ↓      ┌──→│          │
│  時間的      │   ①   ┌──────────┐│   │  行 動   │
│             │┈┈┈┈→│情意的段階WILL├┘   └──────────┘
└─────────────┘      └────┬─────┘
                          ┆ ③
                          └┈┈┈┈┈┈
```

図 6-2 動機づけをめぐる過程

(出所) 速水 (1998：7) 図 1-1 を一部改変。

変化が認知・感情・行動に表われる (出力) という過程が想定される (速水, 1998)。学習場面でいえば, 学習者に与えられた課題の性質・教室の騒がしさ・教授者のインストラクションや評価的な言葉かけなどが契機となる (図6-2左側)。

次に, その刺激や働きかけを受けて, 学習者は「○○だからやってみよう」あるいは「△△の理由でやらなくてはならない」などとなぜ学習活動に取り組むのかを意識する。この動機づけには,「なぜこれをやるのか (WHY)」という理由が明確化する認知的段階とそれがエネルギーに転換される「これをやろう (WILL)」と意思決定する情意的段階があるとされる (図6-2中央)。これらの心理的過程は特定の目標への意識の焦点化を意味しているが, 理由が意識されなくても動機づけが生じる場合 (破線①) もある。ある雰囲気のなかで, 突如としてやる気がわくこともある。また, 目標が明確になっていてもやる気につながらないこと (破線②) もある。たとえば, 与えられた課題をやらなくてはならないとわかっていても, 何をどうすればよいのか全くわからない, あるいは教室が騒々しくてやる気になれない場合も多い。

そして, 動機づけの結果, 人の行動が一定方向へと導かれる。学習動機づけが高まれば学習者の活動への取り組みはよくなり, 量的・質的に高い学習がなされるだろう。それと同時に, ある種の認知的変化 (課題への集中力が増す,

以前の学習内容と結びつけて理解するなど）や感情の喚起（学習内容に興味を抱く，達成感を得るなど）が生じることもある（図6-2右側）。しかしながら，これら動機づけが目標とした望ましい結果をもたらすとは限らないし，望ましい結果を得たとしても，動機づけを実行に移す過程では緊張がともないストレスが付随しがちである。もちろん，結果がどのようなものであったかは，動機づけの過程にフィードバックされて影響を及ぼす（破線③）。

（3）内発的動機づけと外発的動機づけ

　小学3年生の英くん，学校から帰宅するとブロック遊びに興じる。ポケモンが乗る船・新幹線の発着駅・自分が将来住む家等々，よくもアイディア尽きぬものだと感心させられる。だが，ほっておくといつ終わるかわからない。母親が「いつになったら宿題するの！」と声を荒げても，「おやつ食べたら始めようかな。お母さん，おやつ何？」という始末。口論の末，負けるのはいつも母親。「食べたら，宿題全部するのよ」と約束させるものの，英が机に向かっているのはほんの2・3分。今度は寝転がって鉄道雑誌を読み始める。どうやら教科書よりよほど面白いらしい。

　「好きだから遊びに取り組む」「おもしろいから雑誌を読む」という英くんの行動は，彼自身の興味・関心にもとづくものであって内発的に動機づけられているという。他方，「母親に叱られてしかたなく・おやつが欲しいから宿題する」というのは，母親から与えられる賞罰に動かされてという意味で外発的に動機づけられているという。両者の区分には，自発性と目的−手段性の2つの視点が含まれているとされる（桜井，1997；速水，1998）。内発的動機づけとは全く自らの決定による自発的な取り組みをいうのに対し，外発的動機づけは自分の意志に関係なく，外からの圧力を受けて始められたものをいう。また，前者の場合は活動自体が目標となっているが，後者では与えられる報酬を求めて，あるいは罰を避けようと活動に取り組んでいる。つまり，外発的動機づけでは，活動はそれ以外の目標達成の手段・必要なステップに過ぎない。

　ところで，全くの興味・関心に従って，学ぶこと自体を目標として自分から

進んで勉強するという子どもは稀であろう。だが，英くんのようにご褒美や叱責の力を借りて，何とか机に向かっているケースばかりではなかろう。親や先生の忠告があって「勉強しないなんて格好悪い」「やっておかないと恥ずかしい」などと思って仕方なく，「やっておくと将来役立つ」「何よりもこれが大切だ」などと意識して勉強するケースもあろう。実際の動機づけの状態は内発的・外発的の2極にはっきりと区別されるものではなく，外発的なものがより内発的なもの（あるいはその逆）へと変化していくことも考えられる。

　エドワード・デシ（Edward L. Deci）とリチャード・ライアン（Richard Ryan）は，外発的に動機づけられた行動であっても，内在化と統合の発達過程を通して自己決定されたものと感じられるようになっていく点に着目した。ここでいう内在化とは外的に定められた調整や価値が自ら選択したものとなっていくこと，統合とは内在化された調整や価値が自分のなかに取り込まれていくことを意味する。こうした観点からすると，いわゆる外発的動機づけに4タイプがあり，それらは段階的に分類できるという（ブロフィ，2011）。まず，外的な力のみによって行動が生じる完全なる外発的動機づけにおいては，自分の欲求充足を自ら選択・決定することは全くない。それに比べて，「不安だから・恥をかきたくないから仕方なく」というのは，消極的な理由であっても外的な力が直接働かずとも行動は生じると考えられる（取り入れ的調整）。さらに，「自分にとって大切だから」というケースは，自らの価値として内在化したという意味で，より積極的な自己決定がなされているとみなせる（同一化的調整）。そして，「何よりもこれを優先させて」というケースでは，外発的に動機づけられた行動であっても，個人の価値観に適合する形で行動選択が行われている（統合的調整）。このように学習者の動機づけを変動的にとらえておくことは，教育実践上非常に有用であると思われる。というのも，子どもたちの学習活動は教師からの働きかけに応答する形で進行していくが，教師の意図するところは指示どおりに行動するよう仕向けることでなく，自ら考え選んで行動してゆけるよう変化を促すことにあるからだ。

2 学習意欲のとらえ方

(1) 学習活動への持続的な取り組み

　奈須正裕は学習意欲をとらえるにあたって，以下の2つの観点を強調している。まずひとつは，通常は課題達成にむけての長期にわたる持続的な活動への取り組みが問題とされることである。つまり，学習意欲があるというには，動機づけの行動喚起のみならず行動維持・行動調整の働きが認められなくてはならない。もうひとつは，学習意欲は「単なる感情状態や意志というものではなく，具体的な学習行動とそれを制御する認知的過程を伴うもの」（奈須, 1997：153）というとらえ方である。つまり，図6-2に表わされた動機づけの情意的段階のみならず，それに先行して認知的段階が生じるということである。

　ここではまず，第1の観点について具体例を挙げて説明しよう。「キャスターが有名な俳優にインタヴューしているのを見てかっこいいと思った」という学生が，英会話を学習しようとする場合を考えてみる。彼の経験が英会話の学習活動開始へと結びつくには，その思いがある程度強くなくてはならない。時間的な制約や受講費用負担といった抑制要因も働くなかで，英会話教室へと足を運ぶには，ある一定以上のエネルギーの強さが必要である。

　さて，学生が英会話の学習を始めたとして，彼の学習活動はいつまで続くであろうか。実は，キャスターのように英語を流暢に話せるようになるには，長期にわたって粘り強く学習を積み重ねていかねばならない。一瞬の恐怖に打ち勝って，バンジージャンプを飛ぶのとは違う。学習活動が持続するためには，漠然とした憧れ・思いでなく目標を明確に意識し，それに執着していく忍耐力やストレス・コーピングのうまさなど学習者の能力・努力が求められる。

　だが，やみくもに取り組んだところで，努力に見合った学習成果は得られない。結果のフィードバックをそのつど受け，効果的な学習のしかたをさまざまに工夫できれば，自らを励ましながら困難な状況を乗り越えて目標に近づくことができる。たとえば，ステップを踏んでひとつひとつスキルの獲得をめざし

ていく学習コースが提供され，スキル獲得の現状評価を適切な形で受けることができれば，学習活動は円滑に進むであろう。こうした目標達成行動を自分なりに調整していく働きは，学習者の意識を目標だけでなく自分自身へと向けさせるのである。

ところで，学んだ英語を使って海外の旅先で観光・ショッピングを楽しんできた学生は，英会話をもっと深く学びたいと思うかもしれない。目標達成経験は人に快感をもたらし，同様の活動に再び取り組もうとする意欲が生じることが多い。もちろん，失敗すれば意欲は低下するのが普通だが，目標の魅力が大きく，後もう少しというレベルにあれば再度挑戦したいと思うかもしれない。逆にたとえ目標到達に至っても，それまでの苦労・忍耐を考えると，もはやる気にならないこともあろう。

（2）学習意欲を支える自己効力感

次に，「学習行動とそれを制御する認知的過程を伴うもの」という第2の観点について解説しよう。動機づけに関する心理学研究が明らかにしてきたところは，学習意欲は，期待（課題の達成及び達成の手段となる行動の調整をどれくらいうまく制御できそうか）と価値（学習者にとって課題を達成することがどれくらい大切か）によって規定されるということである。たとえば，いくらやりがいのあることだと考えていても，最後までやり通せるという見通し・自信がなければ一歩も踏み出せないという場合があろう。ただし，いずれもが個々の学習者の主観的な判断にもとづく点に留意しなくてはならない。傍から見ていると見通しが甘い・自信過剰ではないかと心配するほどであっても，本人が「うまくやれそうだ」と思い込んでやる気満々という場合もある。また，「どうしてこんな大切なことを面倒がってほっておくのか」と諭されても，本人は素知らぬ顔ということもある。大切なことだとわかってはいても，そんなに手間暇かけてはやれない（行動コスト感）のかもしれない。いずれにしても，ここでいう期待・価値とは一種の思い込み・好き嫌いであり，一時的で移ろいやすい面もあると同時に，適切な指導・学習環境の整備によって短期間で変容

する可能性もある。

　ところで、私たちは「今度の試験では高い点数がとれそう」と望む結果が得られそうだと期待を抱くが、それは試験準備を怠りなくやった後でのことである。学習活動に取り組む前には、「準備のためには何をどうすればよいのか」の見当がつき、それらを「自分にはうまくやれるはず」という自信がなくてはならない。アルバート・バンデューラ（Albert Bandura）は前者を結果期待、後者を効力期待と区別したが、とくに後者は単なる期待以上の意味をもつと考え、自己効力と称して重要視した。自己効力感は、成功に必要な活動を実行する能力があるか・成功につながる活動計画を考えられるか・成功を収めるまでに必要な努力を継続できるかという、自らの活動を制御する力にかかわる自信・信念の複合体である（ケラー、2010）。それは、「私にはできないのではないか」「これは自分の手に負えないのではないか」という不安とは違って、課題に向かって積極的に取り組みを促し、努力を持続させる力の源と考えられる。以下、このような自己効力感にかかわる要因として、原因帰属という思考様式と努力・能力観のあり方を取り上げて説明する。

① 原因帰属

　人は自分の行動を振り返り、「何が悪かったのか」「うまくいったのはなぜだろう」などと結果の原因を後から推測することがある。結果の受け止め方によって、人は次に前向きに取り組める場合もあるが、そうはなれないかもしれない。行動結果（成功や失敗）の原因を何かに求めることを原因帰属というが、結果をどの要因に帰属させるかは意欲に影響を及ぼす。その要因にはさまざまなものが考えられるが、バーナード・ワイナー（Bernerd Weiner）は学業達成に影響を及ぼすものを表6-1のように2次元の4要因に整理した。「統制の位置」の次元とは原因が自分の内面にあるか自分以外にあるかを意味し、努力や能力は内的要因、課題の困難さや運は外的要因とみなされる。もうひとつの次元は「安定性」というもので、時間経過にともなって変わりやすいかどうかを意味し、能力や課題の困難さは変化しがたく、努力や運は変化しやすいとされ

表6-1 帰属要因の2次元の分類

統制の位置	安定性	
	安定的	変動的
内 的	能力	努力
外 的	課題の困難さ	運

(出所) 伊藤 (2008：5)。

る (伊藤, 2008)。

　ワイナーによると, これら2つの次元は異なる過程をふんで, 次の取り組みへの意欲に影響を及ぼすという。「統制の位置」は自尊感情に影響を与える (伊藤, 2008)。たとえば, 成功したときは「運がよかった」「課題が易しかったから」と外的な要因に帰属するよりも, 能力・努力のような内的な要因に帰属したほうが「私はできる人間だ」「よく頑張れた」と誇りに思える。だが, 失敗したのは自分の能力が低いせいだと考えてしまうと自尊感情は低くなり, 「どうせ私にはできるわけがない」と悲観的に考えてしまい意欲的になれないだろう。他方, 「安定性」は次の成功の期待につながる。自分に力があるからだと能力の高さに帰属すれば, 次もうまくいくだろうと期待がもてる。しかし, 運が良かったからというのでは, 成功したのはたまたまで, 同様の課題に取り組んでも次はうまくいくかわからないということになる。

　ただし, 人はいついかなる場合も, 原因帰属をすることで次への取り組みのしかたを決定しているわけではない。自発的に原因帰属を行おうとする傾向は, 失敗した場合や重要な課題に取り組もうとする場合に顕著であると指摘されている (速水, 1998)。また, 学習活動に取り組んだ後に結果から原因を推測するというのは, 相当な認知的能力が前提となっているあることに留意しなくてはならない。まず, できごとの時系列を逆にたどって考えること (可逆的思考) が必要であるが, 小学校低学年まではこうした思考力は十分ではなく, 原因を尋ねられても答えられないことが多いであろう。要するに, 常にまず思考が働いてそれにともなって期待や感情がおこり, 意欲がわいたりしぼんだりという経験をするというわけではない。

② 努力の概念と能力観

　さて, 学習成績を受けてその結果の原因を推測するまでもなく, 子どもが自

分自身の学び方，あるいは学ぶ力についてどのようにとらえているかが，意欲に大きく影響することは容易に想像できよう。「あなたはやればできるのに，どうして頑張らないの（能力は十分あるのに努力が足りない）」などという評価は，時として学習者自身にとっては理解しづらいものである。というのも，努力や能力という心理的事象は学習者自身に客観的に見えるものではなく，さまざまな学習場面を経験するうちに他者の視点からみた自己像をイメージしたうえでとらえられるようになるものだからである。このうち努力については，低学年の子どもであっても理解しやすいであろう。自らの学習への取り組みを「何をどこまで，どれだけ手間暇かけてやったか」という具体的な学習活動の質や量の点から直観的に把握することは容易で，他者が取り組む態度と比較し評価しやすい。

　しかし，おとながいう意味での能力を子どもが理解するのは難しい。能力とは「どれだけ手間暇をかけ，何をどこまでうまくやれたか」という認識から導かれる力量，努力と課題遂行結果から推測される個人の特性をいう。努力しても結果が伴わなければ，能力評価につながらない。ジョン・ニコルス（John Nicholls）らの研究によると，幼い子どもほど，単に学習活動に取り組むだけで「私はできる」，他の子が何かをうまくやったら「あの子はかしこい」という評価になる。それゆえ，努力する人は能力が高いという認識をもちやすい。力量としての能力概念を抱き始めるのは小学校高学年からで，同じ学習結果を得るために努力がより少なくてすむほど能力が高い，つまり，努力量と能力評価は反比例するものだという認識をもつようになるらしい（丹羽，1995）。

　このような努力・能力についての理解は，どのような形で学習意欲に影響するであろうか。たとえば，「頑張ったね」という教師の言葉は，低学年の児童にとっては高い能力評価に等しく，誇りに思われるであろう。しかし，高学年になると，子どもによっては「頑張らなくてはできなかった。だって，私は頭が悪いから」と低い能力評価と受け止めてしまい，軽蔑されたと思うかもしれない。そうだとすれば，教師は成功の努力への帰属を図ったつもりが低い能力への帰属となり，子どもの意欲が萎えてしまうことになってしまう。

能力観	目標志向	現在の能力の自信	学習行動
増大理論 ──→	習熟目標	もし高ければ ──→ もし低ければ ╲	熟達志向 (意欲的)
固定理論 ──→	成績目標	もし高ければ ──→ もし低ければ ──→	熟達志向 (意欲的) 無気力的

図 6-3 能力観と学習意欲の関連
(出所) 無藤（1991：27）図 2-1 を一部改変。

　ところで，前述の努力量と能力評価は反比例するという認識においては，努力と能力はドレッシングの酢と油のごとく，学習結果を表わす計量カップを満たす別個の成分（相互に独立した資源）としてとらえられている。しかし，努力することで力量が増し，努力を怠れば力量も維持されなくなるというふうに，実際には両者は共変動するものである。小学校高学年以降の子どもの学習意欲を高めようとするに際しては，子ども自身が努力によって能力そのものが伸びると考えているのか，それとも固定的で少々努力しても変えようがないと考えているかを斟酌しておかねばならない。キャロル・ドウェック（Caroll Dweck）は，図 6-3 に示されているように，こうした知能観の違いが学習者の目標志向のあり方を規定し，学習行動パターンへと結実する傾向を指摘している（伊藤，2008）。前者のような「増大理論」をもっていると，新しいことを学び能力を伸ばすこと（習熟目標）に喜びを見いだせるようになり，根気強く課題に取り組んだり難しい課題に挑戦しようとしたりと意欲的な態度が形成されやすい。だが一方，後者のような「固定理論」の持ち主が自尊心を保つためには，自分の能力についてプラス評価を求めマイナス評価を避けることが必要となる。したがって，成績に直接結びつかない課題，望ましい成績を得る可能性が低い場合には学習意欲が低下してしまう。とくに，自分の能力に自信がもてないと，失敗を恐れて困難な課題を避ける無気力な傾向が強くなると考えられる。

3 意欲を高めるための学習環境整備

(1)「確かな学力」を保障する学習意欲

 ところで近年, 日本の子どもたちの「学力低下」とともに「学習意欲の低下」が指摘されている。藤沢市教育文化センターは, 1965年以降5年おきにほぼ毎回, 藤沢市立中学校3年生全員 (1990・1995年は抽出調査) を対象に学習意識調査を行ってきた。図6-4は, 学習意欲についての質問項目 (「もっとたくさん勉強したいと思いますか」) に対する回答の経年変化を示す。調査開始以来2005年まで一貫して, 学習意欲の高い (「もっと勉強をしたい」と回答) 生徒の比率は減少, 意欲の低い (「勉強はもうしたくない」と回答) 生徒の比率は増加してきた。この間, 学校外での学習頻度・時間 (塾や家庭教師も含む) は減少傾向にあることを重ね合わせると事態は深刻であるといわざるをえない。

 こうした現況をふまえて, 2002 (平成14) 年1月, 文部科学省は「確かな学力向上のための2002アピール『学びのすすめ』」を公表し, 発展的な学習でよ

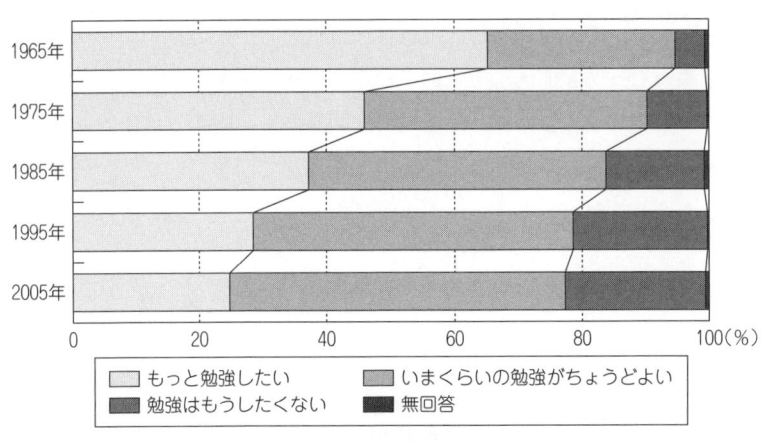

図6-4 学習意欲の経年変化

(出所) 藤沢市教育文化センター (2011：40) の調査データにもとづく。

り力を伸ばすこと，放課後の補充学習や朝の読書活動を推奨すること，宿題・課題を適切に与えて家庭学習の充実を図ることなど学力向上をめざす方策が示された。その後，2003（平成15）年12月には指導要領が小・中学校の全面実施からわずか2年で改定されることとなり，それまでの「ゆとり教育」の見直しが急激に図られたとの印象が強く抱かれるようになった。しかしながら，磯田文雄によると，単純な詰め込み教育の復活が求められたのではなく，自ら課題を見つけ考え，主体的に判断し行動し解決していく「生きる力」の育成を目指す教育理念・目標は堅持されているという（磯田，2005）。

　さて，田中統治の説明によると，「確かな学力」とは「生きる力」の知的側面を指し，その要素として揺るぎない基礎・基本，思考力・判断力・問題解決能力，生涯にわたって学び続ける意欲，得意分野の伸長，旺盛な知的好奇心・探究心が挙げられる（田中，2005）。こうした「確かな学力」の意味するところは，市川伸一のいう「学ぶ力」の概念と重なり合うところが多い。つまり，学んだ結果身に付く知識や技能ではなく，学習意欲・知的好奇心を維持して学習活動に集中し持続させる力，学習計画を自分で立てさまざまな学習方法を臨機応変に使いこなす力，教師の話を理解して仲間どうして教えあい学びあう力など測定評価しづらい能力である（市川，2003）。

　これにかかわって，前述の藤沢市教育文化センターによる2010年度の意識調査は興味深いデータを提供してくれている。前述の勉強に対する全般的な意欲についての質問に加えて，意欲の促進・抑制傾向を示唆する具体的な学習態度について，あてはまるかあてはまらないか4件法で回答を求めた。全10項目中，ここでは「確かな学力」を示唆する学習態度として，以下の4項目を取り上げる。

(a) 知的好奇心：「勉強して新しいことを知るのが楽しみです」
(b) 反持続性：「勉強をしていると，すぐあきてしまいます」
(c) 学習結果の自己評価：「テストがおわったすぐあとで，答えが合っていたかどうかを，自分で調べてみます」
(d) 計画的学習：「自分で目標や計画を立てて，勉強をしています」

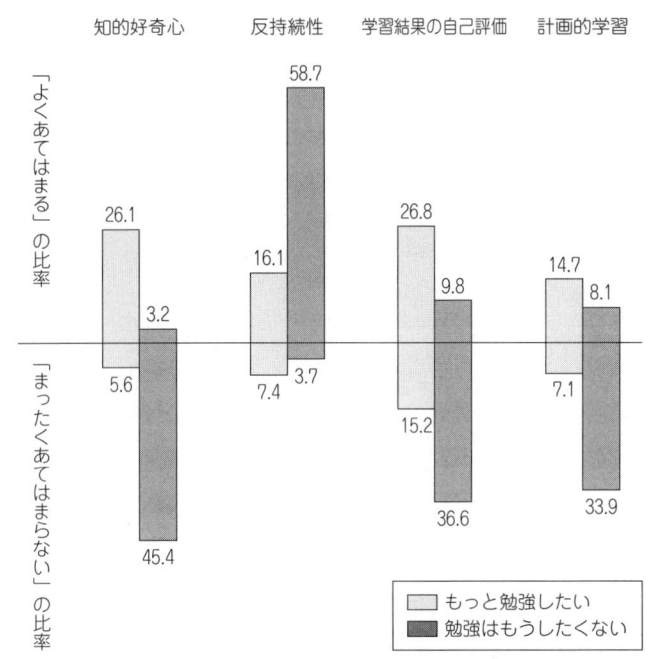

図6-5 「確かな学力」に関わる学習態度と学習意欲の関連
（出所）藤沢市教育文化センター（2011）の2010年度調査データをもとに筆者が作成。

図6-5は，これら4項目に対し「よくあてはまる」「まったくあてはならない」と回答した生徒の比率を，「もっと勉強をしたい」と回答した群・「勉強はもうしたくない」と回答した群ごとに示したものである。学習意欲の低い群で，否定的な学習態度（反持続性では「よくあてはまる」，他の項目では「まったくあてはまらない」）の回答比率が高いことが明瞭である。つまり，全般的な学習意欲が低いと「確かな学力」を示唆する学習態度が形成されにくいことがわかる。学習意欲は，「確かな学力」を保証するものだと論じて差支えないだろう。

このように，学習意欲は子どもたちの学力向上の鍵を握る。現代の子どもたちを「根性がない」「性格がだらしない」などと学習者としての資質に欠けると評するのでなく，それぞれの学習課題達成に適合的な学習環境を整えていく

支援を積極的に試みてゆかねばならない。以下，教授者が行う学習環境整備のあり方をできるだけ体系的に示し，教育実践の指針提供を試みたい。

(2) ARCS モデル

ジョン・ケラー（John M. Keller）は，学習意欲に関する文献を詳細に調査して概念のクラスタリングを行い，注意（Attention）・関連性（Relevance）・自信（Confidence）・満足感（Satisfaction）の4つのクラスタに分類できることを見出し，ARCS モデルを提唱した。これらクラスタは学習意欲に影響を及ぼす主要な要因を網羅しており，概観することによって学習意欲を刺激し保持するための学習環境の設計・準備に役立つ。とくに，学習者にとって有益なインストラクションのあり方と，学習者が成功体験を得て，その成否は自分自身に責任があると感じるような支援のあり方に重要な示唆を与えてくれるという（ケラー，2010）。以下，上記4つのクラスタに関わる学習環境整備について，ケラーの記述を参考に概説しておく。

① 注　意

学習者を活動へといざなうにあたって，教授者は，まず，どのようにしたら学習体験を刺激的でおもしろくすることができるか考える。好奇心や興味を刺激し持続させるために，びっくりするような見出しをつけたり，ユーモアを交えて導入の話を始めたりする（知覚的喚起）。また，問題解決状況に関与させたり質問したりするウォーミングアップを行い，学習者の探究心をそそる（探究心の喚起）。手がかりやヒントを使うことで，学習目標に関係が深い事物やその重要な特徴に注意を向けさせる。さらに，飽きることを防ぎ注意を保持するためには，メディアを使ったプレゼンテーション，グループ討議などを取り入れて学習活動のヴァリエーションをもたせる（変化性）工夫が必要かもしれない。学習者の知的好奇心を引き出し持続させるための授業工夫（上記の後2項目に関する手立て）については，後に詳述する。

② 関連性

　次に，教授者は学習体験を学習者にとって意義深いものにするための方略を練る。小学生が「何でこんな勉強をしなくちゃいけないのか」と疑問を抱いたり，高校生が「こんなことは今の自分には関係ないし，将来役に立つわけでもないだろう」と批判的な態度をとったりするのは自然なことだろう。学習者が意欲を高めていくためには，教授者の話が自らの個人的な目標の達成や願望につながっていると感じていなければならない。

　この関連性の感覚を高めるには，学んでいく知識やスキルがいかに学習者のニーズに関連しているのかについて，事例を挙げて説明したり学習者自身の認識を問うたりすることが有効であろう。また，人は学習環境を心地よいと感じたり，対人関係に関して前向きに感じたりすると関連性の感覚をより強く感じる。学習者の動機のしくみを理解することで，より適合的な学習環境をデザインすることが重要である。さらに，人は話を自らに引きつけてとらえることができると，強い関心を寄せるようになる。言葉遣いやグラフィックスの工夫，身近な場面からの例示ばかりでなく，学習者の名前を覚えて呼ぶ，学習者自身の経験やアイディアを尋ねる，などが関連性の感覚を高めるであろう。

③ 自　信

　学習者が活動場面に恐怖感を抱いているために成功への期待感がもてない，逆に学習しようとしている内容やスキルをすでに知っていることだと勘違いして自信過剰になっていても適切な動機づけはなされない。それゆえ，学習者が学習活動を適切に遂行し課題を達成できるという見通しがもてるように，教授者のふるまいも含めて学習教材と環境を設計しなければならない。

　成功への前向きな期待感を形成させる第一歩は，学習者に学んでほしいことや試験で何が求められるかなど，パフォーマンスの要件と評価基準を明確に伝えることである。続く早い段階のうちに，やりがいのある課題で学習者に成功体験を提供することが重要である。初心者には低いレベルの課題を設定し，成功へと導く，あるいはうまくいっていることの確認となるフィードバックを頻

繁に与えることで失敗の不安を和らげる。他方，基礎を学び終えた学習者には比較的高いレベルの課題を与え，競争場面を取り入れてスキルに磨きをかけたり，早い展開で退屈になるのを避けたりする工夫も必要だろう。

　課題への成功とその結果もたらされることを学習者自身でコントロールしているという認識が自信をもたらす。これに照らして考えると，教授者による学習活動の制御は，学習経験を導くことや期待される活動の基準をきちんと守ることの範囲にとどめる方がよい。また，経験的な学習活動や問題解決方法の選択・発見を求める状況において，学習者の自己学習力を試すことも必要かもしれない。これに関連して，後に改めて自己効力感を生み育む手立てについて，バンデューラが提言しているところを紹介しておく。

④　満足感

　学習意欲が持続するためには，学習体験の過程あるいは結果に満足する気持ちにならなければならない。最初はできなかった難しい課題をできるようになったという結果（自然な結果）は，学習者に効力感を与え大きな満足感をもたらす。それゆえ，事前に学習のコースとそのねらいを明らかにしたうえで，新たに獲得した知識やスキルを応用する機会を設定しておくことが重要なる。事例研究・シミュレーション・体験学習などの活動が，そうした機会を提供しうるだろう。また，そうした応用の試みの結果，めざしていた能力が獲得されたとして称賛を得られれば，満足感は大きくなろう。

　しかしながら，基礎的な知識・スキルの蓄積が応用のレベルにまで至るにはかなり長い過程を経なければならないし，十分な満足感が得られるほどに称賛を受けることは稀である。したがって，教室においても教授者が，外発的な報奨（物品でなくともサイン・スタンプや賞状など）を適切に使用することが望まれる。また，学習成果の発表や学級会での話し合いにおいて，意見を聞いてもらったり肯定的なコメントをもらったりすることで満足感が得られることもある。このように課題達成に対する社会的な認知を得ることで，学習者は自分のしていることの意義（肯定的な結果）を感じることができる。

[図：動機づけとパフォーマンスのマクロモデル]

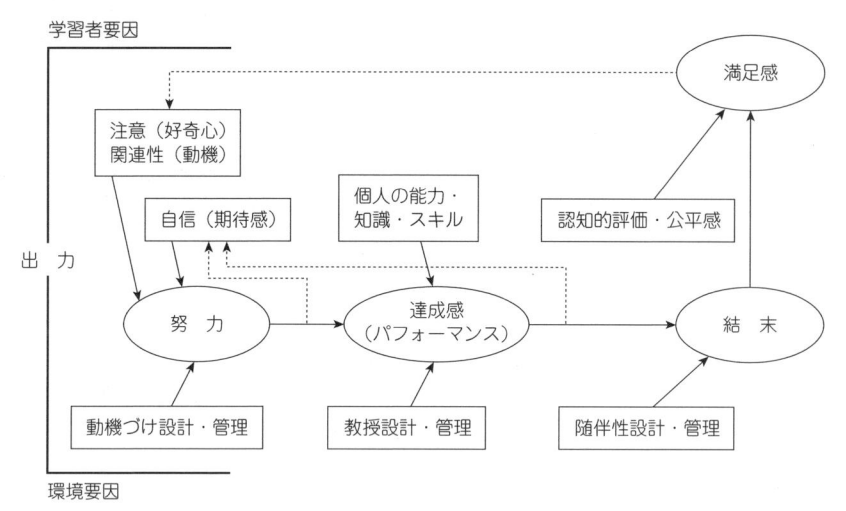

図6-6 動機づけとパフォーマンスのマクロモデル
(出所) ケラー（2010：6），図1.2を一部改変。

　ただし，学習者は自分が達成した成果や得た評価と他の学習者のそれを比較する傾向があることに留意しなくてはならない。たとえ，自己ベストを達成したとしても，個人的に競争していた他者より得点が低かったり，他者の結果がよりすばらしいと称賛されたりすれば，達成感は失望か強い否定的感情に変わる。教授者は，学習目標と期待についての当初の説明にそって評価することを保証し，すべての学習者について課題達成の評価基準と結果を一貫させる（公平さ）よう腐心しなければならない。

（3）実践のためのシステム理論

　ところで，ケラーはARCSモデルを実践場面に適用するにあたって各領域の関係を把握できるよう，入力・過程・出力の概念を用いてシステム理論を構築した。図6-6の中段は，学習者が学習目標の達成に向けて「努力」し，何らかの「パフォーマンス」を得て一定の「達成感」を抱き，そして得られた結果にまつわる「結末」を迎えるという，学習活動の観察されうる出力を示す。さまざまな要因の影響を受けた学習意欲は努力に反映されるが，その結果得ら

れる「パフォーマンス」や「達成感」は，当然のことながら「個人の能力・知識・スキル」次第でもある。

　図6-6の上段は，動機づけ・学習・パフォーマンス・態度にかかわる種々の心理特性を表わしている。ARCSモデルで言及されている学習意欲にかかわる4クラスタのうち，最初の3つは学習活動への「努力」に直接的に影響する特性として左上部に記されている。これら3つのうち「注意」「関連性」は価値にかかわる特性としてまとめられ，期待にかかわる特性である「自信」とは明確に区別されている。「自信」に戻るフィードバックループ（点線）が2本描かれているが，これは学習者が課題をうまく完了したか，またそれが期待どおりの成果を生んだかが，その後の成功への期待感に影響する効果を表している。

　残る「満足感」のクラスタは，学習活動の結末を受けて生じるととらえるので右上部に配置してある。満足感には「認知的評価・公平感」が影響することが示されているが，これは学習者自らが期待していた結末や他者が得た結末と比べて，実際の結末を肯定的・否定的な感情や態度で受け止めることを表している。また，「満足感」から「注意」・「関連性」に戻るフィードバックループは，学習目標達成を目指した活動が満足のいく結末を迎えたか否かによって，その後に学習者が同じ学習目標に対して付与する価値の大きさが変わってくることを示す。

　ここまでの図6-6の上段と中段に関する解説は，いわゆる心理学的な知見にもとづくものである。他方，図の下段には，学習活動に影響を及ぼす環境要因を制御する教育的営みが示されている。学習者が学習活動をスムーズに展開していくためには，教授者がさまざまな形で学習環境を整備して教育的支援を行っていくことが望まれる。たとえば，好奇心をそそり個人的な関連性を感じさせるよう教材やインストラクションを工夫する，自信を高めていけるように課題設定を行う，努力の妨げになるストレス要因を除去するなど，教授者の試み次第で学習者の学習意欲は高まる。同様に，学習目標を明確に設定し，それにそった簡潔なインストラクションを行う，事例や学習活動との組み合わせで

教材を提供するなどといった営みが，学習者のパフォーマンス向上に役立つだろう。

（4）知的好奇心を引き出す授業工夫

一般に好奇心は内発的動機づけの推進力であるととらえられているが，学習者の好奇心を引き出そうと学習支援をデザインするにあたって，目の前に突然現れた刺激が消え去るまでのわずかな間注意を払うという単なる知覚的喚起の経験と，求めた答えを見つけるまでものごとを探求し続けようと活動する，知的好奇心を働かせる経験とを区別しておく必要がある。

授業の導入部分において，教授者は学習者の注意を学習対象に向けようと知覚的喚起の手立てを講じることが多い。奇抜なデモンストレーションやユーモアなど見慣れない，予期せぬ刺激は子どもたちの注意をひき，教師が準備した学習内容にかかわる特定の事物や情報に好奇心を抱かせるかもしれない。ただし，ゲームやアトラクション同様，そうした仕掛けも見慣れたものになると効果は減じる。他方，授業がいつも同じ調子で進められ退屈に感じられてくると，子どもは窓の外をぼんやり眺め始めるかもしれない。このとき，何かおもしろい注意をひく刺激があるわけではなく，何かを見つけたからといって眺めるのを止めるわけではない。

さて，知的好奇心とはズレ・矛盾などを取り除きたい，自分を取り巻く世界とは何なのかを理解したいという知的欲求にもとづくものである。先行経験や既有知識とはズレのあるできごとに出会うと，人は「どこか気持ち悪い」「どうも気になる」という感じを抱き，そのズレの原因を取り除いたり事物の解釈を修正したりすることで安定した心的状態を得ようとする。たとえば，「雨が降ったら氷ができる」と考えていた幼児にとって，雨が降らなくても氷ができることに気づけば驚き，「なぜなのだろう」と不思議に思い，その疑問を解決しようするだろう。ただし，ここでいうズレは適度なものでなくてはならない。あまりに奇妙であったり，想像とかけ離れていたりする物事は遠ざけられてしまう。人は何となく知っているし大体感じはつかんではいるが，じっくり見聞

きしたことはないので，よくよく考えてみるとわかっていないような物事に興味をそそられるのである。当然のことながら，学習者の理解を深めようと授業を展開していく際には，こうした知的好奇心の働きを引きだす工夫が必要となる。

ジョア・ブロフィ（Jere Brophy）は，知的好奇心の力を活かすために，幅広い学習内容さらに中心となる概念へと学習者の興味を方向づけ・維持をはかる方法としてさまざまな提案を紹介している（ブロフィ，2011）。ここでは，それらのうちのひとつ（リーブ〔J. Reeve〕の提案）を取り上げて解説を加えておくが，授業展開・学習者の状態に応じて方法を使い分ける点に留意されたい。

(a) 推測させフィードバックを与える

新たな学習内容への導入の際に，それに関する質問（あるいは事前テスト）をすることで既有知識を評価する。質問は重要な概念に関連していなければならないが，多様な答えが可能なものがよい（例：「酸・アルカリのはたらき」の単元導入に「食べ物や飲み物に含まれている酸」を列挙させる）。このとき学習者が間違えて推測したとしても，それによってもっと学ぼうとする好奇心が刺激されるであろう。

(b) 緊張感を与え心的努力を引き出す

相容れない仮説が想定される，あるいは結論が明確でない問い（例：「なぜ恐竜は絶滅したのか？」）に対し，さまざまな答えを考えさせる。とくに，早く正答を求めがちな学習者に対して，質問に挑戦し答えを見つける過程の大切さを伝え，そうすることで満足感を感じる経験を提供することをねらう。

(c) 学習者の既知感に訴える

学習者が学習内容に関連する知識を相当有している場合，授業は退屈でもう十分だと思うかもしれない。そうした場合，教科書や参考書の説明とは形を変えたクイズ形式の問い（例：「東海道新幹線が通過している都道府県名を全て答えなさい」）を与えてみる。たいていの学習者は即座に全て正確に答えることは難しいだろうから，好奇心を呼び起こすことができるだろう。

(d) 討論を通して学びを深める

ひとつの話題に対しさまざまな意見を引き出し，話し合いを通してそれらの調整を図らせようとする。その解決の過程において，学習者が必要に応じて資料検索・観察や調査など情報収集の活動を行うことが望まれる。

(e) 矛盾した情報を導入する

学習者が与えられた問いについて，多くの情報を吸収し結論（例：「ナトリウムと塩化物は人間にとって有害である」）を出した後に，教授者は学習者の結論と矛盾する情報（例：「ナトリウムと塩化物が結びついてできた塩化ナトリウムは，食卓塩の主成分である」）を導入する。これによって問いが予想より複雑であることに気づかせ，学習者のさらなる好奇心が刺激され，より完全な理解へと導かれるだろう。

(5) 自己効力感を育むには

バンデューラは，効力についての信念を生み育む主たる方法として以下の4つを挙げている（バンデューラ，1997）。ここでは，ディル・シャンク（Dale H. Schunk）による児童・生徒の学習活動に焦点を当てた研究のレヴュー（シャンク，2006）も援用しつつ解説していく。

(a) 自らの制御体験

成功体験は，学習者の効力感を強固なものにする。しかし，たやすく成功するような体験のみなら，即時的な結果を期待するようになり，失敗するとすぐ落胆する。忍耐強い努力によって困難を克服した体験により初めて，絶えず変化する生活環境を制する活動実践のための自己制御的な学習手段を獲得できる。一端，強い自己効力感が形成されると，同じ失敗をあまり繰り返さなくなるだろう。ときには失敗することがあったとしても，つまずきから素早く立ち直れるはずだ。

ところで，成功体験に向けて粘り強く目標達成をめざしていくためには，目標を明確に描き，それに向かって自分が進歩していると思えることが必要である。目標は自ら設定する方がそれを達成する自信が得られやすいだろうが，学校の教室学習場面においては教師のガイダンスやワークシート等によって外か

ら割り当てられることが多い。教師の授業計画の観点からすると，授業期間終了時点ですべての課題を完了するという遠い目標より，授業ごとにひと組の課題を仕上げるという近接した目標を立てる方が効果的であるし，目標とする課題は困難だが達成可能なレベルに設定し，同じレベルの子どもができたというより自分自身にもできるという見通しを直接与えることが効力感を高めるという。

また，多くの学習課題においては，子どもたちは学習進度を自己診断することが難しい。進歩を知らせるフィードバックによって効力感が増し，自己評価もよくなっていくことが期待できる。ただし，こうしたフィードバックの効果をより得やすくするには何らかの工夫が必要である。たとえば，目標を単に課題を行うことでなく，どのようにして取り組めばよいのか（方略）を学ぶことに置き，その手順どおりにできていることを定期的にフィードバックする，授業ごとに問題解決能力を自己評価する機会を設けるなどが考えられる。

(b) モデルの制御体験の観察

人は自らが理想とするような能力をもつモデルから，活動実践に有用な知識や効果的な技術を学びとることができる。もちろん，モデルが非常な努力をしても失敗するのであれば，学習者の効力感は低下する。また，モデルが学習者自身からかけ離れた存在として受け止められてしまうと，さほど影響を受けることはない。同じようなモデルが忍耐強く努力して成功するのをみることが，それを観察している学習者に自分もそのようなことができるのだという信念を湧きあがらせる。ただし，学習者自らの制御体験にもとづく場合と比較すると，モデルの観察によって代理的に形成された自己効力感は，失敗経験にもろくもくずれていく傾向があるという指摘もある。

モデルが成功するのを観察することで，子どもたちは同じ手順で学習課題に取り組めば成功するはずという見通しをもてるし，自分自身の学習活動を評価する基準を得ることができる。そして，「何をどのように，どれくらいの精度でもって行うべきかがわかっている」と思えるようになり，効力感が増すと考えられている。ただし，子どもたちにとってこれまでに困難を経験してきた課

題や馴染みのない課題については，モデルのあり方に工夫の余地がある。シャンクらの研究によると，こうした場合，モデルが単に次々と問題に正しく解答し，自分には能力があり課題は難しくないなどと発言する（マスタリーモデル）よりは，モデルも初めのうちは学習につまずくが徐々に自信を取り戻して向上を示していくというもの（コーピングモデル）の方が効果的だったという。

(c) 他者から，あるいは自己誘導となる説得

学習する力があるといわれて活動に打ち込むよう勧められると，あるいはそう自分自身に言い聞かせると，困難に直面して自分の欠点についてくよくよ考えたり，自分に疑念を抱いたりせずに努力を継続するだろう。ただし，実際に成功が伴わなければ影響は長期間持続することはない。また，能力に欠けていると思い込んでいる人にとっては，自分より優れているとみなす他者からの説得は自分に対する批判となり，自己効力感が低いことを自覚するに終わってしまう。

学校の学習場面においては，こうした他者からのコメントは子どもの課題遂行に対する教師からのフィードバックの形で与えられることが多い。うまくやれたことを子ども自身の努力や能力に帰属させるフィードバック（たとえば，「一生懸命頑張ったね」や「ほんとうにあなたはこれが得意なのだね」）を与えることは，効力感の増大を支えるだろう。ただし，シャンクは，こうしたフィードバックの効果は何に帰属させる形で行うかよりも，子どもにとってそれ自体が信じられるか否かによって左右されると説いている。たとえば，子どもに課題解決に必要なスキルが不十分なため努力が必要となる場合，初期には成功に対する努力のフィードバックが説得力をもつだろうが，スキルが高まっていくにつれて能力に帰属させるようにした方がよい。同じ学習課題について長期間にわたって努力のフィードバックを続けると，子どもは「なぜ努力を続けないといけないのか」と思うようになり，「頑張らないといけないのは，自分に能力がないからではないか」と疑問を持ち始めて効力感を低下させてしまうかもしれないからだという。

(d) 自分自身の生理的・感情的状態の受け止め方

ストレスや緊張を感じると、人は自分の知的作業能力低下の弱気のサインとみなし、疲労や痛み・苦痛を体力の衰えのサインと判断する。良い気分のときには効力感は強まり、落胆した気分になれば弱まる。身体的な強さと気力が必要な活動においては、自らの身体状態を向上させ、ストレスや否定的感情を減少させることで効力感が高まることがよくある。重要なのは、身体的反応の強さや感情喚起のレベルではなく、それらが学習者自身にどのように受け止められ、解釈されるかである。

―学習の課題―

(1) 子どもたちの学習意欲を評価するにあたって、行動エネルギーの量以外の質的な側面をどのようにして把握すればよいか考えなさい。
(2) 子どもたちに「為せば成る」という期待を抱かせるためには、授業や学級運営においてどのような工夫が必要だろうか。
(3) 子どもたちの興味・関心から出発しつつ、「確かな学力」を育む授業計画を立案してみよう。

参考文献

磯田文雄 2005「『ゆとり教育』の見直しと『確かな学力』」田中統治編『確かな学力を育てるカリキュラム・マネジメント』(教職研修6月号増刊) 教育開発研究所。
市川伸一 2003「学力と人間力をどうとらえるか」市川伸一編『学力から人間力へ』教育出版。
伊藤崇達 2008「動機づけと学習」多鹿秀継編著『学習心理学の最先端――学習のしくみを科学する』あいり出版。
鹿毛雅治 2007『子どもの姿に学ぶ教師――「学ぶ意欲」と「教育的瞬間」』教育出版。
ケラー, J. M., 鈴木克明監訳 2010『学習意欲をデザインする――ARCSモデルによるインストラクショナルデザイン』北大路書房。
桜井茂男 1997『学習意欲の心理学――自ら学ぶ子どもを育てる』誠信書房。
シャンク, D. H. 2006「社会的認知理論と自己調整学習」ジマーマン, B. J. & シャンク, D. H. 編著, 塚野州一編訳『自己調整学習の理論』北大路書房。
田中統治 2005「学力論からみた『確かな学力』の方向」田中統治 (編)『確かな学力を育てるカリキュラム・マネジメント』(教職研修6月号増刊) 教育開発研究所。
奈須正裕 1997「学ぶ意欲を育てる授業づくり」吉崎静夫編著『子ども主体の授業をつくる――授業づくりの視点と方法』ぎょうせい。

丹羽洋子 1995「学童期の動機づけ」速水敏彦ほか『動機づけの発達心理学』有斐閣。
速水敏彦 1998『「自己形成の心理――自律的動機づけ』金子書房。
バンデューラ，A. 1997「激動社会における個人と集団の効力の発揮」バンデューラ，A. 編著，本明寛・野口京子監訳『激動社会の中の自己効力』金子書房。
藤沢市教育文化センター 2011『第10回「学習意識調査」報告書――藤沢市中学校3年生の学習意識』。
ブロフィ，J.，中谷素之監訳 2011『やる気をひきだす教師――学習動機づけの心理学』金子書房。
無藤隆 1991「学校と授業の働き――学力をめぐって」無藤隆ほか『教育心理学――発達と学習を援助する』有斐閣。

(橋本憲尚)

第7章 学習の評価

　教育とは，子どもの発達を促すよう意図的に行われる働きかけの営みである。教育学でいう「評価」とは，この働きかけがうまくいっているかどうかの実態を把握し，その結果を教育の改善へとつなげる行為を指す。指導要録においては長らく「集団に準拠した評価」（相対評価）が行われてきたが，これは教育評価としては不適切である。2001年改訂以降の指導要録では，「目標に準拠した評価」が採用されている。

　2008年改訂学習指導要領で重視されている「思考力，判断力，表現力」を育成するためには，パフォーマンス評価が有効である。パフォーマンス評価とは，子どもたちに知識や技能を活用することを求めるような評価方法を意味している。教科において幅広い学力を保障するためには，筆記テスト，実技テスト，パフォーマンス課題など，さまざまな評価方法を組み合わせて用いることが重要である。また，「総合的な学習の時間」において探究する力を育てるためには，ポートフォリオを用いて子どもの課題設定力を育成すると良いだろう。

1　教育における評価とは何か

（1）評価と評定

　教育評価といえば，多くの人が思い浮かべるのは，テストを行い，成績を通知表につけるという営みであろう。しかし，教育評価は第一義的には，教育の実態を踏まえて教育を向上させていくために行われる教育的評価である。

　そもそも教育とは，子どもの発達を促すよう意図的に行われる働きかけの営みである。教育学でいう「評価」とは，この働きかけがうまくいっているかど

うかの実態を把握し，その結果を教育の改善へとつなげる行為を指す。その際，望ましい価値（教育目標として具体化されているもの）が，どの程度子どもたちに実現されているのかを判定することが必要となる。したがって教育における評価の中心は，子どもの学習状況の評価となる。また評価は，めざされている価値（目標）を規準*として行うこととなる。

＊規準と基準の使い分けには諸説があるが，本章では，規準を何に準拠するのかを示す用語，基準を段階的に具体化されたものを示す用語として使い分ける。

なお教育学では，通知表などに成績を付けることを「評定」という。評定は，評価という行為の一部に過ぎないことに注意が必要である。

（2）学校の説明責任

1990年代以降，日本においても学校の説明責任が強調されるようになった。このことは，社会から子どもたちを預かっている学校が，十分な教育成果をあげているかどうかについて，社会からの評価を受けることを示している。つまり教育評価には，教師が子どもの学習を評価することだけでなく，保護者や地域の人々などが学校の教育方針や教育課程，教育環境などを評価することも含まれる。

このような実態を受けて，梶田叡一は「教育評価」を，「教育活動と直接的あるいは間接的に関連した各種の実態把握と価値判断のすべて」（梶田，1992：1）を指す概念として定義している。私たちは，教育評価を行う上で，何のための評価なのか（評価の目的），何を評価するのか（評価の対象），誰が評価に参加するのか，といった点を考えなくてはならない。ただし，教育を改善するための評価という本来の趣旨を踏まえれば，教育評価の中核を占めるのは，子どもたちの学習状況を踏まえつつ，教師が自らの教育実践を評価する営みと言えるだろう。

（3）評価を評価する視点

教育評価を行うに当たっては，評価という行為自体が適切かどうかを評価す

る視点をもっておくことが重要である。評価を評価する視点としては，次の4点を指摘できる。

① カリキュラムで設定された目標に適切に対応しているか？（妥当性，カリキュラム適合性）
② 評価者が異なっていたり，同じ評価者が異なる時点で評価したりしても，特定のパフォーマンスについては同じような評価が与えられる程度に，学力評価計画や評価基準は明瞭か？（信頼性，比較可能性）
③ 入手可能な資源と時間の限度内で，評価対象としなくてはならない人数の子どもたちを評価できるか？（実行可能性）
④ 公正な評価となっているか？（評価の公正性）　具体的には，次の内容が含まれる。異なる社会集団間で不平等はないか？（平等性）　評価を行うことで，結果的に教育が阻害されていないか？（結果的な妥当性）　試験に向けた指導や準備がどの程度認められるかについてのルールは明瞭か？（ルールの明瞭さ）　学力評価計画（評価基準）は公表され，社会的に承認されているか？（公表と承認の原則）

教育評価を効果的に行うためには，どのように評価をするのかを予め計画しておくことが有効である。その際，策定した学力評価計画について，上記①から④の視点から点検することが求められる。

（4）指導要録

ところで通知表には，法的な裏付けはない。通知表は，慣習により学校が自主的に作っているものである。一方，学校教育法施行規則により作成と保存が各学校に義務づけられているのが，指導要録である。指導要録とは，児童・生徒の学籍並びに指導の過程及び結果の要約を記録し，その後の指導及び外部に対する証明等に役立たせるための原簿となるものである。

表7-1に示したのは，2010（平成22）年改訂児童指導要録の参考書式の一部である＊（文部科学省「小学校，中学校，高等学校及び特別支援学校等における児童生徒の学習評価及び指導要録の改善等について（通知）」2010年5月。以下，「通知」と記

表7-1 2010年改訂児童指導要録の参考書式（一部）

様式2（指導に関する記録）

児童氏名	学校名	区分＼学年	1	2	3	4	5	6
		学級						
		整理番号						

各教科の学習の記録									外国語活動の記録		
I 観点別学習状況									観点＼学年	5	6
教科	観点＼学年	1	2	3	4	5	6		コミュニケーションへの関心・意欲・態度		
国語	国語への関心・意欲・態度										
	話す・聞く能力										
	書く能力								外国語への慣れ親しみ		
	読む能力										
	言語についての知識・理解・技能								言語や文化に関する気付き		
社会	社会的事象への関心・意欲・態度										
	社会的な思考・判断・表現										
	観察・資料活用の技能										
	社会的事象についての知識・理解										
算数	算数への関心・意欲・態度								総合的な学習の時間の記録		
	数学的な考え方								学年 / 学習活動 / 観点 / 評価		
	数量や図形についての技能										
	数量や図形についての知識・理解										
理科	自然事象への関心・意欲・態度								3		
	科学的な思考・表現										
	観察・実験の技能										
	自然事象についての知識・理解										
生活	生活への関心・意欲・態度								4		
	活動や体験についての思考・表現										
	身近な環境や自分についての気付き										
音楽	音楽への関心・意欲・態度										
	音楽表現の創意工夫										
	音楽表現の技能										
	鑑賞の能力										
図画工作	造形への関心・意欲・態度								5		
	発想や構想の能力										
	創造的な技能										
	鑑賞の能力										
家庭	家庭生活への関心・意欲・態度								6		
	生活を創意工夫する能力										
	生活の技能										
	家庭生活についての知識・理解										
体育	運動や健康・安全への関心・意欲・態度								特別活動の記録		
	運動や健康・安全についての思考・判断								内容 / 観点＼学年 / 1 2 3 4 5 6		
	運動の技能								学級活動		
	健康・安全についての知識・理解										

II 評定						
学年＼教科	国語	社会	算数	理科	音楽	図画工作	家庭	体育
3								
4								
5								
6								

児童会活動
クラブ活動
学校行事

（出所）文部科学省HP。

す）。指導要録は「学籍に関する記録」と「指導に関する記録」から成る。「学籍に関する記録」には，児童や保護者の氏名，入学・卒業等の年月日，学校名などを記載する。

＊指導要録の参考書式については，次のホームページで入手できる（http://www.mext.go.jp/b_menu/hakusho/nc/attach/1293813.htm）。なお，関連する「答申」「報告」「通知」なども，文部科学省のホームページ（http://www.mext.go.jp/）で見ることができる。

表7-1に示したのは，「指導に関する記録」の1ページ目であり，「各教科の学習の記録」（「観点別学習状況」と「評定」），「外国語活動の記録」「総合的な学習の時間の記録」「特別活動の記録」の欄がある。「外国語活動の記録」は学習指導要領の2008（平成20）年改訂，「総合的な学習の時間の記録」は1998（平成10）年改訂に対応して新設された欄である。

「指導に関する記録」の2ページ目には，「行動の記録」「総合所見及び指導上参考となる諸事項」「出欠の記録」の欄がある。「行動の記録」については，「基本的な生活習慣」「健康・体力の向上」「自主・自律」「責任感」「創意工夫」「思いやり・協力」など10項目が挙げられているが，各学校が項目を追加することも可能である。一方，「総合所見及び指導上参考となる諸事項」は，自由記述ができる欄となっている。

さて，指導要録の歴史をみると，何に準拠して評価を行うか（評価の規準）について，これまで4つの立場が登場してきたことがわかる。そこで次節では，指導要録の変遷に即し，それぞれの立場の意義と問題点を検討するとともに，今後の課題を確認しよう。

2　指導要録の変遷

（1）戦前の学籍簿における絶対評価

指導要録の前身にあたる「学籍簿」は，基本的には事務的な必要を満たす戸籍簿的性格をもったものとして，1900（明治33）年に導入された。1938（昭和

13) 年改訂においては、それが指導上必要な教育資料的性格をもった原簿へと変わった。さらに1941（昭和16）年改訂の学籍簿においては、国民学校が目的として掲げる「皇国民の基礎的錬成」がどれだけ達成されたかを点検するための資料として変更される。

当時においても、成績の評価が、教師が自らの授業法や教材などについて反省するための意味をもつことは指摘されていた。しかし、そこでの目標は「皇国民の基礎的錬成」につながる態度・実践などを強調する方向目標であった。方向目標とは、「態度を育てる」「考え方を指導する」「情操を豊かにする」「感動する能力を高める」といったように、目標を実体的にではなく方向を示す連続性において示すものである。

教育目標において方向目標を採用したことによって、教師の勘や直感にもとづく判断によって成績をつけざるをえなかった。担任によって「優」「良上」「良下」「可」に割り当てられる子どもの人数が大きく変化するなど、いわば「教師の胸先三寸」で子どもの成績がつけられる恣意的な評価が横行していたのである。

このような評価のあり方は、教師という「絶対者」を規準とする評価であることから、絶対評価（認定評価）と呼ばれている。しかし、戦前の絶対評価は、子どもの「ネブミ」行為ではあっても、本質的には教育評価と呼ぶには遠い営みであったといえよう。

（2）相対評価の登場

絶対評価の主観性に対する批判から、戦後の指導要録において導入されたのが、いわゆる相対評価である。相対評価とは、ある集団内での子どもたちの位置や序列を明らかにするものであり、「集団に準拠した評価」とも呼ばれる。一般的な形態は、「正規分布曲線」にもとづき5段階ないし10段階に子どもを配分するものであろう。戦後最初の指導要録（1948〔昭和23〕年版学籍簿が1950年に改名されたもの）においては、各教科の観点別に相対評価にもとづく評点がつけられる形態であったが、1955（昭和30）年改訂以降は一教科一評定

の総合評定として相対評価欄（「評定」欄）が位置づけられるようになった。

　テストの点数のみにもとづいて客観的に成績がつけられるようになったことは，ある種の解放感や公平感をもたらした。しかし相対評価は，必ずできない子どもがいることを前提とする点，排他的な競走を常態化する点，学力の実態ではなく集団における子どもの相対的な位置を示すに過ぎない点から，やはり教育評価と呼ぶには値しないものである。

　このような相対評価の問題点は1960年代末から指摘されており，1970年代には到達目標を規準として評価を行うことを主張する到達度評価論が登場した。到達目標とは，「……がわかる」「……ができる」といったように，目標内容が到達点として示されるものである。到達度評価論にもとづいて，学校現場ではさまざまな通知表改革が進められた。

　しかし指導要録においては，引き続き相対評価が中心に位置づけられた。1971（昭和46）年の指導要録改訂においては，「あらかじめ各段階ごとに一定の比率を定めて，児童をそれに機械的に割り振ることのないように留意すること」とされた。さらに1991（平成3）年の改訂では，小学校低学年で評定欄を廃止し，中・高学年では絶対評価を加味した相対評価にもとづいて評定欄をつけるようになった。しかし，このような改訂では，教師の恣意的な評価に陥ることが危惧された。

（3）個人内評価の位置づけ

　戦後の指導要録には，相対評価とともに個人内評価の欄もみられた。個人内評価とは，一人ひとりの子どもを規準にして，その子どもの発達を継続的・全体的にみようとするものである。戦後最初の指導要録においては，「学習指導上とくに必要と思われる事項」欄および「全体についての指導の経過」欄に具体化されていた。相対評価が決して個々の子どもの学力保障を保証しないものであるのに対し，あくまで一人ひとり個々の子どもの成長をみようとする個人内評価が登場してきた意義は大きい。その後，個人内評価は，「所見」欄や，1991年改訂の際に新設された「指導上参考となる諸事項」欄で採用され続ける

こととなった。

　しかし，相対評価が指導要録のなかで最重要視され続けるなかでは，個人内評価はいわばその非教育性から子どもたちを「救済」するためのものとしての位置づけを与えられるようになる。すなわち，努力しても集団内での順位はあがらない子どもたちに対し，相対評価の欄はそのままにしつつ，個人内評価の欄でその努力を評価することによって，教師の「温情」を示すという形が生じたのである。だが，相対評価があくまで主流であるなかでは，このような「温情」は，いわばごまかしとならざるをえなかった。

　2001（平成13）年改訂以降の指導要録において，個人内評価は「総合所見及び指導上参考となる諸事項」欄で採用されている。一人ひとりの子どもの成長を総合的に捉え，それぞれの優れている点や長所，進歩の状況，ならびに努力を要する点などを評価する個人内評価の意義は大きい。ただし，個人内評価が恣意的な評価とならないためには，個人内評価についても客観的に共有されている目標と照らし合わせながらなされることが重要である。すなわち，個人内評価と次に述べる「目標に準拠した評価」との「内在的な結合」（田中，2008：45）が求められている。

（4）「目標に準拠した評価」の導入

　指導要録において大きな画期となったのが，2001年改訂である。すなわち2001年改訂においては，「目標に準拠した評価」が全面的に採用されることとなった。「目標に準拠した評価」とは，教育するにあたって予め明確に目標を設定し，その目標を規準として評価を行うことを意味している。この方針を打ち出した教育課程審議会「児童生徒の学習と教育課程の実施状況の評価のあり方について（答申）」（2000年12月。以下，「答申」と記す）では，「学習指導要領に示す目標に照らしてその実現状況を見る評価……を一層重視し，観点別学習状況の評価を基本として，児童生徒の学習の到達度を適切に評価していくことが重要となる」と述べられた。この改訂によって，指導要録においても，ついに「教育評価」が制度的に実現されたといえるだろう。

「目標に準拠した評価」では，指導の前に行う診断的評価，指導の途中で行う形成的評価，指導の終わりに行う総括的評価の3つが区別される。診断的評価とは，指導を始める前に子どもたちの学習への準備状態（認知面と情意面の両方）を把握しておくことである。形成的評価とは，教育の過程において成否を確認するものであり，その結果にもとづいて指導の改善が図られる。回復学習や発展学習といった「個に応じた指導」を充実させるほか，子どものつまずきを活かし，教え合いや話し合いを組織することで，どの子どもにとってもより深い学習を実現するといった工夫が考えられる。「答申」では，「評価の結果によって後の指導を改善し，さらに新しい指導の成果を再度評価するという，指導に生かす評価を充実させることが重要である（いわゆる指導と評価の一体化）」と述べられている。これは，形成的評価の重要性を指摘しているものといえよう。総括的評価とは，実践の終わりに到達点を確認して評定をつけるとともに，長期的な指導計画の改善へとつなげるものである。診断的評価と総括的評価を比較することで，教育の効果を確認できる。

（5）今後の課題

　2010（平成22）年改訂指導要録においても，引き続き「目標に準拠した評価」が採用されることとなった。改訂の方針を定めた中央教育審議会初等中等教育分科会教育課程部会「児童生徒の学習評価の在り方について（報告）」(2010年3月。以下，「報告」と記す）では，「今後とも，きめの細かい学習指導の充実と児童生徒一人一人の学習内容の確実な定着を図るため，……目標に準拠した評価として実施していくことが適当である」と述べられている。

　導入から10年が過ぎ，教育現場では，「目標に準拠した評価」に関する一定の理解が広がっている。しかし，評価基準が十分に共通理解されていない，評価が指導の改善に活かされていない場合がある，評価にかかわる負担感が大きいなど，さまざまな課題が残されている。

　2008年改訂学習指導要領で打ち出された学力像に対応する評価方法の開発も，課題となっている。2008年改訂学習指導要領では，学力の要素として，①「基

礎的・基本的な知識及び技能」，②知識・技能を「活用して課題を解決するために必要な思考力，判断力，表現力その他の能力」，③「主体的に学習に取り組む態度」の３つが示された。それに対応して，2010年改訂指導要録では，「観点別学習状況」欄の観点が「関心・意欲・態度」「思考・判断・表現」「技能」「知識・理解」の４つに整理されることとなった。観点「知識・理解」と観点「技能」は①，観点「思考・判断・表現」は②に，観点「関心・意欲・態度」は③に対応している。特に，「思考・判断・表現」や「関心・意欲・態度」の観点をどのように評価すればよいのかが，論点となっている。

これらの課題を解決し，「目標に準拠した評価*」をさらに充実させるためには，評価に関する研究成果を踏まえた改善が重要である。そこで，第３節・第４節では，評価に関する近年の研究成果を整理してみよう。

　　*紙面の都合上，本章では詳細を扱うことができないが，教育を行う上では「ゴールフリー評価（目標にとらわれない評価）」も重要である（根津，2006）。

3　「真正の評価」論と構成主義的学習論

（１）「真正の評価」論

近年の評価研究において，とくに注目すべきは，「真正の評価（authentic assessment）」論である。「真正の評価」論とは，「大人が仕事の場や市民生活の場，個人的な生活の場で『試されている』，その文脈を模写したりシミュレーションしたり」（Wiggins, 1998：24）しつつ評価を行うことを主張するものである。

「真正の評価」論は，米国において，1980年代に登場した。当時の米国では学校の説明責任を求める風潮が強まり，標準テストによる大規模な学力調査が行われるようになっていた。それに対し学校現場からは，そのような客観テスト式の問題（○×で採点できる問題）では知識の暗記・再生など限定的な学力しか評価できない，幅広い学力を保障するためには子どもたちが現実の場面で行うパフォーマンスにもとづく評価を取り入れることが重要だとする主張が登

場したのである。

（2）構成主義的学習論

「真正の評価」論が登場した背景には，学習に関する研究の進展や，それにともなう学力観の転換もあった。

行動主義にもとづく旧来の学習観では，複雑な学習内容を分析し，個々の要素について刺激—反応の関係を作り出すことによって学習が成立するととらえられていた。つまり，個別的な知識や技能を文脈に関係なく反復練習し，積み上げていけば高いレベルに到達できると考えられていたのである。

しかし，認知心理学の発達により，知識や技能は意味ネットワークのなかに位置づけられる形で身に付いていることが明らかになった。子どもは教師に教えられる以前から世界について何らかの知識や技能をもち，自分なりの解釈や説明を行っている。新しい知識や技能を身に付けるためには，それまでに身に付けている知識や技能の意味ネットワークに関連づけられることが必要だと捉えられるようになったのである。このような学習論を，構成主義的学習論という。

実際には，新たに接した事態が子どもなりの解釈や説明とは矛盾した場合，往々にして子どもはその事実を無視してしまう。子どもが自らの誤った解釈や説明をうまく乗り越えるためには，自分なりの解釈の問題点を自覚した上で，意図的にそれを組み替えていくことが必要である。そうでなければ，たとえテスト勉強において「正しい答え」を覚えていたとしても，テストが終われば学力は剥落してしまう。

また，知識や技能の学習は，学習した文脈に依存することも明らかになってきた。つまり，ある文脈で学んだことが別の文脈に転移して用いられるためには，さまざまな文脈で訓練されることが必要なのである。

（3）「真正の学力」

このような構成主義的学習論にもとづき，教育の世界で主張されるようにな

ったのが「真正の学力」論である。その代表的な提唱者である D. アーチボールド（D. Archbald）と F. ニューマン（F. Newmann）は，「真正の学力」の条件として，次の3点を指摘している。第一に，他者の生み出した知識の単なる再生やそれに対する応答ではなく，知識そのものを生み出すものである。第二に，訓練された探究，すなわち先行する知識の基盤と深い理解に基づく，統合的な知識の生産である。第三に，単に学習者の有能性を示すことのみを目的とするのではなく，「審美的な，実利的な，あるいは個人的な価値」をもつものである（Archbald and Newmann, 1988）。

　第二の条件にもみられるように，構成主義的学習論にもとづく学力観では，「深い理解」が強調されることとなる。ここでいう「理解」とは，端的には「事象や概念などを知識を使って説明したり状況に対処する能力」（堀，1992：158）である。構成主義的学習論において強調されている「深い理解」は，まさしく「思考力，判断力，表現力」に相当するものといえるだろう。

4　パフォーマンス評価の方法

（1）パフォーマンス評価とは何か

　さて，「真正の評価」論にもとづき，具体的な評価の進め方として提唱されるようになったのがパフォーマンス評価である。パフォーマンス評価とは，子どもたちに実際に知識や技能を活用させることによって評価を行うものである。

　図7-1は，学力評価のさまざまな方法を整理したものである。ここでは，評価方法を単純なものから複雑なものまで並べるとともに，筆記による評価と実演による評価に分類している。

　パフォーマンス評価の方法に何を含めるかは論者によって見解が分かれるが，客観テスト批判から登場したという経緯を踏まえれば，客観テスト以外の評価方法はパフォーマンス評価ということができるだろう。つまり，パフォーマンス評価には，さまざまな学習活動の部分的な評価や実技の評価をするという単純なものから，レポートの作成や口頭発表等により評価をするという複雑なも

図7-1 学力評価の様々な方法

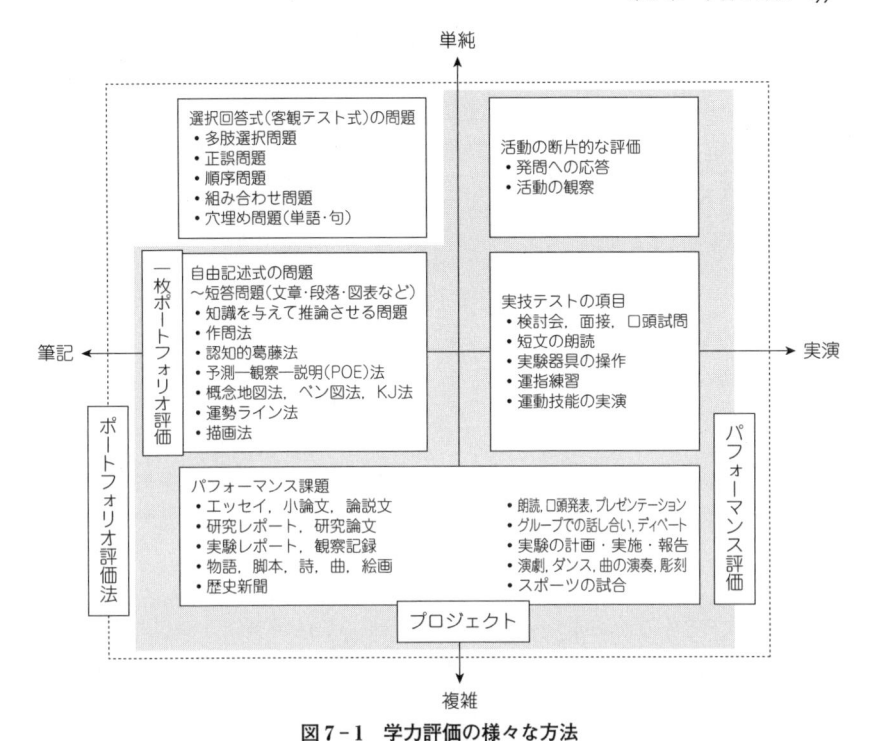

（出所）　西岡加名恵「パフォーマンス課題の作り方と活かし方」西岡・田中編著（2009：9）。ただし、一部用語を変更した。

のまでが含まれる。パフォーマンス評価については、先述の「報告」においても、「思考力・判断力・表現力等を評価するに当たって、『パフォーマンス評価』に取り組んでいる例も見られる」と紹介されている。

（2）PISAの調査問題

ところで、2008年改訂学習指導要領において「思考力、判断力、表現力」を重視する方針が打ち出された背景には、OECD（経済協力開発機構）が行っているPISA（Programme for International Student Assessment：生徒の学習到達度調査）からの影響があった。PISAは、「生徒がそれぞれ持っている知識や経験をもとに、自らの将来の生活に関係する課題を積極的に考え、知識や

表7-2　PISAにおける「読解力」の問題例：落書きに関する問題（一部）

> ［前ページには，落書きに関する2通の手紙（投書）が掲載されている］
>   前ページの2通の手紙は，落書きについての手紙で，インターネットから送られてきたものです。落書きとは，壁など所かまわずに書かれる違法な絵や文章です。この手紙を読んで，問1～4に答えてください。
> **落書きに関する問1**
>   この2つの手紙のそれぞれに共通する目的は，次のうちどれですか。
>   A　落書きとは何かを説明する。
>   B　落書きについて意見を述べる。
>   C　落書きの人気を説明する。
>   D　落書きを取り除くのにどれほどのお金がかかるか人々に語る。
> ［中略］
> **落書きに関する問4**
>   手紙に何が書かれているか，内容について考えてみましょう。
>   手紙がどのような書き方で書かれているか，スタイルについて考えてみましょう。
>   どちらの手紙に賛成するかは別にして，あなたの意見では，どちらの手紙がよい手紙だと思いますか。片方あるいは両方の手紙の書き方にふれながら，あなたの答えを説明してください。

（出所）　国立教育政策研究所編（2004：169-170）。

技能を活用する能力があるかを見るもの」（国立教育政策研究所，2010：3）であり，読解力（読解リテラシー），数学的リテラシー，科学的リテラシーなどが評価されている。

　PISA2003においては，日本の生徒たちの読解力がOECD参加国の平均程度まで低下していることが明らかになり，いわゆる「PISAショック」が広がった。当時の日本では，「ゆとり教育」政策への批判を背景に，知識・技能の習得が強調される風潮が強まっていた。しかし，「PISAショック」を経て，知識・技能を活用する力を重視する方向へと，政策が軌道修正されたのである。

　表7-2には，PISAにおいて読解力を調査した問題の一例を示している。PISA 2003において，読解力は，①テキストのなかに書かれている「情報の取り出し」，②書かれた情報から推論してテキストの意味を理解することを求める「テキストの解釈」，③書かれた情報を自らの知識や経験に関連づける「熟考・評価」の3つのプロセスとして評価されていた。表7-2に示した問1は「テキストの解釈」についての多肢選択問題，問4は「熟考・評価」を求めた自由記述問題となっている。

表7-3 パフォーマンス課題の例

課題A.「国際シンポジウムで提案しよう!」(社会科・中学校2年生)
　あなたは,平和を守るための調査や研究をしている政治学者です。ところが,……第一次世界大戦,第二次世界大戦と規模が大きく犠牲者も多く出た戦争が二度にわたり起こったため,世界に向けて「なぜ戦争が起こるのか? どうすれば戦争を防げるのか?」について提言するレポートを作成することになりました。[模擬「国際シンポジウム」で意見交換をした上で,提言レポートをB4用紙1枚にまとめてください。]

課題B.「読書会をしよう!」(国語・小学校6年生)
　物語「海の命」について,「読書会」をします。数名のグループに分かれ,物語を読んで見つけた疑問点や気づきを出し合い,お互いの読みが深まるような話し合いをしてください。「作品のこの部分は,何を意味しているのか?」「どうすればグループでうまく話しあいができるのか?」といった点を考えながら,話し合いましょう。時間は,20分間です。

(出所)　課題Aは,三藤あさみ「パフォーマンス課題のつくり方」(三藤・西岡,2010:23)より引用。課題Bの課題文は,宮本浩子「6年生の国語科単元『生きる姿を見つめて〜読書会をしよう〜』」(宮本・西岡・世羅,2004:91-124)で報告されている実践をもとに,筆者が作成した。

(3) パフォーマンス課題

「思考力,判断力,表現力」を育成するためにとくに注目しておきたいのが,パフォーマンス課題である。パフォーマンス課題とは,リアルな文脈(またはシミュレーションの文脈)において,知識やスキルを総合して使いこなすことを求めるような複雑な課題を指す。具体的には,レポートや絵画といった完成作品や,スピーチや実験のプロセスといった実演が評価される。PISAは筆記テストとして行われるため,知識や技能が要素に分析された上で評価されている。しかし,PISAで重視されているような知識・技能を活用する力は,学校の授業においては,たとえば「落書きについての自分の意見を,根拠を挙げながら説得的に論じる投書を書く」といったパフォーマンス課題に取り組ませる形で育成・評価する方が適切であると考えられる。

表7-3には,パフォーマンス課題の例を示している。課題Aは完成作品として提言レポート,課題Bは実演としてグループでの話し合いを評価する課題となっている。

パフォーマンス課題を作る際には,次のような手順を含むことが有効である(西岡編著,2008;西岡・田中編著,2009)。

① 単元の中核に位置する重点目標に見当をつける。課題Aの場合，単元の重点目標は，現代史における時代の変化，とくに戦争の原因をとらえることである。

② 重点目標に対応する「本質的な問い」を明確にする。課題Aの場合，「なぜ戦争が起こるのか？　どうすれば戦争を防げるのか？」という問いが設定されている。

③「本質的な問い」に対応して身に付けさせたい「永続的理解」を明文化する。「永続的理解」とは，大人になっても身に付けておいてほしいような重要な「理解」を指す。「本質的な問い」に対応する「理解」は，さまざまなレベルで存在する。「永続的理解」を明文化する作業は，目の前の子どもたちに知識や技能をどのように整理し，活用してほしいのかについてのイメージを明確にするものとなる。課題Aの場合，戦争は，政治的要因・経済的要因・文化的要因がさまざまに関係しあって起こる，といった「永続的理解」がめざされている。

④「本質的な問い」を問わざるをえないような文脈を想定し，目的，役割，相手，状況，パフォーマンス，評価の観点を明確にして，パフォーマンス課題のシナリオを作る。課題Aの場合，戦争を防ぐための提言レポートを「国際シンポジウム」に提出するというシミュレーションの状況設定が行われている。

（4）ルーブリック

　パフォーマンス評価を行う場合，成功の度合いには幅があるため，○か×かで採点することができない。そこで評価基準として，ルーブリック（評価指標）が用いられる。ルーブリックとは，成功の度合いを表わす数レベル程度の尺度と，それぞれのレベルに対応するパフォーマンスの特徴を示した記述語から成る評価基準表である。

　表7-4には，表7-3に示した課題Aに対応するルーブリックを示している。このルーブリックは，「特定課題のルーブリック」である。「特定課題のルーブ

表7-4 課題「国際シンポジウムで提案しよう！」のルーブリック

レベル	パフォーマンスの特徴
5 すばらしい	なぜ戦争が起こるのかについて時代の流れと当時の状況を把握して最適な内容で具体的に語られている。 どうしたら平和を保てるかについて戦争の原因から導き出して関連づけて主張をしている。経済，民族，宗教，条約・同盟，政治など，複数の事がらを総合的に関連づけて主張している。主張に最適な資料やデータを用いて効果的に活用している。全体的に文章や流れがわかりやすく，事実の解釈の仕方が完全で，主張も強固で説得力がある。
4 良い	なぜ戦争が起こるかについて時代の流れと当時の状況を把握して具体的に語られている。 どうしたら平和を保てるかについて戦争の原因から導き出して関連づけて主張している。経済，民族，宗教，条約・同盟，政治など，複数の事がらを総合的に関連づけて主張している。主張に必要な資料やデータを用いて効果的に活用している。事実の解釈の仕方は完全である。
3 合格	なぜ戦争が起こるかについて時代の流れと当時の状況を把握した具体的な例が書かれている。戦争が起こる原因について経済，民族，宗教，条約・同盟，政治など，いずれかについて史実にもとづきはっきりとした主張をしている。 どうしたら平和を保てるかについて主張している。ただし，主張に必要な具体的な資料やデータが少ないか扱い方がやや浅い。
2 もう一歩	主張はあるが，根拠になる史実のおさえが弱い。または取り上げた史実の解釈に誤りがある。史実を取り上げて説明しているが，主張は感想にとどまっている。
1 かなりの改善が必要	事実が羅列されているだけになっていて主張がない。または未完成である。

(出所) 三藤あさみ「パフォーマンス課題のつくり方」三藤・西岡 (2010：25)。

リック」は，表7-5に示したような手順で作られる。表7-5の手順でルーブリックを作った場合，各評点に対応する典型的な作品（アンカー作品）を整理することができる。そのようなアンカー作品をルーブリックに添付しておくと，各レベルで求められているパフォーマンスの特徴をより明確に示すことができる。

なお，表7-4に示したルーブリックの記述語の下線部は，他の時代の変化をとらえる論説文にも適用できる。すなわち，記述語の抽象度を高めると，単元を越えて発達をとらえる「長期的ルーブリック」をつくることができる。「思考力，判断力，表現力」を育成するためには，類似のパフォーマンス課題

表7-5　「特定課題のルーブリック」の作り方

① パフォーマンス課題を実施し，子どもたちの作品を集める。
② パッと見た印象で，「5　すばらしい」と評価できる作品，「3　合格」と評価できる作品，「1　かなりの改善が必要」な作品といったように，作品を分類する。迷ったら，「4　良い」，「2　もう一歩」と評価する。複数名で評価する場合は，お互いの採点が分からないよう，採点を付箋紙に書いて作品の裏に貼り付けるなどの工夫をするとよい。全員が採点し終わったら，付箋紙を作品の表に貼り直す。
③ それぞれの評点に対応する作品群について，どのような特徴が見られるのかを読み取り，記述語を作成する。複数名で作る場合は，意見が一致した作品から分析するとよい。一通り記述語ができたら，意見が分かれた作品について検討し，それらの作品についても的確に評価できるように記述語を練り直す。
④ 必要に応じて，評価の観点を分けて，観点別ルーブリックにする。

（出所）　Wiggins（1998：177）を踏まえて，筆者が作成した。

を繰り返し与えるといった長期的な取り組みが必要となる。その際には「長期的ルーブリック」を用いることによって，より効果的に学力保障を図ることができるだろう。

（5）ポートフォリオ評価法

　パフォーマンス評価の方法として，もう一つ注目しておきたいのが，ポートフォリオ評価法である。ポートフォリオとは，子どもの作品，自己評価の記録，教師の指導と評価の記録などを系統的に蓄積していくものである。ポートフォリオ評価法とは，ポートフォリオ作りを通して，子どもの学習に対する自己評価を促すとともに，教師も子どもの学習活動と自らの教育活動を評価するアプローチである。ポートフォリオ評価法も，「真正の評価」論を背景に登場したパフォーマンス評価の方法の一つである。しかしながら，選択回答式（客観テスト式）の筆記テストも収録する場合があるため，図7-1ではすべての評価方法を破線で囲む形で示している。

　ポートフォリオ評価法を進めるにあたっては，次の3点に留意することが重要である。第一に，子どもと教師で見通しを共有する。すなわち，「なぜ，ポートフォリオを作るのか？　意義は何か？」「何を残すのか？」「いつ，どの期間で作るのか？」「どう活用するのか？」といった点を共通理解した上で進

表7-6 検討会における対話の流れ

① 教師から「この作品のいいところはどこかな？」「今，困っていることは何？」といったオープンエンドの問いを投げかけによって，子どもの自己評価を引き出す。
② 子どもの言葉に耳を傾ける。この時，教師には「待つ」力が求められる。
③ 達成点を確認し，いいところを褒める。
④ 具体例の比較を通して，目標＝評価基準を直観的につかませる。
⑤ 次の目標について，合意する。直感的に把握された目標＝評価基準を言語化するとともに，見通しが立つ範囲の目標に絞り込む。
⑥ 確認された達成点と課題，目標についてメモを残す。

（出所）西岡（2003：70-71）を一部，変更した。

めることが求められる。第二に，蓄積された作品を整理・取捨選択するなど，編集する作業を行う。具体的には，ポートフォリオ検討会で見せる作品を選ぶ，日常的に作品をためておくワーキング・ポートフォリオから永久保存する作品だけを残すパーマネント・ポートフォリオを作る，目次を作り「はじめに」と「おわりに」を書く，といった作業である。ポートフォリオ検討会とは，関係者が到達点と課題について共通理解するために，ポートフォリオを用いて話し合う場のことである。ポートフォリオ評価法を進める上で第三の留意点となるのが，定期的にポートフォリオ検討会を行うということである。表7-6には，教師と子どもが検討会を行う場合の典型的な対話の流れを示している。このような対話を通して子どもの自己評価力を育てることは，パフォーマンス評価に取り組む際，とくに重要となる。

なお，クラスのサイズが大きい場合，個別・グループ別に対話する形式で検討会を行うことは難しい。そのような場合は，アンカー作品やモデル作品を紹介しつつルーブリックを説明したり，数点程度の作品を取り上げて批評会を行ったり，ルーブリック作りを追体験させることで，子どもたちの自己評価力を育てることができる。いずれの場合も，具体的な作品のイメージとともに，目標＝評価基準を理解させることが重要である。

5 効果的な評価の進め方

(1) 教科における評価

最後に,パフォーマンス評価を取り入れつつ効果的な評価を行う上でのポイントを確認しておこう。

表7-7は,教科において学力評価計画を立てる場合の基本的な考え方をまとめたものである。学力評価計画を立てる際には,まず,各観点の趣旨を的確にとらえ,どの観点・内容に対し,どのような評価方法を用いるのかを明確にしておくことが重要である。観点「知識・理解」や観点「技能」については,個別的な知識や技能を評価する観点だと考えられる。したがって,従来用いられてきた筆記テストや実技テストが適しているだろう。一方,観点「思考・判断・表現」や観点「関心・意欲・態度」は,複数の知識やスキルを総合して使いこなす力を見る観点だと考えられる。したがって,パフォーマンス課題などのパフォーマンス評価の方法が適している。パフォーマンス課題については,適した単元において,単元の中核に位置する重点目標に対応して用いることが

表7-7 長期的な学力評価計画のテンプレート

評価の観点	評価方法	単元1	単元2	…	単元x	評価基準（長期的ルーブリック,またはチェックリスト）				
						1	2	3	4	5
関心・意欲・態度	パフォーマンス課題	○								
思考・判断・表現	パフォーマンス課題		○		◎					
技能	実技テスト 筆記テスト									
知識・理解	筆記テスト	○	○		○					

吹き出し:
- どの単元でどの評価方法を用いるかを決める。
- 単元を超えて児童・生徒の成長を捉える「長期的ルーブリック」を示す。
- どの観点に対応して,どの評価方法を用いるかを明示する。
- 習得すべき項目をチェックリストにし,達成率を評価基準とする。

(出所) 西岡加名恵「指導要録改訂の方向性と今後の評価の在り方」田中編著 (2010b：17)。ただし,一部変更した。

有効である。

　なお,「関心・意欲・態度」の観点については, 一般的な学習態度をみるものではなく, 教育の結果として, 教科の学習内容や学習対象に即して身に付いた「関心・意欲・態度」を評価するものだということに留意しておかなくてはならない。「関心・意欲・態度」の評価については, パフォーマンス課題のなかでもとくに総合的・発展的な課題や, 生活との結びつきを考えさせるような課題で評価することが考えられる。

　次に, 評価基準の設定については, チェックリストとルーブリックの二種類を使い分けることが求められる。観点「知識・理解」と観点「技能」については, 習得させるべき項目をチェックリストにし, 達成率で評価することができるだろう。一方, 観点「思考・判断・表現」と観点「関心・意欲・態度」の観点については, ルーブリックを用いることが適切だと考えられる。単元を越えて類似のパフォーマンス課題を繰り返し与える場合は,「長期的ルーブリック」を用い, 年度末の総括的評価については到達レベルでつけることもできる。

　「観点別学習状況」欄の評価をどう総括して「評定」を決定するのかについての, 具体的なルールも検討しておく必要がある。たとえば,「観点別学習状況」欄におけるABCの組み合わせから自動的に変換する, 観点別の重みづけも配慮しつつA・B・Cを素点（％）に変換するといったルールの開発が, 各学校に求められている。

　なお, 評価の信頼性を高めるためには, 評価基準や「評定」の決定方法を学校や地域で共通理解しておくことが重要である。たとえば, 共同でルーブリックを作れば, 評価の観点や水準を共通理解することができる。そのようにして社会的に共通理解された目標＝評価基準のことを, スタンダードという。

　以上のように学力評価計画を策定すれば, 年度末までにどのような資料を根拠として評価が行われることになるのかのイメージも明瞭になる。そのような資料を系統的に蓄積するポートフォリオは, 教師と子どもたち, 保護者の間で学力評価計画を共通理解する上でも有効なツールになるだろう。

(2)「総合的な学習の時間」の評価

一方,「総合的な学習の時間」については, 子どもたち自身が課題を見つけ, 自律的に探究を進める力を育てることがめざされる。「総合的な学習の時間」のカリキュラムは学校によりさまざまに開発されているが, 多くの場合はまず「○○を作ろう」「○○について調べよう」といった大テーマが与えられる。子どもたちは,「大テーマに関連した問題を発見し, 活動計画を作り, 調べ活動に取り組み, 成果や問題点を表現・共有し, そこからまた新たな課題を設定する」というサイクルを繰り返しつつ, 探究を深めていく。

そのような「総合的な学習の時間」の場合, 探究活動は, 個別・グループ別に進められることになる。それぞれの子どもやグループが進めている探究の足跡をつかむ上で, ポートフォリオは有効なツールとなる。

また, 評価の観点としては,「子ども自身が設定しているか課題の質はどうか」「論理的に考えられているか」「直接的な体験を通して学んでいるか」「グループで上手に協力しているか」「的確に自己評価できているか」といった点を意識しておくと良いだろう。

評価の場面としてとくに意識しておきたいのは, クラス全体で交流する場面や個別・グループ別に検討会を行う場面である。子どもたちが調べ学習に取り組んだり, 調べた内容をまとめたりしている時間にローテーションを組むことで, 個別・グループ別に検討会を行うことが可能である。また, 全体で交流する場面では, お互いの成果や課題を比較したり, 関連づけたりする活動が有意義である。いずれの場合も, 予めポートフォリオの重要な個所に目を通し, 指導のポイントを明確にしておくことが重要である。

(3)「特別活動の記録」と「行動の記録」

最後に,「特別活動の記録」や「行動の記録」の欄についても,「目標に準拠した評価」を行うという原則を確認しておきたい。

「特別活動の記録」については,「各学校が自ら定めた特別活動全体に係る評価の観点を記入した上で, 各活動・学校行事ごとに, 評価の観点に照らして十

分満足できる活動の状況にあると判断される場合に，〇印を記入する」(「通知」)とされている。また,「行動の記録」についても,「各項目の趣旨に照らして十分満足できる状況にあると判断される場合に，〇印を記入する」(「通知」)とされている。

いずれの場合も，どのような状況に至れば「十分に満足できる」と評価できるのか，具体的な基準を明らかにしておくことが求められる。それと同時に,「満足できる」状況に至っていない子どもたちに対して，指導の改善を図り，目標の実現に努めることが重要である。

── 学習の課題 ─────────────────────────
(1) 相対評価と「目標に準拠した評価」の定義，およびそれぞれの長所・短所を表にまとめなさい。
(2) 教科の単元を一つ選び，学力評価計画を立てなさい。評価方法と評価基準を明示すること。
(3) 教科における評価と「総合的な学習の時間」における評価を比較し，類似点と相違点について論じなさい。

参考文献

天野正輝 1993『教育評価史研究』東進堂。
梶田叡一 1992『教育評価　第2版』有斐閣。
教育課程審議会 2000「児童生徒の学習と教育課程の実施状況の評価のあり方について（答申）」。
国立教育政策研究所編 2004『生きるための知識と技能2　OECD生徒の学習到達度調査（PISA）2003年調査国際結果報告書』ぎょうせい。
国立教育政策研究所編 2010『生きるための知識と技能4　OECD生徒の学習到達度調査（PISA）2009年調査国際結果報告書』明石書店。
田中耕治 2008『教育評価』岩波書店。
田中耕治編著 2010a『よくわかる教育評価　第2版』ミネルヴァ書房。
田中耕治編著 2010b『小学校　新指導要録改訂のポイント』日本標準。
田中耕治編著 2011『パフォーマンス評価―思考力・判断力・表現力を育む授業づくり』ぎょうせい。
中央教育審議会初等中等教育分科会教育課程部会 2010「児童生徒の学習評価の在り方について（報告）」。

中内敏夫 1998『中内敏夫著作集Ⅰ 「教室」をひらく』藤原書店。
西岡加名恵 2003『教科と総合に活かすポートフォリオ評価法』図書文化。
西岡加名恵編著 2008『「逆向き設計」で確かな学力を保障する』明治図書。
西岡加名恵・田中耕治編著 2009『「活用する力」を育てる授業と評価 中学校—パフォーマンス課題とルーブリックの提案』学事出版。
根津朋実 2006『カリキュラム評価の方法——ゴール・フリー評価論の応用』多賀出版。
堀哲夫 1992「構成主義学習論」日本理科教育学会編『理科教育学講座5 理科の学習論（下）』東洋館出版社。
三藤あさみ・西岡加名恵 2010『パフォーマンス評価にどう取り組むか——中学校社会科のカリキュラムと授業づくり』日本標準。
宮本浩子・西岡加名恵・世羅博昭 2004『総合と教科の確かな学力を育むポートフォリオ評価法 実践編』日本標準。
文部科学省 2010「小学校，中学校，高等学校及び特別支援学校等における児童生徒の学習評価及び指導要録の改善等について（通知）」。
Archbald, D. and Newmann, F. 1988 *Assessing Authentic Academic Achievement in the Secondary School*, National Association of Secondary School Principals.
Wiggins, G. 1998 *Educative Assessment*, Jossey-Bass Publishers.
Wiggins, G. and McTighe, J. 2005 *Understanding by Design*, Expanded 2nd Ed., ASCD.

（西岡加名恵）

第8章　育成する学力と学習形態

　授業者は，変動する社会においてできる限りの見通しをもち，学習者自身が将来道を切り拓く技能を高めるための授業を設計することが期待されている。めまぐるしく起こる変化や複雑な課題に振り回されず柔軟に対応できることが重要であるが，そのような授業を開発するための「適切な方法」の基準は不断に変化し続けるのであり，「最も効果的な方法」は存在しない。学習者が学力を高めるということに対するイメージを授業者がどのように描いているかに応じて，採用される方法もさまざまである。

　本章では，このようなイメージのとらえ方を意識しながら，指導形態や学習形態を検討する。なお，先述したように，柔軟な判断が期待されている事を踏まえ，自分なりの軸に合わせて，他の章や資料を手がかりとしながら考察されることを期待したい。（本章を通読した後再読することを勧める。）

1　学ぶ目的と学力と学習形態

　学習者それぞれが必要とする技能を高めるとき，なぜそれを必要としているか，どのように達成したいのかに応じて学習目標を設定し，学習目標に準じて適切な方法や知識，環境や道具などを選ぶことになる。

　これについてたとえば水泳で詳しく考えてみよう。仮に危険な場面で身を守るために25メートル以上泳ぎ切ることが課題になったとしたら，指導者にとっては25メートル泳ぎ切ることができるようにすることが指導目標となる。しかし，どのように達成したいかは泳ぐ人によって異なり，そのための練習方法も多様である。たとえば25メートルを泳ぐことを達成する上で，さらに新記録を

出すことをめざしたい人がいたとしたら，現時点でのタイムや泳ぎ方の傾向を確認して，あとどれだけタイムを縮めたいか，そのためには泳ぎ方をどのように工夫する必要があるかなどといった視点から目標設定を行うだろう。そこでどのような技術や知識が必要か，どのような方法でトレーニングするか，どのような環境であれば成果が得られやすいか，いつまでにどのくらいタイムが縮めば満足かなど，具体的に展開していくことになる。

　新記録を出したいと考える人の他に，美しいフォームで優雅に泳ぐことに価値をおく人がいるかもしれない。また，健康的にゆっくり長い距離を泳ぎ続けたい人もいるかもしれない。3者はそれぞれ異なるトレーニングに取り組むことになるだろう。しかし，25メートル以上泳ぎ切ることを達成するという点では3者の間で共通している。学校教育では，このような共通目標が学習指導要領で定められている。

　このように，共通する目標がありながらも，達成する目的や理想的な最終成果の形，そしてそこに至るまでに必要なものや道のりはさまざまである。情報社会では学び方の選択肢がさらに拡大した。このように，適切な学習が学習者によって異なるというとらえ方は，文部科学省の方針にて「個に応じた指導」と示されたりOECD（経済協力開発機構）によって「学習の個別化」(Personalising Education)（OECD, 2007）と示されたりしている。両者の間には，主役を授業者に求めるか学習者に求めるかの違いはみられるものの，学習の多様性に応じようとする教育の方向性は，いまや全世界の課題であるといえる。

　このような課題について，授業を設計する立場である教員が一人ひとりのニーズに応えようとするか，学習者自身による目標達成を助けようとするかで，授業の設計はかなり違ったものになる。

2　学習指導を設計する

　授業を設計するとき，同じ内容であってもそれを「教える内容」ととらえるか「学ぶ内容」「学ぶべき内容」ととらえるかで設計の枠組みが異なる。この

表 8-1　教えるときの設計の枠組と主体的な学習を設計する枠組み

教えるときの枠組み	主体的な学習の枠組み
1. どのような学習者に 2. どのような教育目標を達成するには 3. どのような教科内容を 4. どのような教授方略で 5. どのように展開すればよいか	①学習をどのように意味づけて 　（学習目標，解決すべき課題など） ②どのような活動を計画すれば ③どのような成果を期待できるか，そのためには ④どのような内容を ⑤どのような相互作用・情報で ⑥どのような用具を用いて学習すればよいか ※学習成果を重視する場合には②と③との順序は逆になる。

（出所）　学習開発研究所（2014：No. 1145-1157）。

ような違いを，たとえば西之園晴夫（2004）は授業を設計するときの命題の違いとして説明しているが，これらを整理すると表8-1のようになる。内容を「教える内容」ととらえた場合は，左側の「教えるときの枠組み」で授業を設計する。同じように，「学ぶ内容」「学ぶべき内容」ととらえた場合は，右側の「主体的な学習の枠組み」で設計することになる。それぞれの設計を，先述した水泳の事例にあてはめると，どのように説明できるだろうか。

「教えるときの枠組み」で水泳トレーニングをするとしたら，内容，方略，展開が同じ目標をもった対象のために準備され，対象が多様であればそれだけのプログラムを準備することになるであろう。一方で，「主体的な学習の枠組み」でトレーニングを行う場合は，表8-1の①～⑥それぞれに「わたしは」をつけても成立するように，練習をする者自身が方法を調整したり組み立てたりすることも可能である。練習する者が理想とする状態を手に入れる権利と責任が前提であるから，成果を出すために必要であればプログラムで扱う内容や実施されている時間や場所に限定されることなく，自分の判断でよりよい方法を追求し続けることになるであろう。なお，この①～⑥をそれぞれ学ぶ意味（Meaning），学習活動（Action），学習内容（Contents），情報・相互作用（Information, Interaction），学習用具（Tool），学習成果（Outcome）とし，その頭文字をとってMACITOモデルという。

3　学習する内容として強調されているもの

　近年の我が国では「教える内容」あるいは「学ぶ内容」「学ぶべき内容」として，どのようなものを示しているだろうか。

　2008年に公示された学習指導要領では，基礎的な知識・技能の習得と，問題解決のためにそれらを活用して思考する力・判断する力・表現する力の習得をめざしている。2007年より導入された全国学力・学習状況調査では，小学校6年生と中学校3年生の国語と算数・数学について「主として『知識』に関する」A問題と，「主として『活用』に関する」B問題の調査を行っていることから，文部科学省が提示している学力は「習得」するものと「活用」するものとに整理できる。2008年に文部科学省が作成した教員用パンフレットでは，「習得」するタイプの学力については「体験的な理解と繰り返し学習を重視する」ことで「学習の基盤を構築すること」を留意点として挙げており，「活用」する能力については，「音読・暗唱，漢字の読み書き」「記録，要約，説明，論述」によって育成される「言語の能力」を基盤としながら「観察・実験，レポートの作成，論述など」を通して高める必要があると説明されている。後者については，前述の「全国学力・学習状況調査」の結果や，2000年からOECD加盟国対象に行われたPISA調査の結果として，読解力や記述式の問題に課題がみられたことが背景となっている。

　これらの力を学習者が習得できるように，授業を設計することが教員の役割であるが，あなたはどのような設計をするのだろうか。授業は，このような方法でなければ学力が習得できないという議論からうまれるものではなく，学力がどのように育つとあなたがイメージしているかで採用される方法が変わるのである。これを確認するために，たとえばMACITOモデルを再び参照してほしい。教えることを中心とした場合と学ぶことを中心とした場合とで展開が異なることは明らかであるが，どちらのパターンがあなたのイメージに近かっただろうか。授業を設計するときに「教授方略」や「環境」「活動」の部分に相

当する「形態」(指導形態,学習形態) としてどのようなものを選択しているかによってどちらのスタンスで設計しているかがわかる。指導形態と学習形態について,それぞれどのようなものがあるかを再度確認し,あなたが今実現したい状態のためにはどのような形態を選びながら設計することが適しているかを考えてみよう。

4 指導形態と学習形態

指導者がどのように教えるかを考えたときは,どのような形態であれば指導しやすいかが問われる。同じように,学習者がどのように学ぶかを考えたときは,どのような形態であれば学びやすいかが重要になる。これらをどのような言葉で表わすかはさまざまであるが,たとえば上條晴夫 (2011) は「教えやすさ」「学びやすさ」と表現している。前者は指導形態を,後者は学習形態を考えたものである。授業の主役をどちらに据えるかで重視する形態は異なる。

どのような形態を選ぶ場合でも,授業で学習者が成果を手に入れるために,授業のねらいと形態との関わりを吟味しなければならない。授業を行った後にねらいと実態を比較し,再設計を行うことが重要であるが,そのときに設計した段階の意図をはっきりさせておく必要がある。

以下,指導形態や学習形態と考えられるものをいくつか取り上げるので,その特徴からあなたが設計しようとする授業のイメージを検討してみよう。

(1) 教えることを中心とした指導形態

学習者の間で学力の格差が拡大すると,知識の伝達や支援のあり方が深刻な課題となり,これまでの一斉指導では対応が難しくなる。多様なニーズにどこまでも応えようとすると,最終的には個別指導にたどり着くが,現在の学校教育のシステムでは困難である。そこで知識や技能がより伝わりやすくなるように,あるいは,探求活動をサポートしやすくなるように,学習集団の構成を工夫することになるだろう。学習集団を構成する変数となるのは人数や能力であ

り，人数を調整しようとしたのが少人数教育やティーム・ティーチング（T・T）であり，能力によって調整したのが習熟度別指導である。

① 一斉指導

　日本の教育システムは，1872（明治5）年に公布された「学制」を契機として，身分階級ごとに独自の教育がなされていた状態から一変し，富国強兵をめざしてすべての階級に一貫した内容が教育されるようになった。教育内容は系統的に整備され，国民の能力を効率よく一気に高めるためには，長い間この方法が効果的であった。何より，一人の教員が多数の学習者に対して教えることができたので，教育コストを最低限に抑えることができた（それゆえ教育機会を広げることができた）。やがて情報社会が訪れるようになると，情報は学校以外の場でも手に入れることができるようになり，情報をうまく活用できる学習者が自ら知識を生み出すようになった。そのような情報社会の動きにあわせて，欲しい知識・技能，学び方，既習の知識，教育をうける目的などが多様化し，系統的な内容を一斉に教えるという方法に限界がみられるようになった。これにより，一斉指導の他に，さまざまな指導方法が検討されるようになったが，現在も多くの場面で実施されている指導方法である。

② ティーム・ティーチング（T・T）

　ティーム・ティーチングは，複数の教員が協力して授業を展開することで，さまざまなペースでの学習にきめ細かに対応しようとしたものである。ティーム・ティーチングの実施については教員数について課題があったため，文部科学省が教職員数の改善計画を行い，現在は多くの学校で加配教員と呼ばれる教員が指導を担当している。

　吉崎静夫（2004）は，T・Tの組み方の例がいくつかあるとして，それぞれの特徴を例示しているが，それらを表に整理すると表8-2のようになる。

　このように，さまざまな組み合わせが可能な状態であれば，場面に応じて適切な形態で展開できる。また，今後の展望として，「授業改善のためのT・T」

表8-2 T・Tの組み方と特徴

T・Tの組み方	特　徴（抜粋）
「クラス内でのT・T」	一人の教師が一斉指導をしているときに、もう一人の教師が机間巡視をしながら、「つまずきやすい子ども」に対して個別指導をする。
「同一学年内でのT・T」	少人数授業や習熟度別学習が導入されるようになると、これからのT・Tの基本形態になる。
「複数学年間でのT・T」	「読み、書き、計算」などの基礎学習において、子どもが各自の進度（ペース）にしたがって学年の枠を取り払った学習を展開する場合。

（出所）　吉崎（2004：67-68）より。

が導入されることで、教室内での指導を直接支援するためだけでなく、教員の能力を高め合う機会としてのあり方も考えられるだろう。

③ 少人数教育

　学級単位で学ぶ場合、理解度の高い学習者と教師とのやりとりを中心にして進められることも少なくない。そのような場合に、指導の対象となる学習者の人数を少なくすることで多様な学習ニーズに応えようとしたのが、少人数指導や少人数学級といった少人数教育である。

　少人数指導とは、学習者を学級単位ではなく、各教科の実態に応じていくつかの学習集団に分けて指導する方法である（たとえば40人学級のクラスを特定の教科の時間に20人以下の集団に解体して指導をするなど）。少人数指導は、習熟度別学習とセットで実施されることも多く、習熟度が低い学習者はとくに少人数で構成してきめ細かく指導できることをメリットとしている。また、一人でじっくり取り組みたい学習者グループと、他の学習者と相談しながら進めたい学習者グループといった、学習者が望む学習スタイルによって学習集団を構成し、指導する実践例も報告されている（今井・山本, 2009）。

　それに対して、少人数学級は、学級単位で指導することができるように、学級の人数そのものを減らす方法である。少人数学級の実現はクラス数ひいては教員の数や教室数の増加を意味するため、実現はなかなかむずかしく、2011（平成23）年4月になって「公立義務教育諸学校の学級編制及び教職員定数の標

準に関する法律」により，公立小学校の1年生に限り学級の上限数を40人学級から35人に引き下げるよう定められた。

　このように少人数に分けて指導する場合は，ティーム・ティーチングと同じように指導者の数が十分であるかどうかが問われるが，文部科学省で定めた数に従って教員を加配できるようになった。しかしながら，人員の整備以上に教室数の確保は難しく，未だ議論され続けている課題である。

④ 習熟度別指導

　学習者の学ぶ目的が多様であると，習得される内容や学習習慣にも違いが生じることから，同じ教室内にさまざまな能力をもった学習者が集まることになる。学習者が備えている能力の違いをどの視点からとらえるかはさまざまであるが，それを特定の教科における学習習熟度からとらえてグループを分けて指導を行うものが習熟度別指導である。たとえば上位グループ，中位グループ，下位グループ（名称はそれとはわからないような形で設定される）のような形で分けられる。このような場合，下位集団は少人数で編成し，指導力のある教員が練習問題の量やレベルを調節したり，補助教材を用いたりしながら指導する傾向にある（桜井，2007）。上位集団よりも下位集団に対しての配慮が重視されているが，実際は上位集団の英才教育として機能しているという指摘もある（佐藤，2004）。このように，習熟度別指導は未だささまざまな場で議論が続けられており，実施に当たっては保護者への説明を十分に行い，グループ分けの際に学習者の意向を尊重したりしながら進められている。

（2）学ぶことを中心とした学習形態

　学習者は，授業で学ぶなかで意味を探ったり，意味を獲得したりすることで主体的に学ぶことができる。このような学習を実現させるときは，学ぶ意味をどのように設計に組み込むかが重要であるが，そのためにテーマに文脈をもたせ迫真性を高めるという方法が多くの学習形態でみられる。また，参加する学習者や考え方の多様性を前提とし，むしろそれらを利用することで学習が活性

表8-3 発見学習の展開例

教　材	円 $x^2+y^2=r^2$ の周上の点 $A(x_1 \cdot y_1)$ における接線の方程式を考えてみよう。
課題の意識	今日は一年のときに学んだ，円と接線について，もう一度整理してみよう。 〔中略〕
洞察	では，この問題を読んで，すぐ頭にくるのはなんだろうか。 〔生徒からアイディアが(A)～(F)まで出される。〕
再構成	色々のアイディアはでたが，これをどのようにして，整理していくか？　分析をして，仮説をたて……10分くらいで，それぞれの方針で計算してみよう。
仮説説明	机間巡視，助言，仮説の検討など
再仮説 再検定 解　決	出来上がった人は黒板に書いてみてください。 〔生徒が(A)～(F)のアイデアごとに式を板書する〕
創造発見の喜び	さて，みんなで，解答を検討してみよう。 創造，発見の喜びを知る！
発　展	次に，少し困難な問題を出しておくから，家で考えてきてください。 〔設問が提示される〕

（注）　〔　〕内は筆者が整理した内容。
（出所）　谷川（2002）。

化することを目指している。さらに，習得した学力の定着やそれらを学ぶことの意味の再認識を目的として，学習者自身が学んだことを言語化し，他者に説明するという活動が設定されることも多い。ここで紹介する学習形態（長年多くのテキストで紹介されてきた発見学習や仮説実験学習，完全習得学習に加え，これから多くの場で注目されるであろうワークショップ型学習など）においても例外ではない。

これらにより，従来暗記することで習得されてきた知識についても，学習者がテーマの文脈から意味を感じとりながら学力を習得していくように設計することが可能であるが，設計する段階で「何のために何が学ばれるのか」が曖昧であると，時間をかけて経験したとしても学んだとは言えない状態になりやすい点には留意する必要がある。

① 発見学習

発見学習は，教員が知識の構造を与えるのではなく，学習者が知識の構築過

程を探究しながらその構造を発見していく形で習得するものである。知識の体系をまだ知らない学習者自身がその構造を明らかにしていくような形で授業が設計される。これにより，知識構造を発見するだけでなく発見的・探究的態度を育成することがねらいとなる。ジェローム・シーモア・ブルーナー（Jerome Seymour Bruner）の『教育の過程』(1960) 以来盛んに研究され，教育現場ではよく知られている方法といえる。

　発見学習は，問題を把握して足がかりとなる情報から直感的に予想を立て，既有知識を用いて論理的に仮説を検討し，別の状況への適応が可能かを検証したり発展的な課題を見出したりしながら進められる。いわば，問題解決のための思考の訓練ともいえる。では，具体的にどのように展開されてきたのだろうか。たとえば谷川幸雄（2002）が示す事例から概略をつかんでみよう（表8-3）。ここで重要なのは直観的思考と分析的思考という2つの思考様式であり，谷川の事例では「洞察」で直観的思考が，「仮説説明」で分析的思考が働いているといえよう。発見学習の成否を握っているのは，問題の意味や重要性や構造を素早く把握する際に働く直観的思考である。天野正輝（1995）は直観的思考の具体的な訓練方法として，①構造化された教材を提示し，指導の際，知識の構造または関連性を強調すること，②適度の関連経験を与えること，③自由な雰囲気のなかで当て推量（guess）をさせること，④類推の利用，制約的条件の吟味，解決の視覚化などにたよること，⑤誤りや成功の結果に対してあまりこだわらないようにさせる，⑥評価の仕方に留意し，正しい回答のみに重点をおいた評価をしないこと，⑦自分の能力に自信と勇気をもたせること，などを挙げている。

② 仮説実験授業

　仮説実験授業は，1960年代に板倉聖宣や庄司和晃らが提唱した方法であり，問題→仮説（予想）→討論→実験という4段階での展開が基本である。ブルーナーによる「発見学習」と同時期に登場しており，しかも両者の構造にはかなりの類似性が認められる。仮説実験授業において提示される設題例を吉村七郎

(1976) の実践から取り上げてみよう。

仮説実験授業の問題例

[問題6]
空気は，気体の酸素と窒素などが混ったものです。空気（酸素や窒素）を液体や固体にできると思いますか。
予　想　ア．液体や固体にすることはできない
　　　　イ．液体にすることはできるが，固体にはできない
　　　　ウ．液体や固体にすることができる
（どうやったら液体や固体にできると思いますか。）
討　論　どうしてそう思いますか，みんなの知っていることや考えを話し合ってから，次の話を読みましょう。

（出所）　吉村（1976）より。

　展開事例などを比較しても，仮説実験学習においては予想の段階でいくつか選択肢が提示される点や，討論の段階で仮説を変えてもよいというルールがあるという点に違いが認められるが，その他は直観的思考と分析的思考から科学的に知識を獲得したり，探求・創造したりする態度を追求する等，両者に大きな相違点はみられない。

　学習指導要領の法的拘束性が強まったこの時期は，世間の科学への関心により，経験主義から系統主義へと移行するが，仮説実験授業はこうした流れにやや逆らった形で登場する。仮説実験授業を実践・経験したことがある教師の多くが(1)子どもたちの学習意欲が向上する，(2)子どもたちの理解度が向上する，(3)子どもどうしの連帯感が向上する，(4)子どもたちの教師への印象がよくなるという理由から肯定的であるが，なかには(1)学習指導要領の中での位置付けが不明瞭，(2)授業時間数の確保が難しい，(3)カリキュラムの確立が難しいなどの理由から否定的な声もある（上島・廣木，2009）。

表8-4 永井らの実践による教育内容・目標の分類

内容\目標	知識・理解					科学の方法					技能			情意			
	命名・用語	記号・単位	現象・事実	法則・公式	応用・総合	予測・仮説	計画・立案	データ処理	結論	評価	測定	操作	観察	発表	要求	協力	興味
1																	
a				◎													
b				◎													
2																	
a				◎													
b	◎					○					◎						
c				○													
3																	
a			○														
b			○														

(出所) 永井・岩下・橋本（1985）より。
◎（全員がマスターする），○（必ずしも全員がマスターしなくてもよい）

③ 完全習得学習

　学習者がさまざまな予測をたてながら知識を獲得する方法においても，学級で同じペースで進めようとすると習熟の差が生じるであろう。こうした状態に対して，発見学習や仮説実験授業と同じく，1960年代にベンジャミン・ブルーム（Benjamin S. Bloom）は全員が足並みを揃えて学ぶことが可能な枠組みをモデル化した。それが，完全習得学習である。

　完全習得学習の理念に従うならば，まずどのような内容を学ぶのか，そのためにどのような能力をどれだけ習得するべきか（教育目標の分類学），どのような手順で学ぶようにするかということを，全て可視化できる準備が必要である。学習の手順はかなり綿密に組み立てられることになり，設計された目標の分類に従って，学習内容の単位ごとに達成度を形成的に調べるように評価問題を設定することになる（形成的評価）。こうした考えにもとづいて授業を展開しようとした時，たとえば教育目標の分類や指導設計はどのようになされるのか。わが国で実施された授業を永井八ら（1985）の実践を例に取り上げる（表

8-4, 8-5)。

この事例からも確認できるように，教育の目標は「知識・理解」「科学の方法」「技能」「情意」から分類されている。目標のカテゴリーごとに示すことで，どのような能力を習得することになるかが把握できる。また，形成的評価の結果においてつまずきが発覚した場合は，そのつまずきを解消してから次の段階に進むようになっているが，これが全員で足並みを揃えて進むためのしかけである。ブルームによる教育目標の分類学の考え方が広まると，わが国でも学習者の学んだ成果を指導者の直感で評価するような方法や，学習者の試験の結果を相関的に評価するという方法ではなく，カリキュラムを作成するときに定めた到達度で学んだ結果を評価するようになった。評価するための項目や具体的な方法は新たに検討されているが，こうした考え方が今でも引き継がれている。

表8-5 永井らの実践による授業設計プロセス

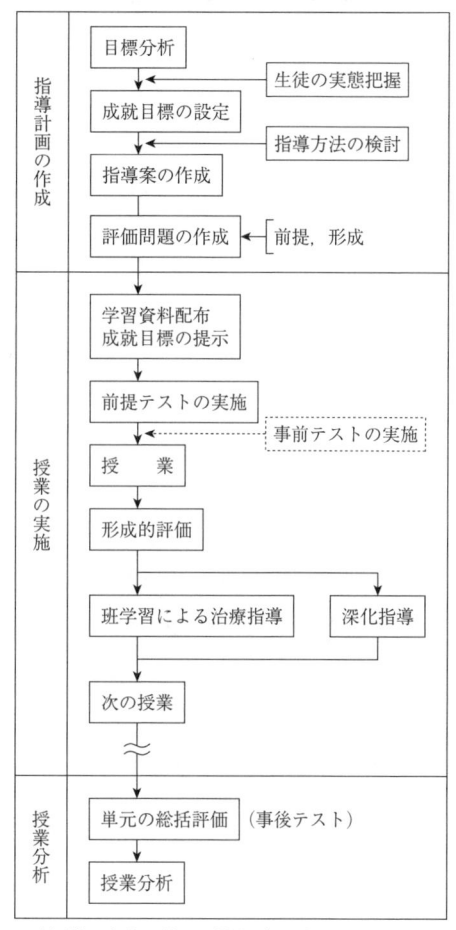

指導計画の作成	目標分析 → 生徒の実態把握
	成就目標の設定 → 指導方法の検討
	指導案の作成
	評価問題の作成 ─ 前提，形成
授業の実施	学習資料配布 成就目標の提示
	前提テストの実施 ┄ 事前テストの実施
	授　　業
	形成的評価
	班学習による治療指導　深化指導
	次の授業
	〜
授業分析	単元の総括評価（事後テスト）
	授業分析

（出所）永井・岩下・橋本（1985）より。

ネットワークの活用が広がると，情報機器やネットワークを利用しながら完全習得学習を実現しようとする取り組みもみられる。たとえば向後千春（2003）は，Webページを使って個々のペースで練習し，形成的に到達状況を測りな

がら何度でも未解決の問題に挑戦し，完全にクリアしてから次のステップに進むことができるようなシステムを開発している。こうした方法は，教育にかかるコストを抑えたり，実施される時間や場所を制限しないため遠隔地からの学習も可能となり，学習機会を拡大させている。

なお，このように目標や学習手続きが明確になっていると，自分で見通しをもって調節しながら学ぶことが可能である。このような準備が可能であれば，のちに触れる「チーム学習」などのように，学習者自身が他の学習者と協力しながら学ぶ場を運営することもできる。

④ ワークショップ型学習

ワークショップは参加者が対話や作業を通して企画や作品，知識などを創ることができるよう設定された学習形態である。日常的な枠組みを取り払って自由な発想でイメージを創りたいときや，経験や学んだことを持ち寄ってそれらのつながりから新しく深い気づきを得たいとき，また，将来的な見通しをもってモチベーションをあげたいときなどに適している。授業で行う場合は，授業者は指導というよりも，ファシリテーターとして学習者同士をつないだり，進行を助けたり促進させる役割を担う。ワークショップ型で授業を構想する際，クラスという社会的な場で，学習者が関わり合いながら意味や知識を構築するというとらえ方（社会的構成主義）がなされる。重要なのはテーマの設定であるが，たとえば一人では取り組めないレベルのものや，「理想の〜を考える」「さまざまな解答方法を思いつく限り考案する」などのように多様な答え方を歓迎するようなテーマを設定することがある。

主たるフローとして，アイスブレイキング（自己紹介や目標を出し合う中で関係づくりの土台を築く），作業，ふりかえりという3段階で構成されることが多い。テーマに対して他人事でなく自分事としてとらえ，最終的には行動目標の気付きに結びつけることもある。あるいは，教科の課題で学んだことのつながりを分析するなどの活動から個々の知識がどのような意味をもつかを考えたり，自分が学んだことがどのようなことに貢献できるのかを浮上させたりす

る機能ももつ。このような場合においては，一つの答えに絞り込むというよりも，多様なあり方が歓迎されることが理想である。

　こうした特性を活かして授業を構想する動きは1990年代以降に広がりをみせ，近年でも精力的に研究されるようになった。日本の学校教育の体質上，授業とワークショップとを結びつけて考えることは困難であったが，学習指導要領において言語活動の充実化が強調されることでより注目されるようになったものと考えられる。なお，ワークショップ型の学習は，学校での授業のみならず，教職員の学びの場においても導入される傾向にあり，さまざまな立場を対象とすることができる。

　上條 (2011) はワークショップ型で授業を設計する手順として，美馬・山内『「未来の学び」をデザインする』(2005) をベースとしながら，つぎのように整理している。
　1　「活動」を設定する─活動─
　2　学びの場のレイアウトをする─参加─
　3　協同的な学びを引き出す─協同─
　学習に直結する核になる「活動」を考え（ステップ１），活動しやすい座席配置を考え（ステップ２），活動に必要な時間配分や役割分担を設定する（ステップ３）という，３ステップになる。

　このようなデザインをするにあたって，すでに開発されたさまざまな方法を参考にしながら組み合わせることも可能である。たとえばどのようなワークショップ型の授業が考えられるのかをイメージするために，つぎの２つの事例を取り上げる。

(1) ジグソー学習

　エリオット・アロンソン（Elliot Aronson）は，人種間の差別問題があったアメリカで，さまざまな人種の子どもみんなが学べるような方法として，ジグソー学習を考えだした。子どもたちそれぞれが学んだ知識をパズルピースのように持ち寄り，一枚の絵を完成させるように学習することからその名がついた。

```
■課題分担
  ┌─学習班①──┐  ┌─学習班②──┐  ┌─学習班③──┐
  │ 課題A    │  │ 課題A    │  │ 課題A    │
  │ 課題B    │  │ 課題B    │  │ 課題B    │
  │ 課題C    │  │ 課題C    │  │ 課題C    │
  └──────┘  └──────┘  └──────┘

■課題追究
  ┌─追究班ア──┐  ┌─追究班イ──┐  ┌─追究班ウ──┐
  │ 課題A    │  │ 課題B    │  │ 課題C    │
  │ 課題A    │  │ 課題B    │  │ 課題C    │
  │ 課題A    │  │ 課題B    │  │ 課題C    │
  └──────┘  └──────┘  └──────┘

■発表
  ┌─学習班①──┐  ┌─学習班②──┐  ┌─学習班③──┐
  │ 課題A    │  │ 課題A    │  │ 課題A    │
  │ 課題B    │  │ 課題B    │  │ 課題B    │
  │ 課題C    │  │ 課題C    │  │ 課題C    │
  └──────┘  └──────┘  └──────┘
```

中学校第3学年　「物体の運動」（10時間）
■学習活動のねらい
　物体の運動をそこにはたらく力との関係でとらえる。
■課題分担
　① 身のまわりの運動を速さの変化に注目して観察する。
　② 学習班で，調べる3つの運動を分担する。
　　分担例
　　課題A　自由落下運動の速さの変化を調べる。
　　課題B　坂を下る運動の速さの変化を調べる。
　　課題C　水平面上の運動の速さの変化を調べる。
■課題追究
　① それぞれの課題を解決するために，追究班で実験を行う。
　② 実験内容をレポートにまとめる。
■発　表
　① 学習班で実験内容を発表し合い，運動のちがいの原因を力との関係で考える。
　② 学級全体で慣性の法則を考える。

図8-1　筒井の実践による基本型ジグソー学習

（出所）　筒井（1999：29-31）。

　つまり，一つの単元をさまざまな視点で切り分け，子どもたちが分担して学び，教え合うことで習得するという学習形態である。これにより，格差を生じさせる競争の関係から，お互いに学び合う協働の関係に変化するため，学習者の多様性を活かすことが可能である。アロンソンの実践に共感した筒井昌博

(1999) は，日本の学校でジグソー学習の実践を重ね，さまざまなジグソー学習のバリエーションを提案している。順に挙げると，基本型ジグソー学習，変則型ジグソー学習，途中個別型ジグソー学習，課題別型ジグソー学習，発表・特派員型ジグソー学習，お店型ジグソー学習，学級型ジグソー学習，ペア型ジグソー学習，ランダム型ジグソー学習，発展型ジグソー学習の10種類になる。基本型ジグソーは最もオーソドックスな方法であるが，課題の特性や，内容量，学習者の状態（慣れなど）からさまざまなジグソー学習を使い分けていくとよい。

(2) チーム学習

アロンソンのジグソー学習では，すべての子どもが学ぶ方法として提案されたが，チーム学習もめざすところは同じである。異なる点は，ジグソー学習は学習内容が分担されたが，チーム学習は学習するための機能を分担していることである。たとえば，学習者一人ひとりが司会係，情報技術係，記録整理係，学習報告，音読確認係，計画管理係という役割を担いながら，お互いの学習の進行を支え，学ぶ力を高めるのである。このようなチームをさらに3つ組み合わせると，学団という学習集団が構成可能である（図8-2）。これは，チームで学習した成果を他のチームと共有したり，相互評価したりするためのものである。こうした学習者の組織化により，主体的な学習を実現しようとするものである。ジグソー学習では競争から協働への移行をめざしているが，チーム学習はその両方を取り入れており，チーム間の競争とチーム内の協同といった学習環境に因る動機づけが，学習の自律化を助けている。

大学での多人数講義のためにチーム学習をデザインした西之園ら（2006）は，学習者の多様化とそれにともなうコストの問題に対応するためには，多人数の学習者が協調しながら自律的に学ぶことが可能な枠組みが重要であると指摘している。これを実現するためにはICTの活用が必須であり，学習者同士がそれぞれのライフスタイルに配慮しつつ協力して学習成果を創りあげることができるよう携帯電話に対応した学習支援システムを導入した。この実践は教職必須科目で実施されたことから，「理想の学校を構想する」や「理想の学校で読

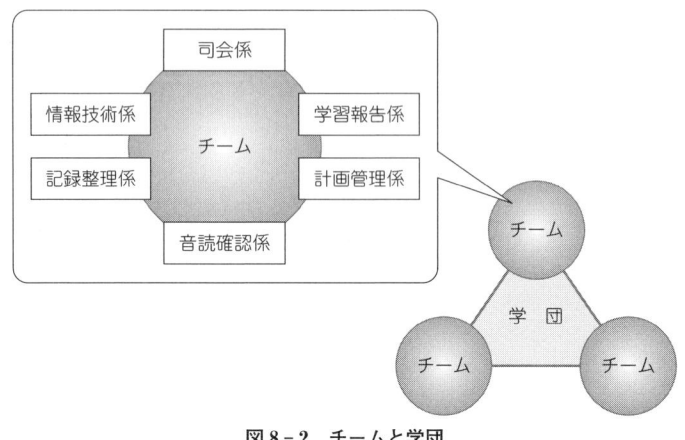

図8-2 チームと学団

解力を主体的に高めるための学習指導方法と学習評価方法を設計する」という，2つのテーマについてチームで取り組み，最終的にA4用紙で10枚のレポートを提出することが課されているが，こうした総合的なテーマ以外にも，難易度が高く専門的である領域の基礎知識の習得過程においても実施可能であることが確認されている（望月ほか，2011）。

　このように，さまざまな「形態」を検討することで，一つの重要な課題点が浮き彫りになる。それは学習者全ての学習機会を保障するということを，どのようにとらえればよいのかということである。指導の工夫で学習者の多様性に応じようとしたとき，個々の違いに応じて指導者が対応できる形態を追求する傾向にある。学習形態の工夫からみた時，個々の多様性を活かしてそれらの活性化を図ろうとしている。いずれにしても，どちらがよいかという議論や，どの方法をどのような手順で行えば効果的なのかを追求する前に，それらの特性をふまえながら効果的に組み立てるための授業設計の能力に留意する必要がある。設計する授業者自身が，目の前にいる学習者の多様性をどのような視点から捉え，どのような展望を描くかで設計は異なるであろう。予測困難な時代においては，本章で紹介した内容の他にも，すでに他の文献などで紹介されてい

る方法を自ら模索したり，新たに方法を生み出したりしなければならない可能性が高いことも踏まえておく必要がある。

> **学習の課題**
>
> (1) この章の内容を学ぶための学習会を開くと想定して，あなたがとても興味をもって学びたくなるような学習会のタイトルをつけてみよう。
> (2) 学習会の参加者を募るために，その学習会がどのような理念に基づいてどのように構成されているかなど，学習会の特徴をこの章の言葉を用いながら簡単に説明してみよう。
> (3) 学習会を実際に開いてみて，その成果をまとめ発信してみよう。

参考文献

天野正輝 1995『教育方法の探究』晃洋書房。
赤沢早人 2006「仮説実験授業における『問題』段階の検討」『福岡教育大学紀要』教職科編（55），第4分冊：1-13。
今井敏博・山本圭子 2009「算数科の問題解決型授業における少人数指導に関する実践的研究」『同志社女子大学総合文化研究所紀要』，26：33-42。
岩手県立総合教育センター 2004『少人数指導と少人数学級の指導の効果に関する研究（第1報）』
上島昌晃・廣木義久 2009「仮説実験授業の再評価――教師の意識調査から」『大阪教育大学紀要』第V部門，第57巻，第2号：59-74。
OECD教育研究革新センター 2007『個別化していく教育 OECD未来の教育改革』岩崎久美子訳，明石書店。
学習開発研究所 2014「制約を見つける」『『教える』から『学ぶ』への変革』：No. 1045-1157, Amazon Kindle。
上條晴夫 2011「ワークショップ型授業のつくり方」『活動中心の授業をつくる』学事出版。
上條晴夫・石川晋 2011「『教えやすさ』と『学びやすさ』を考える」『活動中心の授業をつくる』学事出版。
向後千春 2003「大学におけるWebベース個別化教授システム（PSI）による授業の実践」『教育心理学年報』，42：182-191。
桜井均 2007「習熟度別指導の実践形態に関する基礎研究：実態調査に基づく類型化」『大阪府立大学紀要（人文・社会科学）』，55：39-51。
佐藤学 2004『習熟度別指導の何が問題か』岩波書店。
下程勇吉監修1976『新版教育学小事典』法律文化社。
谷川幸雄 2002「発見学習の基礎理論と実際」『北海道浅井学園大学生涯学習システム学部研

究紀要』, 2：169-185。
筒井昌博編著　1999『ジグソー学習入門』明治図書。
永井八・岩下紀久雄・橋本久 1985「『理科Ⅰ』化学領域における完全習得をめざした指導法の研究」『名古屋工業大学学報』, 37：33-37。
西之園晴夫 2004「柔軟な授業を創る」西之園晴夫・宮寺晃夫編著『教育の方法と技術』ミネルヴァ書房。
西之園晴夫・望月紫帆 2006「生涯学習社会における協調自律学習開発の基礎研究」『佛教大学教育学部教育学部論集』：59-67。
美馬のゆり・山内祐平 2005『「未来の学び」をデザインする』東京大学出版会。
望月紫帆・西之園晴夫・堀出雅人 2011「専門知識を協調自律学習で習得するための学習評価の事例研究」『日本教育工学会研究報告集』, 11(2)：119-122。
文部科学省 2008『新学習指導要領・生きる力　教員用パンフレット』。
文部科学省 1993「Ⅱ部文教施策の動向と展開, 第3章　初等中等教育の改善・充実　第10節　教育条件の整備　教職員定数の充実」『我が国の文教施策』。
吉崎静夫 2004「学力と学習の自己責任」『教育の方法と技術』ミネルヴァ書房。
吉村七郎 1976「創造性の育成と仮説実験授業」『化学教育』, 24(6)：478-479。

　　　　　　　　　　　　　　　　　　　　　　　　　　　　　　（望月紫帆）

第9章 情報コミュニケーション技術の教育への活用

　21世紀の知識基盤社会を生きていくために，情報活用能力は読み，書き，計算と並ぶ基礎・基本の学力と考えられるようになった。ICT（Information and Communication Technology）先進国といわれる日本ではあるが，教育分野におけるICT活用はお粗末な状況である。学校での情報環境の整備はもちろんのこと重要ではあるが，個に応じた学習指導を行う上でも，各教師が自身の指導方法の中に柔軟にICTを組み込み，効果的な教育と子どもの学習を支援していくことを考えていかなくてはならない。

　本章では，知識基盤社会を生きる力と知識の重要性，学習指導要領で求められている教育の情報化とは何か，そして，とくに教育方法や指導方法に関連する教科指導におけるICT活用に関して留意すべき点を学ぶ。学校教育でのICTの応用事例については，文部科学省が出している「教育の情報化に関する手引き」を併せて参照していただきたい。最後に，高等教育を中心として世界的に進むeラーニングに関して，その特徴や利点を学ぶ。初等から高等教育に至るまで，ICTを授業で活用している教師ほどその効果を経験・認識し，その活用を継続し，さらなる改善を進めている。ICT活用の障壁は高くない。使い始める一歩がもっとも重要なのであることを認識し，教師としてICTを指導方法の一つのツールとして使うようになっていただきたい。

1　知識基盤社会を生きる力

（1）情報と知識

　情報技術が進展し，21世紀は知識基盤社会といわれている。2005（平成17）年の中央教育審議会答申において，知識基盤社会の特質として，①知識には国

境がなく，グローバル化が一層進む，②知識は日進月歩であり，競争と技術革新が絶え間なく生まれる，③知識の進展は旧来のパラダイムの転換をともなうことが多く，幅広い知識と柔軟な思考力に基づく判断が一層重要となる，④性別や年齢を問わず参画することが促進される，が挙げられ，知識が重要かつ多大な影響をもつがゆえに，社会の誰もが不変ではなく陳腐化する知識への対応と，知識にもとづく自らの判断力をもつことが必要とされている。同答申のなかで，「このような社会において，自己責任を果たし，他者と切磋琢磨しつつ一定の役割を果たすためには，基礎的・基本的な知識・技能の習得やそれらを活用して課題を見いだし，解決するための思考力・判断力・表現力等が必要である。しかも，知識・技能は，陳腐化しないよう常に更新する必要がある。生涯にわたって学ぶことが求められており，学校教育はそのための重要な基盤である」と，知識基盤社会において学校教育がその基盤づくりを担っていることが示されている。

1990年代には知識創造が企業や社会を牽引する重要なものとして新たな注目を浴び，野中らによって経営学や経済学の面から知識管理（Knowledge management）に関する理論的研究が進められ，知のスパイラルによる知識創造が日本型企業の成功の要因でもあると考えられた（野中ほか，1996）。知識管理で扱われる「知」には下記に示す5つの分類があり，そのなかでも一般に「知識」と総称されているのは，「知識」「知恵」「ノウハウ」といわれるものである。

- データ：それ自体は意味や文脈のない事実や数値
- 情　報：データを意図や目的をもって整理し，意味づけたもの
- 知　識：何かに利用できる情報，目的達成のために役立つ情報，価値を生み出すための直接的な基準や材料となる情報
- 知　恵：行動成功パタンや正しい判断基準となる「哲学」，知識をベースに個人のもつ独自のノウハウや応用力を加えることによって価値創造に役立てる，その源泉となるもの
- ノウハウ：知恵を他事例にも適用できるように一般化（普遍化）したもの

ここで示されているように，「知識」とは何かの目的を達成するための材料

となるものであり，それを利用することが新たな価値創造に役立つ価値ある情報であるといえる。ところが，知識創造が重要視される以前の1970年代後半から学校教育では「教育の人間化」が叫ばれ始め，「人間性」や「ゆとり」がキーワードとなって学校教育が考えられ，それまでの系統的な知識習得学習が知識の詰込み教育と揶揄されたことがあった。しかし，知識は，問題に気づきその問題について考えて解決しようとする場合，あるいは他人と議論し合う場合に不可欠なものである。自分が無知のテーマに関しては議論に加われず，意見を求められても建設的な具体的な発言ができないことは誰もが経験している。ものごとを考える際には自身の既有知識を基に考え，その既有知識がさらに必要な知識を導き出してくれる。新たな知識は既有知識を基に，応用，転移，進化により創られ，それが自身のなかに新たな既有知識として形成されていく。しかし，知識は普遍ではない。個人の価値観が異なることから，人によっては知識としての有用性を感じ得ず，情報に過ぎなくなってしまうことがある。新学習指導要領で学校教育では基礎的・基本的な知識・技能の習得が重要視されているが，この知識とはすべての子どもたちにとって有用と認識されるものでなくてはならない。

　一方，意図や目的をもって整理し，意味づけたものであっても，何かに利用できないものは「情報」に分類される。学校教育において，教師が知識の有用性を授業のなかで伝えきれなければ，また子どもがそれに価値を感じなければ，教師が「知識」だと思ったとしても，子どもにとっては情報に過ぎなくなる。このような状況では「知識の伝授」ではなく「情報の詰込み」ととらわれても仕方がない。教育で問題視すべきは「知識の詰込み」ではなく知識として伝えきれない「情報の詰込み」であろう。

　インターネットにより世界中の情報にアクセスでき，それらを取得することが可能となっている。このような環境が社会に備わっていることから，学校で知識を教える必要はないという声があるが，それは自分自身で情報を取捨選択し，役立つ知識として身に付けられる能力が備わっていていえることである。すべての子どもたちがそのような能力を備えているかというと現実はそうでは

ない。だから，情報の信頼性や信憑性を判断でき，情報を分析，応用，熟考し，情報から価値を生み出し，それを新たな知識としてスパイラル的に創造していく力の育成が学校教育で求められているのである。これが「学ぶ力」，すなわち，既有知識を基に新たな知識を創りだし，諸問題に対応できる力だといえる。

　情報化社会では情報が大きな影響力をもつようになってきている。BlogやTwitterなどにより個人が発信した情報をリアルタイムに取得できるようになり，新聞やテレビなどのマスメディアよりも早く，さまざまな状況がわかる世界になっている。今や，インターネットはユニバーサルメディアと化し，それによる情報配信は多くの人を巻き込む力をもつようになった。2011年の未曾有の東日本大震災においてもBlogやTwitterによる個人の支援の呼びかけに，多くの人が反応して支援の輪が広がった。また，中近東の国では独裁政治の体制崩壊といった，社会構造のパラダイムの変化さえも引き起こす巨大な力を生むツールとなった。

　このようなさまざまな情報を自身が如何に捉えるかの判断が重要な社会となっているのである。インターネットのWebサイトの情報に大人だけでなく子どもたちも触れる世界となっていることから，誰もが情報に対する判断力をもつことが必要である。これは当然のことだが，すべての情報が正しい，あるいは価値のあるものとは限らないからである。情報は目的をもって人が作り出すものであることから，発信者の意図が含まれた操作された内容である。また，正しい情報であったとしても，その一部の情報しか伝えられなければ，受信者は誤った判断をしかねない。情報は生き物のように尾ひれをつけて，また時には予想を超えた方向に拡大していくものでもある。メディアによって世論が影響を受けることはよくあるが，さらにその世論によって今度はメディア自体がその方向に動かされることも多々ある。波を立てたものの，その波が大きくなり，それは時として制御できなくなり，波を立てた者がその波に押し流されていくように，情報がまるで自己増殖する生き物のように膨れ上がっていくこともある。正誤の判断がなされる前に情報が流布し，それが戦争や紛争の引き金になったり，東日本大震災や原子力発電所事故による放射能汚染でも経験した

ように，風評の助長になったりもする。自己増殖した情報はなかなか止められない。この情報化社会の怖さに対応する情報への判断力が各自に求められているのである。

学校教育のなかでは「総合的な学習の時間」でインターネットを使った多くの調べ学習がなされ，子どもたちが世界の情報に触れる機会が増えている。子どもたちが情報に惑わされず，自分自身で考え，内容を分析して判断し，子どもたち自身が知識を構築し，適切に行動できる能力育成が求められているのは，情報化社会では当然のことなのである。

（2）「なに」を教えるから「なぜ」を考えさせる教育へ

1960年代，多様な人種，異なる文化や能力をもつ学生が学校という一つの完結したシステムのなかで，特定の価値観にとらわれずに自分で判断を行う技術として，また議論のなかから対立する相手との共通点を見出す方法として米国で育成が重視されてきたのがクリティカルシンキングである。これは「論理的なものの考え方」であり，その能力育成の重要性が高等教育から始まり，欧米を中心として小学校の中学年から学校教育のなかに取り入れられてきている。この論理的思考は世界的にも重要視され，経済協力開発機構（OECD）が行っている生徒の学習到達度調査（PISA：Programme for International Student Assessment）のなかの「読解力」調査にその能力の評価が含まれている。

論理的思考のなかには，①目的・到達点があり，解決すべき課題がある，②考える視点があり，考えのなかに証拠やデータにもとづいた根拠がある，③理論や知識を利用して説明がなされる，④結論がありそれを導いた推理がある，などの要素が含まれる。すなわち，論理的思考は事象（何）だけでなく，原因や根拠（なぜ）で構成される。いいかえれば，論理的思考を育てるためには「何」を教えることはもちろんのこと，「情報」を「知識」に変えるための「なぜ」を考えさせる，あるいは教えることが重要となる。社会の授業で日本が太平洋戦争に突入する前に国際連盟を脱退したという事実は教えられても，なぜ脱退したのか（脱退せざるをえなかったのか），当時の日本政府や軍幹部は敗

北が明白な参戦に反対の考えであったにもかかわらず、日本が戦争に突入したのはなぜか。このように何が起きたのはもちろんだが、なぜ起きたのかが歴史から学ぶ重要なことであるにもかかわらず、私自身学校で「なぜ」を教えられてきた記憶はほとんどないし、考えさせられた機会も少ない。電磁誘導の原理を理科で教えられても、それが現在広く利用されている電池のないICカードに応用されていることは知らない、また $\frac{1}{2} \div \frac{3}{4}$ は計算できても、分数の割り算の意味（$\frac{1}{2}$ を $\frac{3}{4}$ で割るのはどのような意味か）を問われると説明できない、といった人は多い。それは「知識」ではなく「情報」を伝えられているからである。「なぜ」を習ってこなかったという事実もあるが、それを考える機会が与えられてこなかったため、身の回りの事象を疑問視する習慣をもちえていないというのが現状であろう。議論するときにも相手がなぜそのように考えているのかが理解できないかぎり、相互理解であるコミュニケーションは成立しないし、物事を対する批判や文句はいえても、建設的な意見が述べられないことになってしまう。

　学習する動機は探求したいと思う知的好奇心から始まり、学習が面白い、続けようと思う意欲によって学習が効果的に成立するのであって、「何」だけを教えていても学習の動機付けや意欲を引き出すことは難しい。「なぜ」を考えてこそ、「情報」を「知識」に転換できる面白さがある。教師が授業のなかで「なぜ」を子どもに投げかけることにより、子どもに疑問をもたせ、考える習慣をつけさせる授業方法を実践していくことが必要であろう。それによって、子どもが日常的に「なぜ」、「どうして」ということを考えるようになり、授業のなかでも子ども自らが疑問を発するようになり、さらには共に探求するようになれば、その授業は成功だといえるのではないか。一方で、このような授業は教師にとっては負担が大きく、なかには時間もかかり煩わしく感じる教師もいるであろう。出てきそうな疑問を推測し、子どもの疑問を無視せずに解決する指針（正解を出すということではない）を出せる準備が必要とされるからである。子どもたちが抱く疑問を大切にし、自身もわからなければ子どもと共に学ぶという姿勢が教師に求められる。「なぜ」を考える授業において、子ども

自らが疑問を抱く習慣をつけ，情報の信頼性や信憑性を判断し，最終的には自分の言葉で人に説明できるようになる表現力を育成する。これもまさに，「生きる力」につながる。

　これまでの限られた情報源である教科書だけを用いて「なぜ」を考える授業実践を行うことは難しいと思われるが，ICTを利用することにより，これらの授業実践は可能となっている。Webのなかには「なぜ」を考える上で参考となる豊富な有用な情報が存在する。ところが，教科書や参考書は現時点で正しいと判断される内容しか書かれていないのに対して，Web上には信頼性や信憑性が低い情報もあることに注意が必要である。これを別の視点からとらえれば，信頼性や信憑性を判断するのも「なぜ」を考えさせる学習プロセスにおける良い教材となりうる。自分が理解できていないことは相手に理解させられないし，自分が興味や関心のないことは相手に興味や関心をもたせられない。これらと同じように，「なぜ」を考えさせる学習を子どもたちに提供できるようになるためには，教師自ら学習する内容に対して日頃から疑問を抱き，それらの内容に応えられる情報を知識に転換しておくことが求められる。学習指導要領では「基礎的，基本的な知識および技能を確実に習得させ…」と書かれているが，今一度基礎・基本の知識の習得とは何かを考える必要がある。

2　学習指導要領における教育の情報化

（1）初等中等教育における教育の情報化

　世界的に進む教育の情報化では図9-1に示すように，①子どもたちの情報活用能力の育成を目的とした情報教育，②各教科等の目標を達成するために効果的にICT機器を活用する教科指導におけるICT活用，および③教師の事務負担の軽減と子どもと向き合う時間の確保を目的とした校務の情報化が進められている。①の情報教育のなかでは，「情報活用の実践力」「情報の科学的な理解」「情報社会に参画する態度」の3つの力の育成が整理されている。情報教育と教科指導におけるICT活用は，教育の情報化のなかでは個別に考えられ

```
教育の情報化 ─┬─ 情報教育 ──────── 3つの力の育成
              │                        ・情報活用の実践力
              │                        ・情報の科学的な理解
              │                        ・情報社会に参画する態度
              ├┄┄┄┄┄┄┄┄┄┄┄┄┄┄┄┄┄┄┄┄┄┄┄┄┄┄┄┄┄┄┄┄┄┄┄┄┄┄┄┄┄┄
              ┊  教科指導における ─── ・事前準備,授業,評価のための
              ┊   ICT活用             教員によるICT活用       ┊
              ┊                       ・児童・生徒によるICT活用 ┊
              ├┄┄┄┄┄┄┄┄┄┄┄┄┄┄┄┄┄┄┄┄┄┄┄┄┄┄┄┄┄┄┄┄┄┄┄┄┄┄┄┄┄┄
              └─ 校務の情報化
```

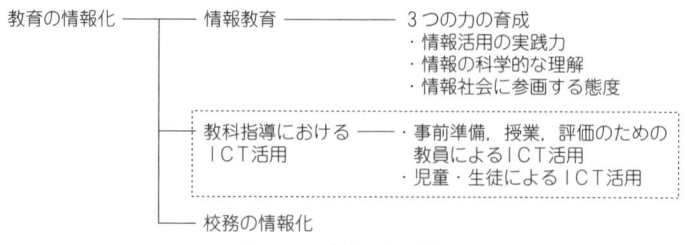

図9-1　教育の情報化

ているが,教科指導においてICT活用を効果的に実践するには,情報教育で目標とされる能力が備わっていることが前提となることから,その能力育成を並行して進める必要がある。本書の主題である教育方法,指導方法として重要視される図9-1の点線で囲った「教科指導におけるICT活用」に関しては第3節で述べていくが,それと児童・生徒によるICT活用,すなわち情報教育の情報活用能力の育成が関連していることから,本節では,情報教育および教科指導におけるICT活用を含んだ教育の情報化について記述する。

　小学校における情報教育はそれに特化した教科はなく,「総合的な学習の時間」を主として,全教科を通して情報活用の実践力を育成することになっている。新小学校学習指導要領の総則のなかには,「各教科等の指導に当たっては,児童がコンピュータや情報通信ネットワークなどの情報手段に慣れ親しみ,コンピュータで文字を入力するなどの基本的な操作や情報モラルを身に付け,適切に活用できるようにするための学習活動を充実するとともに,これらの情報手段に加え視聴覚教材や教育機器などの教材・教具の活用を図ること」と書かれ,コンピュータの文字入力の基本操作や情報モラルを身に付けることが,これまでの学習指導要領から変更された特徴的な点である。すなわち,基本操作などのリテラシは小学校で育成すべきという考え方となっている。

　中学校では,「技術・家庭」のなかの技術分野が4つに分けられ,その中の「情報に関する技術」のなかで,①情報ネットワークと情報モラル(基本的な情報処理や情報利用の仕組み,著作権などの情報発信における責任を知る),②デジタル作品の設計・制作(メディアの特徴と利用方法を知り,多様なメデ

ィアを複合して表現や発信ができる），③プログラムによる計測・制御（コンピュータを利用した計測・制御の基本的な仕組み，情報処理の手順を考えて簡単なプログラム作成ができる）が必修項目として挙げられている。現行の学習指導要領に含まれていたコンピュータの基本的な操作は小学校に移行し，中学校では生徒に基本的な操作能力が身に付いていることを前提として，前記①～③の習得が求められている。

　高等学校では体系的な情報教育の必要性が主張され，2003年に普通教科「情報」が，そして専門高校における専門教科「情報」が必履修の教科として設置され，図9-1の情報教育の3つの目標を達成するために「情報A」，「情報B」，「情報C」が設けられた。これらはいずれも3つの目標達成に向けた学習内容が盛り込まれているが，その内容の比率に強弱があり，「情報A」は情報活用の実践力，「情報B」は情報の科学的な理解，「情報C」は情報社会に参画する態度の育成が中心に位置付けられている。

　これらが実際にどのように行われているかを，コンピュータ教育開発センターが実施した全国の1,938件の高等学校から得られた調査結果（コンピュータ教育開発センター，2008b）からみると，①普通科・総合学科では75.1％が情報Aを，6.5％が情報Bを，9.4％が情報Cを選択している，すなわちほとんどの高校で情報Aが選択されている。②ワープロソフトや表計算ソフトのようなアプリケーションの基本操作，インターネット上の情報検索のような情報活用のための基本操作が多く指導されている。一方で，これらの項目は教師にとってそれほど重要とは認識されていない。③次いで，情報社会と情報にかかわるモラルに関する内容が指導されている。この分野については，教師は重要性の認識は高いが，指導への自信はあまり高くない。④モデル化とシミュレーション，アルゴリズムとプログラミングなど，情報の科学的な理解・問題解決に関する内容はあまり指導されていない。また，教師はあまり重要とも考えていない，といった結果が得られている。

　このように，高等学校においてもソフトウェアの基本操作や，インターネット上の情報検索などが中心に指導されてきた実態がある。この実態に対して，

新学習指導要領では，これらの基本操作は小学校に移し，中等教育では「情報の科学的な理解」や「情報社会へ参画する態度」などの育成が重要視されることになった。高校の「情報」では，現行の状況を改善すべく，高校の4分の3が選択していたにもかかわらず「情報A」については発展的に解消することにした。情報Aで重点化されていた情報活用能力の育成は，小学校，中学校に任せ，高校では「情報の科学的な理解」および「情報社会に参画する態度」が，それぞれ新設された「情報の科学」と「社会と情報」という課程で重視される内容に改訂された。すなわち，初等中等の全学校を通して調べ学習のような同じような情報教育がなされてきていることを反省し，学校によって段階的な能力育成を行うことに整理されたのである。

情報活用能力は読み，書き，計算と並ぶ基礎・基本の能力であり，初等から中等教育に至って段階的に能力を育成していくことが求められている。そのためには教師にICT活用指導力が求められるのである。そこで，文部科学省では，2006年に「教師のICT活用指導力の規準の具体化・明確化に関する検討会」を作り，小・中・高等学校の教師のICT活用指導力チェックリストを作成した。そのなかで5つの大分類された能力が挙げられている（文部科学省, 2007a)。それらは，①教材研究・指導の準備・評価などにICTを活用する能力，②授業中にICTを活用して指導する能力，③児童・生徒のICT活用を指導する能力，④情報モラルなどを指導する能力，⑤校務にICTを活用する能力であり，それぞれにさらに細分化された能力が具体的に示された。

2006年度末から毎年，全国の公立学校の教師を対象としたICT活用指導力の調査が行われてきている。定義された能力に対して「わりにできる」もしくは「ややできる」と回答した教師の割合は5〜7割に過ぎず，なかでも②の能力に関しては52.6%（2006年度末）→58.5%（2009年度末），③の能力に関しては56.3%（2006年度末）→60.3%（2009年度末）という状況にある。3年間という期間を経ても増加率はわずかに過ぎず，しかも半数を超える程度しかないという（文部科学省, 2010)，教師の専門知識や技術が不足しているという現状が明らかとなっている。インターネットを使った調べ学習などでの「情

活用の実践力」の育成が小学校から高等学校に至るまで主に行われている理由は，それらが情報技術に関する専門知識がそれほどなくても，何とか実践できるからではないか。すなわち，教師の情報技術不足が招いている結果といえよう。

　新学習指導要領にもとづく改訂された授業を実践できるかは，教師のICT活用指導力に強く依存しているのであるが，このような現状の指導力不足やその増加傾向が微々たる実態をみると，どこまで実現できるかに疑問が残る。学校の情報教育を進展させるには，情報環境の整備はもちろんであるが，学習指導要領にも記述されているように，教師は自ら情報手段の操作に習熟するだけでなく，それぞれの情報手段の特性を理解し，指導の効果を高める方法について絶えず自ら研究することが求められる。

（2）PISAでも求められている情報リテラシ

　あまり知られていないが，OECDが実施するPISAのなかでも，2003年にICTリテラシ（ICT literacy）を評価対象とする検討がなされている（OECD Report, 2003）。そのなかで，ICTリテラシとは，「情報を取得，管理，統合，評価し，新しい知識を構築し，他者とコミュニケーションすることにより社会に参画していくために，デジタル技術やコミュニケーションツールを適切に使う個人の興味，態度，能力である」と定義されている。そして，以下の6つの視点から評価するための電子メール画面，検索結果画面，シミュレーション画面などを使った試験問題が策定され，パソコン上で試行された。

　情報の取得（Access）：情報の収集方法，検索方法について知っていること
　情報の管理（Manage）：既定の分類体系へ情報を整理すること
　情報の統合（Integrate）：さまざまに表現された情報を解釈，要約，比較，対比すること
　情報の評価（Evaluate）：情報の質，関連性，有用性，有効性を判断するために熟考すること
　知識の構築（Construct）：情報を適合し，応用し，デザインし，考え出し，

表現もしくは創案することにより，新しい情報や知識を生み出すこと
　コミュニケーション（Communication）：多様な個人や集団に情報や知識を伝えること

　これらを国内の情報教育の目標と照らし合わせてみると，情報活用の実践力で求められている能力に近く，この能力が世界的にも基本的な能力とみなされていると判断される。

3　教科指導における ICT 活用

（1）指導方法・内容に組み込まれた ICT 活用

　このように学習指導要領のなかで非常に重要視されている情報教育ではあるが，学校現場における環境整備や教師による ICT 活用は十分ではない。世界的に情報教育が推進されるなかで，日本では2001～2005年度の e-Japan 戦略，2006～2010年度の IT 新改革戦略のなかで学校の ICT 環境整備が国策として行われてきているものの，その計画は遅々として進まない状況にあり（文部科学省，2010），日本における情報教育はかなり遅れているのが現状である。2009年7月に i-Japan 戦略2015が出されているが（首相官邸，2009），教育分野は重点分野とされながらも，これまでと同じ環境整備の目標を含んだ戦略の継続に過ぎない。もちろん学校における情報教育の進展に国家戦略は重要な位置づけとなるが，それ以外にも教師の ICT 活用能力不足や活用に対する消極性が情報教育を推し進めきれていない要因と考えられる。

　欧米と日本の違いは，日本の学校ではコンピュータ活用が積極的ではないという現状の他に，教科指導における ICT 活用のとらえ方にもある。欧米では ICT 活用は目的ではなく手段に過ぎない。表9-1は米国における政府機関により科目別に作られた21世紀の学習フレームワークのなかの科学における「ICT リテラシマップ」（ICT literacy map）の一部を抜粋したものである。米国では，英語，数学・算数，科学，社会などの通常の教科のなかでクリティカルシンキング，コミュニケーションスキル，メディアリテラシー，問題解決能力，

表 9-1 米国の Science 学習における ICT リテラシ育成

育成したい能力	小学 4 年生	中学 2 年生	高校 3 年生
クリティカルシンキングとシステム思考	実生活の課題を述べるために，年齢に応じた方法を適用する。 例：特別な生息地に住む動植物に影響を与える要因を明らかにする。また，それらの生息地が失われた場合の影響について考える。	問題解決や意志決定プロセスを経験するために科学的な疑問を段階的に遂行する。 例：定性的，定量的な観察を行い，物と現象を区別する。	観察や測定，仮説の論述や分析などの科学的な探求を追及する。 例：細胞の遺伝情報や生物の進化を変えるかもしれない環境要素を明確にし，それらの要素が人間の発展にもたらす結果を検討する。
	複雑な問題を解決するためのコンセプトマップ（概念図）を作る。 例：物質の 3 つの状態のそれぞれを図示し，それらがどのように相互に変わるかを図示する。	これまでと異なる状況に対して，既存知識を新しくかつ独特な方法で適用する。 例：土地利用に関して有効な決断を行なうため，考慮すべき要素を明らかにする。	検討した内容を修正・発展・モデル化することを通して，科学的な疑問や挑戦に対する回答を作り出す。 例：植物の成長条件を制御するために使われる種々の方法を例示する（例えば，温室，苗床，水栽培などではどのように条件が制御されているか）。
	相互に関連付けられていることを解釈するために表，図，チャートに観察したものやデータを適切に表す。 例：目盛りの入ったグラフに人口シミュレーションのデータを表示する。あるいはチャートや表を使って近隣の生息地における昆虫の種類を分類する。	システム間の相互連携を説明するためにスケッチしたり図表で表す。 例：細胞間や種々の臓器を通して水分や栄養が移動していることを説明するためのシミュレーションを作る。	革新的な科学を使うにあたって，論理的な決断をするために科学的な知識や能力を適用する。 例：作物の遺伝子技術がグローバル，あるいは地域の食物生産や個体群に与える影響を検討する。
問題を明確にし，整理，解決する能力	答えや解決策を見つけるために分からないことを尋ね，何を検討するかを計画する。 例：導線，電池，電球，ソケットで構成された回路から一部の部品を取り除いたときの結果を予測し，描く。	幅広いツールや技術を使って，現象，問題や課題に関する科学的な疑問を明確に表す。疑問に答えるために計画し探求する。 例：地域的なリサイクルの試みが，どの程度エネルギーや資源の節約になっているかを検討する。	課題に関する科学的な疑問を明確にし，答えを見つけるための実験方法を明らかにする。 例：農地に化学肥料や病虫害防除剤を使うことを研究する。
	図表やチャートを使って結果を記録したり表したりするために，観察を通して得たデータをまとめる。 例：電気回路の学習において，構成部品の機能を例示するためのデータを集めて示す。	インターネットやデータベース，印刷物などの種々のリソースや観察などを通して集めた証拠を，モデルを作り出すことや説明するために使う。 例：地域のリサイクル活動の結果を報告，表示するためにデータを収集する。	検討した結果得られた証拠に適するモデルや説明を作り出す。 例：地域のエコシステムを通して，化学肥料や病虫害中防除剤の流れを図示するためのフローチャートを作る。

英語（米国では国語），算数・数学，社会，科学の学習の中で，クリティカルシンキング，問題解決能力，メディアリテラシ，創造力，人間関係と協調スキル，社会的責任などの能力育成を目的として学習が計画されている。表は，小学校 4 年生，中学 2 年生，高校 3 年生の科学の科目における，クリティカルシンキングと問題解決能力育成の部分を一部抜粋したものである。

人間関係と協調スキル，創造力などといった，社会で必要とされる基本的な能力を子どもたちに育成することを学習目的の柱に据え，その能力を伸ばしていくための手段としてICTが使われている（Partnership for 21st Century Skills, 2004)。

日本では「総合的な学習の時間」で配意すべき事項として，問題解決や探究活動の中で「情報活用の実践力」を育成する活動が期待されているように，問題解決能力育成とICT活用が結びつけられている。一方，各教科等の指導のなかでは，小学校では「適切に活用できるようにするための学習活動を充実する」，中学校・高等学校では情報教育を充実・体系化することにより情報活用能力の育成が図られている。そうすると学校現場では教科指導におけるICT活用と情報教育が混同され，各教科においてICT活用を目的や目標にしてしまう場合が往々にして出てくることが懸念される。確かにICTを活用した授業の方が，児童・生徒の各教科の得点，また「知識・理解」や「技能・表現」の観点，学習に対する積極性や意欲，学習の達成度などの項目について，評価が高い結果が得られているが（メディア教育開発センター，2006)，これはICTそのものが学力を向上させているのではなく，教師が行う教科指導に効果的にICTが組み込まれていることにより生じている効果であることを認識すべきである。ICT活用を意識しすぎるために，手段であるべきものが学習の目標になってはいけない。学習の目標や内容は学習指導要領に定められたものであるが，それらをどのように指導していくかといった指導方法は教師の工夫によるものであり，教師の指導力にICTが組み込まれてこそ，その効果が期待できるのである。

（2）柔軟な分散学習（Flexible distributed learning）

「ICTを活用した授業」ではパソコンやネットワーク等の情報機器や環境が必要とされ，使用にあたって教師に基本的な情報技術が必要とされることから国内の学校では通常の授業と異なるものであるかのような感覚がもたれているが，欧米ではICT活用を指導方法として特別視していない。図9-2はX軸に

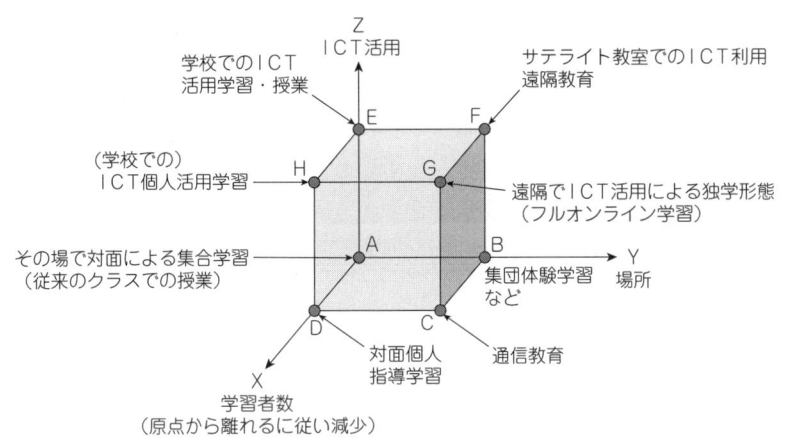

図9-2 柔軟な学習

```
Z
ICT活用
    学校でのICT              サテライト教室でのICT利用
    活用学習・授業            遠隔教育
              E         F
  （学校での）
  ICT個人活用学習   H    G
                              遠隔でICT活用による独学形態
                              （フルオンライン学習）
  その場で対面による集合学習
  （従来のクラスでの授業）A    B
                                         Y
                              集団体験学習  場所
                              など
              D    C
    X              対面個人   通信教育
    学習者数        指導学習
    （原点から離れるに従い減少）
```

学習者数，Y軸に場所，Z軸にICT活用をとった学習形態を表している。原点は学習者数が多数であり，その場で行うICTを活用しない学習形態を示す。すなわち，教科書や黒板を用いた従来の学校のクラスの授業形態を示している。Cは印刷物教材を使った1人で遠隔で行う通信教育を意味し，Dはその場で行う個人指導学習に対応している。EはクラスでICTを活用した学習形態，原点から最も離れたGは第4節で述べるフルオンライン学習に対応する。少人数学習はAからDの間に含まれ，ICT活用型授業はAからEの間に含まれ，授業時間外の学習を可能とする場合には，Y軸の方向にも広がる。このように図9-2で書かれた立体のなかにほとんどの学習形態が含まれ，人数，場所，ICT活用は学習環境や条件に過ぎず，それらが変わることは一つの柔軟な学習形態として認識されている。

（3）教科指導におけるICT活用

教科指導におけるICT活用のさまざまな事例は文部科学省から出されている「教育の情報化に関する手引き」が参考になる。ここでは，とくに授業前の準備，授業の実践における段階でICTを活用する場合の留意点を示す。

教師は単元ごとに授業の目標や学習計画，指導方法，予測される子どもの反

応とそれへの対応を考えて授業を進めるのが一般である。指導内容は学習指導要領にもとづくものであっても，指導方法や具体的な授業構成，そして順序は教師に任されている。ところが，経験が浅い教師にとって指導計画や指導案を策定するのは容易ではない。また，授業中では，予想に反した事態から次に何を行うべきかを的確に判断することが教師には求められるが，経験知が必要とされる場面での対応は難しいのが実情であろう。そこで，他の教師が策定している授業計画や指導案を参考に事前学習することは効果的である。地域の教育委員会等が中心となってWeb上に指導計画や指導案が多く掲載されている。これらの指導計画や指導方法はクラスや学習者，学習環境などが違うためにそのまま適用することはできないが，そこから自身が何を実践できるかのヒントは得られるであろう。

　授業計画や指導案が決まったら，次にどのようなICTをどのタイミングで活用するかを考える。使用機器として何を使うか，あるいはWeb上の学習教材のどの部分を使うか，アプリケーションソフトでどのようにことを実践させるかなど指導計画に即して決めていく。このような事前検討がもっとも重要となる。そして，利用するICTが決まれば，実際の教室のICT環境で事前にきちんと表示・動作されるかを確認する。これは，①Web上のコンテンツは恒久的に存在するものではないため，削除されていたりURLが変わっていたりする場合がある，②回線速度やネットワーク速度によって，とくにストリーミング映像を使う場合には画質や音質が影響を受ける，③ファイル形式によっては表示・動作のためのプラグインソフトが必要となる，④Web上のコンテンツ利用にあたって事前登録が必要となる，などの問題が起きる可能性があるからである。授業本番で教材が表示されない，あるいは動画が途切れてしまうなどの問題が起きてしまうと，子どもの注意を引き付けるはずが，逆に興味と集中を損ないかねない。②の回線速度はサーバへのアクセス量によって変わる。そのため，常に同じ品質で映像が見られるとは限らないことから，著作権を守りながら授業で使うストリーミング映像をパソコンに予めダウンロードしておくとよい。③では，学校現場ではよくある管理形態であるが，ソフトウェアの

インストール権限が管理者に固定されていたり，再起動のたびに初期設定に戻るように設定されていたりするパソコンでは，プラグインソフトをインストールする方法とタイミングにも注意が必要である。④はIDやパスワードが郵送される日数を考慮して，余裕をもって事前登録しておくとよい。

　90年代後半，Web上での学習コンテンツ不足が問題視されていたころと違い，現在ではWeb上には多くの教材となるコンテンツが存在する。これらのコンテンツを使う場合にも注意が必要である。まず，利用するコンテンツ画面が直ぐに表示されるように予め登録（URLへのリンク設定）しておく方がよい。サイトのトップページをリンクして，そこからたどって目的とする教材を表示する方法ではなく，利用するページが直接表示するように設定した方がよい。トップページからたどっていくと，次々に画面が変わることに対して子どもたちの注意が拡散することになりかねないからである。また，パソコン操作に時間がかかることにもなり，その間に集中力が損なわれるという問題が起こりうる。

　学習コンテンツを利用する場合の重要な点は，それらの表示や閲覧に留めない，一方向の説明に留めない，情報過多にしない，理解を学習者任せにしないということである。裏返せば，教師がしっかり説明を行い，学習者の既有知識をもとにインタラクティブ（双方向）な学習により主体的に考えさせ，目的とする知識習得にとどめ，板書を併用した説明により子どもの理解を確認しながら授業を進めることが重要である。とくに低学年ほど，これらには配意する必要がある。

　近年，高等教育での利用が多いプレゼンテーションツールも一つのICT利用形態であり，それを用いた授業も増えてきている。名称のとおりこのツールはプレゼンテーションする側，すなわち教授者の視点に立ったツールであるが，だからこそ学習者の視点に立った配意が必要である。プレゼンテーションシートに要点がまとめられているという利点がある一方で，教師は個々の内容を板書する時間が不要となることから，授業が「情報の詰め込み」になりかねず，学習者にとっては情報過多となり，その結果，知識が身に付かないという逆効

果になることもある。

　Web上の学習コンテンツはなかには学年や教科の単元に即して学習用として学年に適合したものも作られているが，利用対象者を定めていないものが多い。また，教科書と違って必ずしも正確な説明がなされているとは限らない。そのため，教師は事前に教材の内容を十分に見ておく必要がある。Web上のアニメーションや映像は印刷物以上に子どもの理解を助けるものであるといわれるが，使い方によっては子どもが理解できない状況に陥る場合があるため，映像を教材として利用する場合には注意が必要である。子どもの既有知識の差によって，そのまま流された映像や音声・字幕だけでは内容を理解できない場合がある。説明は教師が行い，重要な部分や学習者に問いかける部分では映像を一時停止し，発問したり板書で補足説明を行ったり，子どもたちに疑問を投げかけて考えさせたりするような指導方法が望ましい。

　すなわちICTを使えば学習への興味，意欲，理解が深まるわけではなく，すべて教師の指導方法によって効果が上がるかどうかは決まるのである。ICT活用を目的として授業を行うのではなく，自分の指導計画や指導案をしっかり立て，それに即して必要な部分でICTを活用すべきであるという意味がここにある。

（4）利用可能なICTのポイント

　ICT活用においては機器，学習コンテンツ，人材の利用が考えられる。機器にはデジタルカメラ・ビデオ，パソコン，実物投影機（書画カメラ），TV会議システム，電子黒板などがあり，学習コンテンツにはWeb上コンテンツの他，CD，DVDなどに保存されたコンテンツがある。人材活用とICTとは関連なさそうであるが，TV会議システム等を使って，博物館をはじめとした社会教育施設など，遠隔から講義や学習支援をしてくれる有識者の協力を得ることである。これらはそれぞれ目的をもって使うことが重要である。一般に広く普及しているデジタルカメラやビデオは，児童・生徒が使う場合には表現力の育成を目的として利用できる。また調べ学習の観察記録として利用したり，

その成果をまとめて表現したりするツールとなる。教師が利用する場合には，児童・生徒の学習活動や学習成果などのポートフォリオを記録しておく他，児童・生徒の運動技能の自己点検や教師の授業風景の録画等による自己評価用ツールとして用いられることも多い。

　パソコンの文書作成ソフトや表計算ソフトは単に使い方だけを覚えさせるのではなく，文章作成能力の育成や数値が並んだデータから傾向や問題の所在を明確にするグラフ化，相手にわかりやすい説明資料の作成などの能力を育成する学習プロセスの中で操作を学ばせることが知識として定着できる。それにより日常的に役立つツールともなる。

　一般的に普及されている書画カメラ（実物投影機）も立派なICT機器である。簡易な使い方は教科書を拡大して示すことである。机の上の教科書をうつむいて見ている子どもの視線を，投影された黒板に集めることができる。たとえば，教師による「教科書の15ページ5行目の…」という説明も，投影された教科書画面を指示してできる。ちょっとした工夫ではあるが，これだけでも子どもの視線を引き付け，わかりやすい授業展開が可能である。

　近年電子黒板が世界的にも普及し始めており，国のi-Japan戦略でも電子黒板の学校への普及が進んできている。2009年度1年間で整備状況が約1万6,400台から約5万6,000台に急上昇し，2010年度末で約59％の学校に普及している（文部科学省，2010）。パソコンや実物投影機などでもできる機能と大差はないという意見もあるが，画面のインタラクティブな操作やパソコン，プロジェクタ，付属のペンや手書きなどによる板書，実物投影などの複数の機能が備わっているものもあることから，種々の機器を個別に揃える手間が省ける利点がある。学校の教師にとっては直ぐに簡単に使える容易さも，利用における重要な要素となりうるのである。また，とくに，従来の板書ではでき難い教材への書き込みを可能とするインタラクティブ機能を活かして，教師が使うという考えから，子どもたちに使わせることに重きをおいた参加型の授業を組み立てるツールにもなりうる。

　これらのICT機器の他に，Web上には学習に役立つ教材やコンテンツが多

表9-2 Web上の教育に役立つコンテンツ

教科	サイト	提供	サイトURL
総合	デジタル教材	熊本県教育センター	http://www.kumamoto-kmm.ed.jp/kyouzai/dg-materials.htm
	NHKデジタル教材	NHK	http://www.nhk.or.jp/school/index.html
	Yahooきっず	Yahoo	http://kids.yahoo.co.jp/
	学研キッズネット	学研教育出版	http://kids.gakken.co.jp/
	教育用画像素材集	情報処理推進機構	http://www2.edu.ipa.go.jp/gz/
	ディジタル教材／教育用コンテンツ	岩手県立総合教育センター	http://www1.iwate-ed.jp/tantou/joho/contents/index.html
	教育用デジタルコンテンツ	仙台市教育センター	http://www.sendai-c.ed.jp/~videodb/
	千葉市教育用コンテンツ	千葉市教育センター	http://www.cabinet-cbc.ed.jp/db/e_content/index.html
	教師のための教材研究ひろば	栃木県総合教育センター	http://www.tochigi-edu.ed.jp/hiroba/
	教育用画像素材集	岡山県教育センター	http://www2.edu-ctr.pref.okayama.jp/contents/
	e-net 素材教材	熊本市地域教育情報ネットワーク	http://www.kumamoto-kmm.ed.jp/kyozai_bukai/index.htm
理科	理科ねっとわーく	科学技術振興機構	www.rikanet.jst.go.jp
	サイエンスチャネル	科学技術振興機構	http://sc-smn.jst.go.jp/index.asp
	授業づくりに役立つコンテンツ	京都府総合教育センター北部研修所	http://www.kyoto-be.ne.jp/ncenter/index.html
	学習室	岐阜県教育委員会	http://gakuen.gifu-net.ed.jp/~contents/index.html
	おもしろ科学実験	ケニス株式会社	http://www.kenis.co.jp/experiment/index_res.html
	中学校理科教育情報デジタルコンテンツ	山口県中学校理科教育情報共有化促進研究委員会	http://www.ysn21.jp/itrika/
	動植物の走査型電子顕微鏡画像資料集	足立区立第四中学校 阿達直樹	http://www.asahi-net.or.jp/~QF7N-ADC/gazou.html
算数・数学	小学校におけるディジタル教材集	総合教育センター 情報教育室 研修員 石川修司	http://www1.iwate-ed.jp/tantou/joho/digital/h17_pro4/index.html
	小学校算数科リンク集	長崎県教育センター	http://www.edu-c.pref.nagasaki.jp/cyosaken/h16/it/shougaku/shougaku.htm
	算数・数学の思考過程をイメージ化する動画素材集	大日本図書（文部科学省教育用コンテンツ開発事業）	http://www.dainippon-tosho.co.jp/mext/nhk/index.html
社会	くらしや生活について調べる	文渓堂（文部科学省教育用コンテンツ開発事業）	http://www.bunkei.co.jp/dac/dac.html
特別支援	特別支援教育に役立つWeb教材コンテンツ	学研教育出版（文部科学省教育用コンテンツ開発事業）	http://kids.gakken.co.jp/campus/academy/nise2/
情報	教育コンテンツ	国立特別支援教育総合研究所	http://www.nise.go.jp/cms/7,0,31.html
	動画ライブラリー	警視庁	http://www.keishicho.metro.tokyo.jp/anzen/movie/movie.htm
	ビデオライブラリー（ネット犯罪）	警視庁	http://www.police-ch.jp/video/
	情報機器と情報社会のしくみの素材集	文部科学省	http://www.sugilab.net/jk/joho-kiki/index.html

く存在する。学校には教材となるビデオなどの視聴覚教材が以前より備わっていたが，あまり使われてこなかった。たとえばビデオ教材の場合には，すべてを視聴し利用する映像を事前に頭出ししておくことが必要となり，教師にその時間的な余裕がなかったことが要因としてある。この問題を解決するため，1999～2003年に教育素材や3分程度のビデオクリップが国のミレニアムプロジェクト「教育の情報化」政策のなかで開発された。このような国による学習コンテンツ作成施策もあって，さまざまな教育機関や企業，個人から有用なコンテンツが提供されている（残念ながら科目や教科書に即して学習コンテンツが検索できた教育情報ナショナルセンターのサイトは2010年度末で運用が終了された）。表9-2は2011年3月現在Webで公開されている学習教材・コンテンツのほんの一部を示したものである。Web上の教材・コンテンツには教科書などの印刷物にない，①目にすることが貴重な映像やアニメーション，②光・音など見えないものの可視化，③インタラクティブな学習機能，④現実での体験が難しいものの疑似体験を可能とする特長がある。これらの特長を生かし，①学習への動機づけ，②学習内容の理解を深める，③繰り返し学習，④疑似体験，⑤発展的な学習への応用など，その利用目的を明確にして，授業のなかでどのタイミングで何を利用するかを考えて進めることが重要であると考える。ICTを活用する教師ほど，その効果を認識・経験して使い続けているように，多くの通常の教科で継続的に使われていくことが望まれる。

4　高等教育を中心としたeラーニングの活用

　eラーニングとは「eラーニング白書2003」のなかで，「情報技術によるコミュニケーション・ネットワーク等を使った主体的な学習である。コンテンツが学習目的に従い編集されており，学習者とコンテンツ提供者との間にインタラクティブ性が提供されている。ここでいうインタラクティブ性とは，学習者が自らの意志で参加する機会が与えられ，人またはコンピュータから学習を進めていく上での適切なインストラクションが適宜与えられることをいう」と書か

れている。すなわち，教材が主体的な学習を支援するように編集されており，学習を進めるなかで適切な学習指導や学習支援が行われるものである。

　eラーニングは1990年代後半に，それまでの遠隔教育に代わる新たな学習形態として脚光を浴び，とくに有職成人を対象とした教育をeラーニングで提供する営利大学が参入してきた。有職者は，昼間は仕事があるため大学への通学が難しく，そのため，いつでも，どこでも学習が可能なeラーニングは非常に適した学習方法と見なされた。米国の多くの高等教育機関がeラーニングを進めた理由の一つに，有職者など在学者以外の潜在的な学生を取り込み，教育市場を拡大したいというねらいがあった。そして，コロンビア大学，ハーバード大学，デューク大学，コーネル大学，ニューヨーク大学などの名門大学が企業との連携によって営利部門や子会社を設立し，eラーニングコースの提供を始めた。ところが，このような営利eラーニングは大学にとってビジネスノウハウが少なく，コンテンツやシステム開発などの初期投資が必要である一方，思ったほどには学生が集まらず，ITバブル崩壊と共に次々に消えていき，多くの大学が営利eラーニングから撤退することになった。また，このようなeラーニングによる教育市場拡大に便乗して，当時，ディグリーミルやディプロマミルといった学位乱発が多く発生して，教育の質が問題視されるとともに，低品質の教育提供機関を防ぐ目的で50%ルール*などの制定による資金補助の規制が行われてきた。また，国際的にも，1995年のサービス貿易に関する一般協定（GATS）が発効され，高等教育がサービス貿易の対象として海外での競争にさらされるようになってきた。eラーニングにより米国，英国，オーストラリアなどの教育輸出国の大学の学位取得が他国からも可能となる機会が増えてきたことから，高等教育が世界的な競争に曝されるようになるとともに，教育の質保証が強く求められるようになった。

　　＊eラーニングで単位が取得できる科目が50%以下でなければ，奨学金が減額あるいは支給されないという，インターネットが未だ普及していない1992年に米国で制定され，2006年に見直しがなされたルール。

　一時多くの大学が撤退したeラーニングだが，学生が時間と場所に縛られず

学習できるのみならず，ICT を活用することによって，従来の対面授業では困難であった学生中心主義，構成主義，プロジェクト型学習といった理論にもとづいた新しい教育法が可能になり，より効果的な学習を行うことができるといった利点から，米国では従来の対面授業を補完する学習形態として見直され，根強く定着していった。対面授業を補完する形態や対面授業の一部を補うeラーニングの形態はブレンド型eラーニングと呼ばれており，米国をはじめ，英国，オーストラリア，韓国など高等教育でのeラーニング先進国では，そのほとんどが対面授業と併用して用いるブレンド型のeラーニングが主要となってきている。

2009年の Sloan 社の調査では，米国の大学の63％がオンライン学習は長期的な大学戦略上決定的に重要なものであると判断し，また，公立大学のリーダの75％以上（私立の非営利大学の55.4％，私立の営利大学の67.0％）がオンライン学習の方が対面学習と比べて同等かそれ以上の質を有すると述べている(The Slone Consortium, 2010)。また，学生のオンラインコース受講者は年々増加傾向を示し，2009年現在，3.3人に1人が少なくとも一つのコースを受講している結果が出ている。2009年の Educause の調査によると，米国の大学のおよそ94％が学習コース管理システム（Course Management System，以下学習管理システムと呼ぶ）を利用し，教師の40％が利用していることから，米国の大学ではオンライン学習や学習管理システムを使った学習が広く行われている(Educause, 2010)。一方，英国では2010年の調査結果によるとすべての高等教育機関で VLE（Virtual Learning Environment）（米国の学習管理システムと同様の意味）が使われている状況にある（UCISA, 2010）。このように，欧米ではeラーニングが大学戦略として位置づけられている。

ICT 先進国の一つである韓国に目を向けると，国家政策としてさまざまな産業分野でeラーニングが進められ，初等中等教育から高等教育，成人教育に至るまでeラーニングを通じた生涯学習の実現がめざされている。高等教育における大学のeラーニングを支援するセンターの設立，初等中等教育におけるサイバー家庭学習のサービス運営など国や地域が主導する政策が進められてい

る。このように ICT 先進諸国では e ラーニング利用が進んでいるが，日本国内はというと，高等教育機関における「インターネット等を用いた遠隔教育」の実施率は2010年度現在でも約36％に過ぎず（放送大学学園，2011），ICT 先進国でありながら，教育での利用は遅れている。

　e ラーニングと一言でいってもさまざまな形態のものがある。まず，役割で分類すると，対面授業を補完する役割を果たす，あるいは対面授業の一部を代替するもの（ブレンド型・ラーニング），そして対面授業をほとんど行わず遠隔教育で行うもの（フルオンライン）がある。オープンユニバーシティなどで行われているような，従来の通信教育を代替する e ラーニングなどがこれにあたる。用いるツールにより分類すると，ビデオ会議やストリーミング映像等を用いた同期性のもの，または，学習管理システム，フォーラムやオンデマンドビデオを用いた非同期性のもの，あるいは，同期・非同期を組み合わせたものがある。利用目的の面では講義を中心とした情報伝達形式のもの，学生同士の討論・プロジェクト学習の実施・課題解決等の学生中心学習形式のものに大きく分けられる。どのような形態の e ラーニングを行うかは，科目，授業目標，教師の嗜好，学生の習熟度など，さまざまな要因を考慮した上で選択すべきではあるが，欧米諸国では，e ラーニングの利点は今まで困難であった学生中心の学習を実施できるところにあるとし，プロジェクト型・問題解決型の e ラーニングが特に高等教育において行われている。

　表9-3はブレンド型とフルオンライン型 e ラーニングの特徴を示したものである。ブレンド型の初歩的な利用では，学習管理システムを教材や課題を配信するために使っているだけの形態であり，中レベルは一般にシステムに設けられたフォーラム機能を使って授業時間内もしくは時間外にオンライン上で意見交換や討論を行わせるなど，対面授業に組み込まれた使い方がなされている。高レベルは授業の一部がオンライン上で行われている形態である。ブレンド型の場合には対面授業と併用されるため，教育の質は主に対面授業で保証される。一方，フルオンライン型ではオンライン上で学習が行われるため，とくに教材開発および学習管理システムなどの ICT 環境による学習支援が重要となる。

表9-3 eラーニングの利用特徴

	ブレンド型 利用レベル 低 ⟷ 高			フルオンライン型
利用形態	教材・課題のアップロード,ダウンロード	同左＋意見交換,小テストの実施	授業の数コマをeラーニングで実施	ほとんどの授業(80％以上)をオンラインで提供
主な利用目的	教材配布の代用	協調学習(授業時間外のオンライン上での討論重視)	対面とeラーニングの併用FDの一環として実施	社会人を対象とした授業 単位互換授業の実施 通信教育のeラーニング化
教材の目的	授業補完,予習,復習,課題実施			独 学
教材の形態	授業での利用資料(プレゼンテーション資料,テキストなど)	同 左		講義映像,映像と説明資料が同期したコンテンツ,自学用テキストなど
インストラクショナルデザイン(ID)の考慮	対面授業設計に組み込み		コンテンツ制作に組み込み	
学習管理システムの利用	教材掲載(配信)	教材掲載(配信),コミュニケーション	教材配信,学習実施	教材配信,学習実施,学習管理など
質保証	対面授業で教育の質を保証			eラーニングの質保証
授業の進め方	対面授業に即して進行			Cohort-based Learning

　対面授業が主となるブレンド型では，教材は教師が使う立場から作成してもよい。すなわち，重要ポイントをまとめただけの資料であっても，授業で教師が補足説明を行うことにより学生に理解されるものであればよい。しかし，そのような教材は授業を提供する側の視点から作られたものであるため，オンライン上で学習する教材としては不適である。とくに，フルオンラインでは1人で学習が進められ，学習内容が理解でき，学習の流れや達成度が学生からみてわかるように作られた教材である必要がある。たとえば，その教材を学習するとどのような能力が身に付くのか（学習目標），どの程度の難易度で自分が最後まで学習できそうか（内容の適性・学習の継続性），どの順で学習すれば良いか（学習の手順），またわからない場合どうすればよいか（学習者への支援），どれくらいの学習時間が必要なのか（達成に必要な学習時間）といったことは

最低限必要とされる。このことから学生の視点から教材開発における重要な視点を盛り込んだインストラクショナルデザインにもとづいた教材作成が望ましい。

　eラーニングの魅力の一つによくいわれるのが「いつでも，どこでも学習できる」ことであるが，これは裏返せば，学習意欲が下がると学習が進まない欠点にもなりうる。その結果，学習からのドロップアウトが起きたり，十分な学習に至らず教育の質が低下したりする。そこで，一般にフルオンライン学習で教育の質を高めるために採られているのがCohort-Based Learningと呼ばれる形態である。学習目標を細分化し，個々の目標を達成する学習の開始日や修了日など，節目となる日を予め設定し，その期間中においては個人が自分の計画で学習を進めるという方法である。これは学習の進捗が個人の自由にもとづくものではなく，ある程度集団的に進める外的動機づけによりなされるものであり，質保証されたフルオンライン学習では一般的な形態となっている。

　eラーニングは学習者の主体的学習で進められるものである。対面学習においても教師は主体的学習を支援することが重要とされるが，フルオンラインでもそれは変わらない。むしろ，独りでの学習に陥りがちであることから，支援の必要性は大きくなる。そのためフルオンライン学習を提供している機関では，メンターといった学習支援者を設けているところもある。それが質を保証する施策の一つにもなっている。

　このように世界ではeラーニングの質保証が議論されている状況であるのに対して，国内ではその利用さえ進まない状況が依然として続いている。利用に否定的な人の意見のなかで，eラーニングは対面学習ではないため学生の顔が見えず，学生がどこまで理解しているのかわからない，あるいは達成すべき能力がついているのか疑問であると批判されることが多い。しかし，前述したように，米国では多くの大学のリーダーがオンライン学習の方が対面学習と比べて同等かそれ以上の質を有すると述べており，同様の結果は多くの研究成果にも出されている。また，学生の理解度もeラーニングの方が把握できるのである。大学では多人数の講義が行われることが多いが，毎回の授業における個々

の学生の理解度を把握することは困難であり，学生の名前と顔さえ一致できない状況が一般であろう。一方，eラーニングでは学習管理機能を使えば，学生毎に学習の進捗度や課題の提出状況などが把握でき，フォーラム上での討論内容をみれば，個々の学生の考え方が把握できるのである。また，授業時間内で議論が深められない場合でも，授業時間外にオンライン上で討論を深めさせることができる。オンラインでのインタラクティブ機能を利用すれば，学生間，教師と学生間の質疑応答が可能であり，教師による学習支援により学習者の学習意欲の向上や知識の習得に効果を上げることもできる（篠原, 2011）。このように，一方的な知識伝達型の多人数授業に学生主体の学習を組み込むことができ，学生の学習効果と教師の指導効果を高められるのである。ただし，eラーニングの実践には教師の負担増がともなう。しかし，学習効果や指導効果を高めることは教師の義務であることから，教師は必要な努力を甘受すべきであろう。

学習の課題

(1) 小学校，中学校での科目と単元を仮定して，そのなかで子どもたちの「なぜ」，「どうして」といった学習への知的好奇心を引き出すことを目的としたICT活用を具体的に考えなさい。

(2) 国内の学校教育でのICT活用が遅れている理由とそれへの対策（改善策）を，教師としての立場から（立場を想定して）考えなさい。

(3) 従来の通信教育をeラーニングで実施しようとする場合，考えられる利点および欠点を，eラーニングを運営する大学組織，授業を提供する教師，学習する学生のそれぞれの立場から考えなさい。

参考文献

財団法人コンピュータ教育開発センター 2008「平成19年度文部科学省委託事業　ICTを活用した授業の効果等の調査」

財団法人コンピュータ教育開発センター 2008「平成20年度　高等学校等における情報教育の実態に関する調査」

コンピュータ利用教育協議会 2009「2009年度高等学校教科「情報」履修状況調査の集計結果と分析中間報告（速報）」

篠原正典 2011「講義に協調学習を取り入れた授業における知識習得プロセスへの教員フ

ィードバックの効果」情報コミュニケーション学会誌。
首相官邸 2009「i-Japan 戦略2015」
野中郁次郎・竹内弘高・榎本勝博 1996『知識創造企業』東洋経済。
放送大学学園 2011「文部科学省先導的大学改革推進委託事業—ICT 活用教育の推進に関する調査研究」
メディア教育開発センター 2006「ICT を活用した授業の効果等の調査結果報告書（概要）」
文部科学省 2007a「教員の ICT 活用指導力の規準（チェックリスト）」
文部科学省 2007b「初等中等教育分科会（第55回）・教育課程部会（第66回）配布資料」
文部科学省 2010「学校における教育の情報化の実態等に関する調査結果「速報値（平成22年度3月現在）」
Educause 2010 "EDUCAUSE Core Data Service : Fiscal Year 2009 Summary Report".
Partnership for 21st Century Skills 2004 "ICT Literacy Maps".
OECD Report 2003 "Feasibility Study for the PISA ICT Literacy".
OECD Report 2005 "Are Students Ready for a Technology-Rich World?".
The Sloan Consortium 2010 "Class Difference : Online Education in the United States".
UCISA 2010 "Survey of Technology Enhanced Learning for higher education in the UK".

（篠原正典）

人名索引

ア行

アーチボールド, D. *176*
石原慎太郎 *115*
イリッチ, I. *22*
Wiggins, G. *174*
ウィリス, P. E. *26*
梅田正己 *124*

カ行

貝原益軒 *13*
梶田叡一 *166*
加藤幸次 *124, 125*
ガニェ, R. *89*
苅谷剛彦 *38, 121, 124*
ギンタス, H. *22*
クループスカヤ, N. *9*
ケイ, E. *15*
ケラー, J. M. *152, 155*
小杉礼子 *45*
小堀桂一郎 *122*
小松夏樹 *128*

サ行

斎藤貴男 *117*
サックス, P. *46*
シュタイナー, R. *12*

タ行

高浦勝義 *124*
田中統治 *150*
デシ, E. L. *142*
デューイ, J. *17, 120*

寺脇研 *127*
ドウェック, C. *148*

ナ行

中曽根康弘 *115*
奈須正裕 *143*
ニイル, A. S. *23*
ニコルズ, J. *147*
西村和雄 *122, 124*
ニューマン, F. *176*
野村克也 *110*

ハ・マ行

パーカースト, H. *19, 120*
原清治 *115, 132*
バンデューラ, A. *145, 154, 159*
ピアジェ, J. *10*
ブルーム, B. S. *5*
フレーベル, F. W. A. *18*
プロフィ, J. *158*
ペスタロッチ, J. H. *12*
ペライター, C. *25*
ボウルズ, S. *22*
ホルト, J. C. *24*
三浦朱門 *116*

ヤ・ラ・ワ行

矢野眞和 *113*
山内乾史 *132*
ライアン, R. *142*
ラングラン, P. *14*
ルソー, J.-J. *7*
ワイナー, B. *145*

事項索引

A-Z

ADHD　*126*
AO 入試　*119*
AP（Admission Policy）　*133*
ARCS モデル　*137, 152*
ATC21S　*53*
Cohort-Based Learning　*234*
CP（Curriculum Policy）　*133*
DeSeCo　*52*
DP（Diploma Policy）　*133*
e-Japan 戦略　*220*
e-手仕事図鑑　*72, 77*
e ラーニング　*229*
　　フルオンライン型——　*232*
　　ブレンド型——　*231*
FD　*46*
Flexible distributed learning　*223*
ICT　*1, 209*
　　——活用指導力チェックリスト　*218*
　　——リテラシー　*72, 219*
IEA　*37, 130*
i-Japan 戦略2015　*220*
ISO29990　*81*
IT 新改革戦略　*220*
JAVADA　*83, 85*
LD　*126*
MACITO モデル　*90, 191*
OECD　*52, 80, 177, 213*
PISA　*37, 56, 67, 130, 134, 177, 213*
　　——ショック　*130*
TIMSS　*37, 59, 130, 134*
TV 会議システム　*226*
VLE（Virtual Learning Environment）　*231*

ア 行

アサインメント　*20*
新しい学力　*29*
生きる力　*8, 51, 150*
いじめ　*26*
一斉講義　*94*
一斉指導　*5*
イメージ　*100*
意欲　*138*
　　状況——　*138*
　　文脈——　*139*
インストラクショナルデザイン　*234*
インストラクション　*152*
インフォメーション・アンド・コミュニケーション・テクノロジー　→ ICT
渦巻きモデル　*101*
営利大学　*230*
『エミール』　*7*
エンパワーメント　*111*
被仰出書　*27*
オキュペーション（作業）　*21*
『恐るべき学校』　*23*
落ちこぼれ　*128*
「親を選ぶ権利」　*15*

カ 行

外国語活動の充実　*61*
画一的な指導法　*6*
学習　*15*
学習意欲　*143, 144, 149*
学習意欲格差　*42*
学習サービス業　*81*
学習指導要領　*29, 32, 35, 51, 165, 169*
学習者主体の授業　*97*
学習者の行動　*87*
学習障害　→ LD
学習する組織　*86*
　　——論　*93*
学習成果　*87*
学習到達度調査　→ PISA
学習内容　*87*
学習の個別化　*20, 190*
学習目標　*86*

事項索引　239

学習用具　88
学制序文　→被仰出書
学問中心主義　115
学力　107
学力低下　31
学力評価計画　184
仮説実験授業　198, 199
価値多元的な社会　18
学級編制　5
学校　17
『学校 その自由と権威』　24
学校化された社会　22
学校現象学　26
学校週五日制　29
学校選択制　29
『学校と社会』　21
学校のない社会　25
勝田＝広岡論争　134
活用　174
家庭環境　31
カリキュラム適合性　167
関心・意欲・態度　174
完全失業率　82
完全習得学習　6, 197, 200
キーコンピテンシー　53
『危機に立つ国家』　121
基礎基本の徹底　35
義務教育制度　9
キャリア教育　35, 81
教育改革　1
教育者　3
教育と生活と労働　82
教育内容　87
教育の情報化　215
『教育のない学校』　25
教育目標　25, 86
教師　3
教師主導の授業　96
教師の行動　87
教職教養　2
協働学習　70
教養　3
クリティカルシンキング　213

経済協力開発機構　→ OECD
形式的平等　109
形成的評価　173
結果期待　145
原因帰属　145
言語活動の充実　58
現代化カリキュラム　121
検討会　183
公式学習　80
構成主義　176
高等教育の普遍化　81
行動コスト感　144
幸福　6
公立学校　2
効率性　113, 115
効力期待　145
国際教育到達度評価学会　→ IEA
国立教育政策研究所　122
50%ルール　230
個人内評価　171-2
コスモロジー　86
個性　26
子育て　24
国家防衛教育法　121
『子どもの世紀』　15
「子どもの本性」　10
個に応じた指導　173, 190
コミュニティ　11
雇用可能性　81
コンテンツ　229

サ 行

最大多数の最大幸福　7
坂元＝藤岡論争　134
ジェネリック・スキル　133
ジグソー学習　203
思考・判断・表現　174
思考力，判断力，表現力　68, 165, 174, 176, 179, 181
自己形成　14
自己効力感　144, 159
自己中心性の言語　10
実行可能性　167

実質的平等　109
児童中心主義　115
指導と評価の一体化　173
指導要録　165, 167-9, 170-4
児童労働　9
社会人基礎力　132
社会の階層化　83
社会連帯　18
自由ヴァルドルフ校　12
自由主義　23
習熟度別指導　194, 196
自由尊重主義　23
集団に準拠した評価　→相対評価
授業改善と授業改革　99
授業過程　93
授業設計　85
生涯学習社会　1
「生涯学習論」　14
生涯教育　2
少人数学級　196
少人数教育　195
少人数指導　194, 195
情報A　217
情報B　217
情報C　217
情報活用能力　62
情報活用の実践力　215
情報コミュニケーション技術　→ICT
情報社会　1
情報社会に参画する態度　215
情報の科学的な理解　215
書画カメラ　226, 227
職業指導　9
職業的レリバンス　45
職業能力評価基準　85
職務能力　81
私立学校　31
新学力観　30
真正の評価（authentic assessment）　174
診断的評価　173
シンボリズム　86
　組織——　86, 93
信頼性　167

スプートニク1号　120
スプートニク・ショック　120, 121
生徒の学習到達度調査　→PISA
絶対評価　169-70
説明責任　166
全国学力・学習状況調査　131, 134, 192
総括的評価　173
早期教育　13
総合的な学習の時間　165, 169, 186
相対評価　165, 170-177
卒琢同時　110

タ 行

体験活動の充実　61
体罰　26
確かな学力　32, 149, 150
妥当性　167
多人数一斉授業方式　109
鍛錬主義　7
知識管理　210
知識基盤社会　52, 80, 209
知識偏重　32
知的好奇心　157
チーム学習　204
注意欠陥・多動性障害　→ADHD
中央職業能力開発協会　→JAVADA
使い捨てられる若者たち　43
ティーム・ティーチング（T・T）　194, 195
デジタル・デバイド　28
電子黒板　226
伝統や文化に関する教育の充実　60
動機づけ　137
　外発的——　141
　内発的——　141, 157
道徳教育の充実　60
特別な教育ニーズ　126
読解力　178
ドルトン・プラン　19

ナ 行

内容教授主義　49
ニート　35, 43
人間化カリキュラム　121

事項索引 241

人間学　12
人間力　132
認証機関　81
能力開発　13
能力観　146
能力習得主義　49
能力別指導　5

ハ　行

バッカロレア　83
　　一般——　83
　　技術——　83
　　職業——　83
発見学習　197
パフォーマンス　86, 155
　　——課題　165, 179
　　——評価　165, 176, 177
『ハマータウンの野郎ども』　26
バンガード・ロケット　120
ピア・グループ効果　31
比較可能性　167
非公式学習　80
ヒドゥン・カリキュラム　26
評価　165-6
　　——システム　30
　　——の公正性　167
評定　165-6
平等性　113, 115
フィードバック　141
吹きこぼれ（吹きこぼし）　128
不公式学習　80
ブライト・フライト　31

フリースクール　23
フリーター　35, 43
ポストモダニズム　4
ポートフォリオ　97, 165, 182
　　——評価　177
　　——評価法　182
ホーム・スクーリング　2
ボランティア活動　8

マ　行

マイノリティ・ムーブメント　121
マスタリー・ラーニング　6
学ぶ力　150
ミサイル・ギャップ　120
民主主義　16
メタファ　100
目標に準拠した評価　165, 172
モダニズム　4
『問題の子ども』　23

ヤ・ラ・ワ　行

「豊かな心」　12
ゆとり　26, 40
ユネスコ　80
幼稚園（キンダーガルテン）　18
ラーニング・ウェブ　22
理数教育の充実　59
臨床体験　111
ルーブリック　180
ワークショップ型学習　197, 202
わが子中心主義　18
『和俗童子訓』　13

執筆者紹介（執筆順，執筆担当）

宮寺 晃夫（みやでら・あきお，編著，筑波大学名誉教授）第1章

原　清治（はら・きよはる，佛教大学教育学部）第2章

山西 潤一（やまにし・じゅんいち，富山大学人間発達科学部）第3章

西之園晴夫（にしのその・はるお，特定非営利活動法人学習開発研究所）第4章

山内 乾史（やまのうち・けんし，神戸大学大学教育推進機構／大学院国際協力研究科）第5章

橋本 憲尚（はしもと・のりひさ，佛教大学教育学部）第6章

西岡加名恵（にしおか・かなえ，京都大学大学院教育学研究科）第7章

望月 紫帆（もちづき・しほ，奈良教育大学次世代教員育成センター）第8章

篠原 正典（しのはら・まさのり，編著，佛教大学教育学部）第9章

新しい教育の方法と技術

| 2012年5月20日 | 初版第1刷発行 | 〈検印省略〉 |
| 2017年12月25日 | 初版第8刷発行 | |

定価はカバーに
表示しています

編著者	篠原　正典
	宮寺　晃夫
発行者	杉田　啓三
印刷者	中村　勝弘

発行所　株式会社　ミネルヴァ書房

607-8494　京都市山科区日ノ岡堤谷町1
電話 (075)581-5191／振替01020-0-8076

©篠原・宮寺ほか, 2012　　中村印刷・藤沢製本

ISBN978-4-623-06325-3
Printed in Japan

教職をめざす人のための 教育用語・法規
広岡義之編　四六判　312頁　本体2000円

● 194の人名と，最新の教育時事用語もふくめた合計863の項目をコンパクトにわかりやすく解説。教員採用試験に頻出の法令など，役立つ資料も掲載した。

教職論［第2版］──教員を志すすべてのひとへ
教職問題研究会編　A5判　240頁　本体2400円

● 教職志望者必読の一冊。教職と教職をめぐる組織・制度・環境を体系立ててわかりやすく解説した。現場教員にも有用な一冊。新しい法制，教育改革をふまえて改訂。

教職論ハンドブック
山口健二・髙瀬　淳編著　B5判　160頁　本体2400円

● 教職課程「教職の意義等にかんする科目」（教職論）の教科書。新法制・新学習指導要領対応。教員をめぐる制度や環境を理解し，学校現場での基礎的な知識・考え方を身につける。これからの教育現場で避けて通れないESDを第4部にあてた。

よくわかる質的社会調査 プロセス編
谷　富夫・山本　努編著　B5判　240頁　本体2500円

● 社会調査の概説，歴史的展開と，問いを立てる→先行研究に学ぶ→技法を選ぶ→現地に入って記録する→収集したデータを処理して報告書を作成する，までの過程を具体的にわかりやすく解説する。

よくわかる質的社会調査 技法編
谷　富夫・芦田徹郎編著　B5判　240頁　本体2500円

● 質的調査のスタンダードなテキスト。調査方法の紹介とその技法，そして調査で収集したデータの分析技法をわかりやすく解説する。

──── ミネルヴァ書房 ────

http://www.minervashobo.co.jp/